教育部人文社会科学重点研究基地

（武汉大学社会保障研究中心）重大项目

"社会保障管理体制研究"（13JJD630010）最终成果

教育部人文社会科学重点研究基地

武汉大学社会保障研究中心

孙永勇 郑秉文 等◎著

SHEHUI BAOZHANG
GUANLI TIZHI YANJIU

社会保障管理体制研究

人民出版社

序　言

改革开放以来，我国社会经济发展取得了举世瞩目的成就。在这场伟大的历史变革中，经济体制改革一直是主要的方面和重要的推动力。特别是，我们较好地处理了政府与市场的关系。20 世纪 70 年代末，邓小平同志提出了社会主义也可以搞市场经济，可以把市场经济当作发展生产力的方法。这一论述，实际上成为我国开启改革开放伟大历程的重要指导思想。20 世纪 80 年代中叶，我们党又提出了建立"国家调节市场，市场引导企业"的社会主义有计划商品经济体制，转变了以计划经济为主的思想，进一步突出了市场的作用。1992 年，党的十四大明确提出建立社会主义市场经济体制的改革目标，"就是要使市场在社会主义国家宏观调控下对资源配置起基础性作用"。2013 年 11 月，党的十八届三中全会进一步提出，经济体制改革是全面深化改革的重点，核心问题是处理好政府和市场的关系，使市场在资源配置中起决定性作用和更好发挥政府作用，从而为进一步深化经济体制改革指明了方向。

回首改革开放历程，可以说，与经济体制改革所取得的重大进展相比，我国的行政体制改革相对滞后。40 多年来，我们在逐步重视市场积极性、重要性作用的同时，没有充分认识到市场调节的自发性、盲目性、局限性等不足方面；我们在逐步加强政府自身改革，简政放权，强调政府不再干"不该干的事情"的同时，却没有充分强调政府去干"该干的事情"。这使得政府在行使社会管理、公共服务、环境保护、社会建设、维护社会公平正义，在实现基本公共服务均等化、避免收入两极分化等方面的职能做得不够好。行政体制中的一些问题也日益突出，成为制约我国进一步深化改革和社会经济健康发展的重要因素。

进入 21 世纪以来，党中央提出了以人为本的科学发展观，并制定了构建社会主义和谐社会的宏伟目标。这要求我们既要突出市场在资源配置中起决定性作用，又要强调更好地发挥政府作用。要按照推动政府职能向创造良好发展环境、提供优质公共服务、维护社会公平正义转变的要求，加快行政体制改革的步伐，切实转变政府职能，创新行政管理方式，增强政府公信力和执行力，建设法治政府、服务型政府。现代化服务型政府应该在提供公共产品和公共服务上发挥更加积极和更为重要的作用，而完善社会保障体制则是其中的重要任务。

我国社会保障制度改革经历了一个不断探索的过程，逐步从政府大包大揽的传统国家（单位）保障制度模式转变为以社会保险为主体的现代社会保障制度模式。我国社会保障制度基本框架体系已经确立，随着社会保障体系的不断完善、社会保障项目的增多、参保人数和受益人数的快速增长，社会保障经办管理任务更为复杂，更为艰巨。这要求我们必须将社会保障管理体制问题放在更为重要的位置。

作为行政体制改革的重要组成部分，我国社会保障管理体制改革已经取得了明显的进展。主要表现在，政府仍保持主导地位；用人单位、个人、社会机构等各种市场力量、社会力量的作用得到逐渐强化；政府和市场二者在社会保障管理体制中的关系逐步理顺。然而，与快速发展的社会保障事业所要实现的目标相比，我国目前的社会保障管理体制仍存在不少矛盾和问题。包括：一些政府部门职能重叠或界定模糊、经办管理机构人员配置不合理和缺乏有效的激励机制、信息管理体系建设薄弱、社会力量和市场力量难以有效地参与相关活动等。这些已经成为影响我国社会保障事业发展的重要因素。

《社会保障管理体制研究》一书是郑秉文教授领衔的科研团队对我国社会保障管理体制改革进行深入探讨的著作，是一项重要研究成果。该项成果的突出贡献，是为社会保障管理体制研究提供了一个好的框架。该书的上篇，涵盖了社会保障管理体制的主要领域，将理论论证与解决突出问题相结合，针对社会保障管理体制改革中的一系列重大问题提出了独到的观点和解决办法；下篇，集中讨论了社会保险项目管理中的主要问题，突出了不同项目管理之间的差异性，所提出的政策建议针对性较强，也有可操作性。

　　这本书具有重要的理论价值，不仅有助于丰富和发展中国特色社会保障理论，而且对于公共产品理论乃至服务型政府理论的研究都具有借鉴意义。这本书也具有重要的实践价值，有助于提高社会保障管理的效率，使有限的资源得到更好的配置，促进社会保障制度更好地运行发展，向广大人民群众提供更多的优质服务，更好地发挥社会保障制度促进社会公平与社会和谐的作用。

　　建立中国特色社会保障管理体制是一个十分复杂的问题，既要正确认识和处理政府和市场的关系这一体制改革中的核心问题，也要全面考虑我国社会保障制度改革的整体状况与特殊国情。因此，还有不少的问题需要探讨。这本书可以被看作是对中国特色社会保障管理体制进行深入研究的重要起点。可以相信，郑秉文教授领衔的科研团队也会在该项重要成果的基础上继续推进这个领域的研究工作，取得更多的优异科研成果。

国务院研究室原主任
国家行政学院原常务副院长　　　　魏礼群

目 录

上篇　社会保障管理体系

下篇 社会保险主要项目管理

上　篇

社会保障管理体系

第一章 基金管理与监督体制

第一节 社会保险征缴管理体制

在中国目前的社会保障制度体系中，社会保险制度是核心和主体。而社会保险制度核心内容就是通过征缴社会保险费以建立社会保险基金，应对因年老、生病、失业、工伤等方面的风险。因此，社会保险费的征缴事关社会保险制度运行的成败。鉴于此，我国政府一直重视社会保险费征缴管理体制建设。不仅《劳动法》《社会保险法》等国家层面的法规对社会保险费征缴管理体制作出了明确规定，而且在《社会保险费征缴暂行条例》（1999）、《社会保险费征缴监督检查办法》（1999）、《社会保险稽核办法》（2003）等专项法规中作出了更为细致的规定。2018 年 7 月 20 日，中共中央办公厅、国务院办公厅印发《国税地税征管体制改革方案》，明确从 2019 年 1 月 1 日起，基本养老保险费、基本医疗保险费、失业保险费、工伤保险费、生育保险费等各项社会保险费由税务部门统一征收。然而，社会保险费征缴难、管理难的问题仍然没有得到很好的解决，以至于中央政府不得不在 2019 年又紧急叫停了把全国各地社会保险费征缴全部移交给税务部门的计划，转而采取了暂时维持现状的举措。是什么原因导致了理论上顺理成章的"费转税"在现实中却"触礁了"？

一、改进征缴工作的重要意义

无论多么强调财政补贴和投资收益等其他因素的重要性，缴费都是社会保险的基础性收入来源，也应该成为主要收入来源。在中国的社会保险体系中，除了城乡居民基本养老保险制度外，其他险种都是如此。当然，正是由于绝大部分收入来自财政，城乡居民基本养老保险制度实质上是属于社会福利制度，而不是社会保险制度。就城镇职工基本养老保险制度而言，这些年来征缴收入占基金总收入的比重一直在下降，从2010年到2015年，该比重从82.79%下降至78.44%（见图1-1）。但是，征缴收入仍然是城镇职工基本养老保险基金收入的主渠道，继续采取稳健扩面、提高征缴效率等手段，应该还有收入潜力可挖。这种潜力至少可以由以下两个问题体现出来：

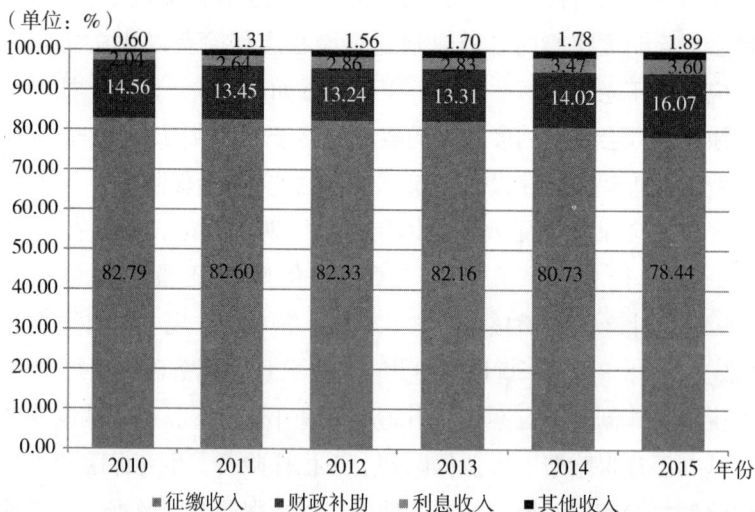

图1-1 2010—2015年城镇职工基本养老保险基金
总收入中各因素所占比例

资料来源：郑秉文主编：《中国养老金发展报告2016》，经济管理出版社2016年版。

第一，缴费人数占参保职工人数的比例持续下降。从2010年到2015年，虽然城镇职工基本养老保险制度缴费人数仍然处于增长之中，但它占参保职工人数的比例不断下降，从87.22%下降至80.93%（见

图 1-2）。企业部门①职工基本养老保险也呈现同样的趋势。在 2006 年
至 2015 年之间，企业部门缴费人数占参保职工人数的比例也同样不断
下降，从 89.98%下降至 80.25%。这种越来越多的参保职工没有缴费
的状况可能与近些年来经济下行压力不断加大，越来越多的企业或个人
的收入状况恶化而负担过重有关。然而，从另一个角度看，这也与征缴
工作有很大的关系，如果能够通过改进征缴工作改变目前每 5 个参保职
工中就有大约 1 个人没有缴费的状况，将会有助于提高基本养老保险基
金的征缴收入。

（单位：%）

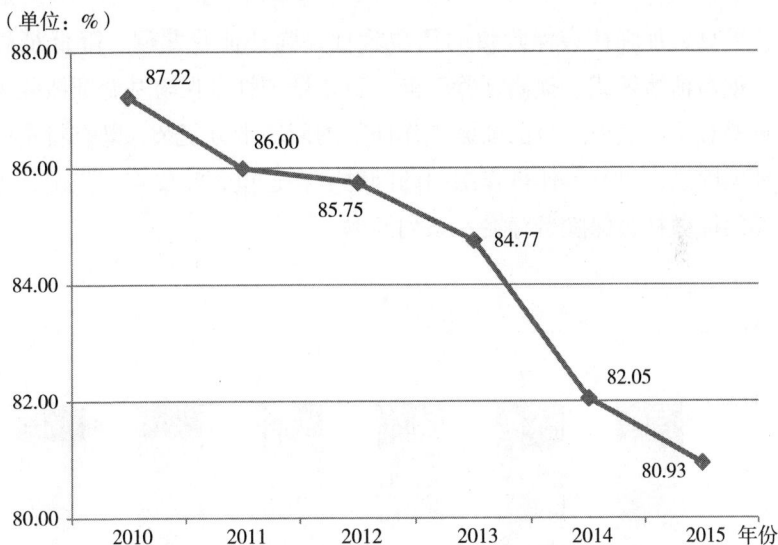

**图 1-2　2010—2015 年城镇职工基本养老保险缴费人数
占参保职工人数的比例**

资料来源：2014—2015 年缴费人数数据来自《中国社会保险发展年度报告 2015》（中国劳动
　　　　社会保障出版社 2016 年版），其他相关数据由人力资源和社会保障部提供，图中
　　　　数据由作者计算而得。

　　第二，非正常缴费占征缴收入的比重较高。从 2010 年到 2015 年，
城镇职工基本养老保险基金征缴收入中非正常缴费所占的比例先是从
2010 年的 11.72%上升至 2011 年的 13.60%，此后逐年下降，到 2014

---

①　本章的企业部门包括参加城镇职工基本养老保险的企业和其他人员。

年已经下降至9.68%，但到2015年又小幅反弹至10.22%（见图1-3）。在此期间，企业部门非正常缴费所占的比例也呈现同样的趋势：先是从2010年的12.64%上升至2011年的14.56%，此后逐年下降，到2014年已经下降至10.22%，2015年又反弹至11.17%。非正常缴费所占比例及其波动反映了征缴工作的艰难，特别是在近期经济下行压力不断加大的背景下更是不易。

此外，有关社会保险费征缴过程中缴费基数被严重缩水的问题也已经引起关注。如果缴费基数缩水，那么，征缴收入也就因此会严重缩水。

可见，加强社会保险费的征缴管理，弥补征收漏洞，降低征管成本，创新征缴模式，提高征管效能，对于增加社会保险基金征缴收入具有重要意义。然而，目前征缴工作面临的问题十分复杂，既有特定的政策环境因素，也有具体操作层面的问题。在这里，需要重点强调，由税务部门征缴社会保险费存在一系列问题。

（单位：%）

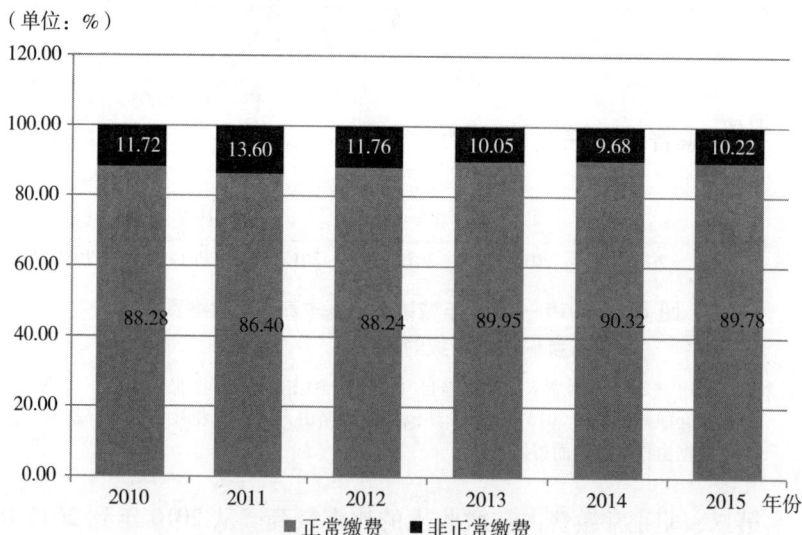

图1-3　2010—2015年城镇职工基本养老保险基金征缴
收入中各因素所占比例

资料来源：由人力资源和社会保障部提供。

二、税务部门征缴面临的主要问题

最初，全国各地社会保险费征缴工作一直由人力资源和社会保障部所属的社会保险经办机构承担。后来，由于社会保险经办机构工作量大，人手不足，一些地方便委托税务部门代为征缴。1999 年颁布的《社会保险费征缴暂行条例》实际上是默认了这种现实：社会保险费的征收机构由省、直辖市、自治区人民政府规定，可以由税务部门征收，也可以由社会保险经办机构征收。自此，"双征缴主体"局面正式形成并保持了相对稳定。① 现实已经表明，这种社会保险经办机构和税务部门都可以成为征收主体，而自由选择权则控制在地方政府手中的"双重征缴"体制带来了一系列问题。所以，中央政府才决定从 2019 年 1 月 1 日起各项社会保险费由税务部门统一征收。但是，现实却告诉我们，税务部门征缴面临一系列问题。

（一）税务部门征缴是漏征漏管问题严重的重要原因

根据 2018 年《中国企业社保白皮书》，社保缴费基数完全合规的企业仅占 27%，不合规企业占 73%，31.7% 的企业按照最低标准缴费。企业缴费基数远低于实际工资总额，缴费基数不实、漏缴、少缴的现象普遍存在。根据城镇职工基本养老保险的数据，2017 年实际缴费率 21.6%，低于 28% 的全国标准。② 这说明，社会保险费的漏征漏管问题十分严重。在这种情况下，与社会保险经办机构相比，看上去更为强有力的税务部门却不见得在社会保险费征收上更有效率。

社会保险制度的运行依赖于一个环环相扣、紧密相连的系统。我国社会保险的参保登记、缴费基数与缴费人员的核定、征收任务的下达、政策调研等日常管理工作都由人力资源和社会保障部门负责。而税务部门不熟悉社会保障政策规定与相关业务，难以掌握真实的费源情况，只

---

① 王飞：《中国社会保险费征缴管理体制的问题与建议》，《首都经济贸易大学学报》2009 年第 2 期。

② 《2018 中国企业社保白皮书发布：社保基数合规小幅提升至 27%》，搜狐网，2018 年 8 月 24 日，见 https://www.sohu.com/a/249898427_322372。

能根据社保部门提供的资料来征收，政策解释权和管理权严重脱节，使得缴费单位少报、虚报或漏报等现象更容易出现。特别是，目前我国职工收入的非货币化、非工资化程度很高，一些用人单位巧借用人单位职工的复杂性瞒报、少报职工总人数，利用收入分配方式的多样性瞒报、少报职工个人工资，[①] 这会给税务机关在征收社会保险费时造成麻烦。由于情况的复杂性和用人单位的故意为之，税务机关征收时会出现诸多漏征漏管的盲点，由此导致征缴收入大量减少。这一点是有历史事实可以证明的。根据 2001 年到 2003 年各省份的欠费率情况，每年税务代征地区的平均欠费率都远高于社保部门征收地区的平均欠费率。在 2001年，全国欠费率最高的 5 个省份中，有 4 个都是实行税务代征体制的省份；而在全国欠费率最低的 5 个省份中，有 4 个省份是社保部门征收地区。到了 2002 年，全国欠费率最高的五个省份全部都是实行税务代征体制的省份；全国欠费率最低的五个省份全部都是实行社保征收的省区。2003 年，全国欠费率最高的 5 个省份中有 4 个是实行税务代征的省份；全国欠费率最低的 5 个省份全部都是实行社保机构征收的省份。[②]

（二）税务部门征缴会带来一系列成本和效率损失

首先，税务部门与社保机构之间的衔接不畅会带来额外成本。在实际征管过程中，这两个部门之间的协调衔接机制容易出问题，在社会保险数据核准统计口径、票据传递时效以及复审差错纠正等方面产生诸多问题，易造成交易成本的上升。"双重征缴"运行程序烦琐，工作量大，信息传递不及时，资料不能充分共享，税务与社保之间经常脱节，使得"参保不缴费，缴费却未登记"的情况时有发生。甚至，社保与税务机关之间出于自身利益和眼前利益的考虑，相互推卸工作责任、争抢手续费情况也时有发生，部门间的协调耗费了大量的精力。[③]

---

① 孙永勇、石蕾：《我国城镇职工基本养老保险制度财务风险的主要来源及对策》，《中国行政管理》2012 年第 11 期。

② 数据来源：根据原劳动和社会保障部社会保险事业管理中心相关数据整理。

③ 郑秉文：《费改税不符合中国社会保障制度发展战略取向》，《中国人民大学学报》2010 年第 5 期。

其次，收入与支出脱节容易造成预算膨胀。如果采取税务部门负责征缴模式，社保部门在待遇政策的拟定、待遇标准的调整和确保待遇的发放等一系列操作过程中，由于间隔了一个财政部门，客观上就无须与税务部门进行沟通，其缴费收入动态状况与社保部门的支付工作在理论上和制度上将毫无关系，社保部门将难以兼顾考虑制度收入的实际约束，预算膨胀将会成为待遇支付的一个常见的潜在倾向，税务部门也无须完全配合，征缴与支付"两头不见面"，不利于建设社保制度的财务长效机制。

再次，计划征缴与实际征缴无法匹配，容易影响基金管理效率。从管理效率上看，在税务代征体制下，由于增加了代征环节，社会保险经办机构向税务部门发出的征缴计划与税务部门实际征收的金额往往无法匹配，资金往往无法及时到位，为进一步的计账和养老保险金发放工作造成了不利影响，严重损害了养老保险管理体制的效率。[1]

最后，征管工作流程缺乏统一规范，增加工作量和征缴成本。目前我国有些地区社会保险费从征缴到待遇发放这一系列工作是由几个部门联合完成的，而非由税务部门独立完成。社保费的征收由税务部门负责，基金的监督和管理则由审计部门负责，而社保经办机构则负责缴费申报、缴费登记和待遇发放，这三个部门的工作紧密相连，需要统一规范。但现实情况是，国家只规定大致方针和原则，赋予地方政府自由选择权，造成部门之间的混乱。例如，国家审计署 2006 年 11 月发布的《企业职工基本养老保险基金、城镇职工基本医疗保险基金和失业保险基金审计结果》显示，在违规的 71.35 亿元中，"社保费代征机构未按规定时间将保险基金收入"交入专户的就高达 16.20 亿元，占 23%。当然，代征机构除税务部门，可能还包括银行、会计事务所、审计事务所等其他委托代征机构。[2]

---

① 鲁全：《中国养老保险费征收体制研究》，《山东社会科学》2011 年第 7 期。
② 鲁全：《中国养老保险费征收体制研究》，《山东社会科学》2011 年第 7 期。

（三）税务部门对小微企业就业者和灵活就业者的保费征缴力不从心

一般而言，税务部门的优势在于了解企业信息，而社保部门则更了解就业人员信息。所以，如果社会保险的参保人员主要是大中型企业等正规部门就业人员，那么，税务部门征缴是有一定的优势的。但是，随着经济改革的推进和经济结构的调整，我国企业所有制结构和就业形式都已经发生了重大变化，大中型企业等正规部门的从业人员所占比重逐步降低，小微企业就业者和灵活就业者所占比重快速上升。这导致小微企业就业者和灵活就业者的参保人数也迅速增加。这些就业人员不仅十分分散，就业灵活性和流动性强，而且大多属低收入群体，不缴纳所得税，没有税务登记或税号，税务管理信息系统没有包括这些人。[1] 因此，税务部门无法满足这一群体参保缴费的需求，难以征缴社会保险费，影响了社会保险费征缴效果。[2] 随着社会保险向非正规部门灵活就业者扩面的不断推进，税务部门社会保险费征缴工作越来越显得力不从心，也影响了基本养老保险的扩面工作。

（四）税收征缴不利于公平与效率相结合原则的实现

我国社会保险统账结合的制度模式就是要将公平和效率结合起来，既要注重再分配效应，以实现对弱势群体的倾斜，维护制度稳定和社会和谐，又要强调其激励效应，尤其是在老龄化突出的现实背景下，激发参保者的缴费意愿，强化其缴费动机，强化民众的自我保障意识，既可以减轻财政负担和社会压力，又可以保持制度的长期财务平衡，这是我国统账结合模式的初衷。但是，税务部门在征收社会保险费时，强调按部门规则征收而往往忽略社会保险作为一种特殊的社会公共产品所具有的特点。更重要的是，加强缴费与待遇之间的联系是中国社会保险制度改革的基本原则和既定方针。税意味着将个人供款与未来待遇的联系割裂开来，国家财政将要承担起无限责任，这显然不符合中国国情和中央

---

① 郑秉文：《社保立法应考虑征缴模式选择的约束性》，《中国社会保障》2007 年第10 期。

② 彭雪梅、刘阳、林辉：《征收机构是否会影响社会保险费的征收效果？——基于社保经办和地方税务征收效果的实证研究》，《管理世界》2015 年第 6 期。

多次强调的加强缴费和待遇之间联系的基本精神。[①] 税务部门征收社会保险费只是记录参保者的缴费与否，而参保者的缴费与未来待遇之间的联系则在税务系统中呈现得并不明显，制度的激励效应大打折扣。

（五）就业促进效应被削弱

我国的社保政策与就业政策密不可分，二者都是我国就业服务体系的一个重要组成部分，是社保部门在促进就业和改革社保两个领域同时发挥作用的基点，促进就业与改革社保二者相辅相成，难以完全分开。[②] 与社会保险部门征缴社会保险费相比，税务部门征缴会削弱社会保险政策的就业促进效应。税务部门的主要责任是强制性的征收税收，确保国家财政来源的充足性。税务部门是在单位或企业既以形成的就业情况和工资总额的基础上强制征收，税务部门征缴目标比较单一，任务比较单纯，工作重点和精力容易简单地聚焦在"钱"上，往往不考虑或较少考虑就业人员状况，也不善于利用税收政策促进就业。与之相比，社会保险经办机构在促进就业方面具有天然优势，能够更好地将征缴管理工作与促进就业结合起来。

三、政策建议

不可否认，无论是税务机关作为征收主体还是社保经办机构作为征收主体，在实际操作中都会出现各种各样的问题。但是，如果考虑以下三个具体国情，就应该强调必须实行由社会保险经办机构征收社会保险费的单一主体模式：一是社会转型与二元经济结构将长期存在。中国正处于向工业化转型的过程当中，二元经济结构特征异常明显，并且夹带着严重的地区发展不平衡，这种状况预计将持续相当长一段时间。这种大环境会影响税收体系的现代化程度、社保部门的现代化程度以及社保缴费的社会环境。具体而言，就是说，税务部门的能力和效率还没有想象的那么高，而社保部门虽然现代化程度还不够高，但却更接地气，更

---

① 柳清瑞、刘波、张晓蒙：《城镇基本养老保险扩大覆盖面问题研究——以辽宁为例》，《辽宁大学学报（哲学社会科学版）》2009 年第 4 期。

② 郑秉文、房连泉：《社会保障供款征缴体制国际比较与中国的抉择》，《公共管理学报》2007 年第 4 期。

了解社保情况并采取恰当行动。二是统账结合制度异常复杂。无论与现收现付制度相比，还是与基金完全积累制度相比，中国统账结合的社会保险制度在具体操作中都显示出前所未有的复杂和困难，主要表现在，统账结合在提高覆盖率和统筹层次时形成两难，在解决便携性和异地转移接续时成为掣肘，在考虑投资策略和增值保值时额外增加许多潜在风险，等等①。这种复杂性及其带来的困难，只有社会保险经办机构才能够深入理解，并将其更好地融入社会保险费征缴工作之中，以实现更好的征缴效果。三是全民参保计划正在推行中。作为下一阶段社保工作的核心内容之一，全民参保还面临很大的困难。而社会保险费的征缴工作与此紧密相连。只有社会保险经办机构才能够将征缴工作与促进全民参保工作更好地结合起来，实现双赢。

根据前文论述，可以提出以下具体改革建议：

第一，征缴体制改革"两步走"。首先，暂时维持目前"双重征缴"的现状，设置一个过渡期，分地区做好向"分征模式"的过渡准备工作；其次，过渡期结束之后，应结束"分征模式"，税务征收地区完成相关业务向社保部门的移交，确立社保部门为单一征缴主体。

第二，建立多部门合作机制。社保资金征缴牵涉政府多个部门之间管理职责的配合，部门间的合作是至关重要的。建立明确有效的合作机制可以减少部门摩擦，提高征缴效率，降低征缴成本，应加强社保与税务、审计、统计、财政、监察等部门的协作，增强征缴机构的征缴执行能力尤其是强制执行的能力。尤其要注意的是加强社保与税务和财政之间在收入基数核查以及针对自雇人员保费征缴等方面的合作。

第三，提高社会保险经办机构的征缴能力。首先，建立用于识别漏缴避费的管理机制。实行企业缴费报告管理，方便社会保障部门对职工缴费进行核对；企业需每年向职工公布具体的缴费情况，防止企业与个人合谋逃费。其次，完善社会保险缴费记录系统，对各种逃费问题记录在案并迅速作出反应，同时与个人及企业的其他信息如纳税信息共享使

---

① 郑秉文：《社保立法应考虑征缴模式选择的约束性》，《中国社会保障》2007 年第10 期。

用，使企业与个人在信用成本压力下降低逃费的可能。最后，加强征缴机构和财政、劳动统计部门、监察部门等的协作，增强征缴机构的强制执行的能力，增强处罚措施的执行力度①。

第四，完善征缴体制以及相关配套制度的法律建设。我国在社会保险费筹资方式、征缴管理等方面立法层次低，操作性差，造成实际征缴工作缺乏相应的法律保障，征缴执法缺乏强制制裁手段，难以形成法制化的社保缴费环境。因此在即将出台的相关社会保险费征缴管理办法中，应将社会保障基金的筹集、征收、管理和使用法律形式固定下来，以保障资金的安全征缴和有效运营②。同时应规范相关规章制度，增加信息透明度。应完善企业的财务会计制度，提高财务会计信息的准确性和可靠性，防止缴费人通过做假账逃避缴费；完善劳动就业统计制度，提高信息的公开化程度，便于对企业的雇佣状况进行稽查；完善社会保险统计制度和政务公开制度，便于监督机关、社会和舆论的监督，从而制约征缴机构的征缴懈怠行为。最后，应加强对社会保险部门的监督，防止征缴管理部门与企业或个人形成"默契"，杜绝寻租行为。

第二节 社会保障基金核算与收支管理层级

伴随着我国社会保障制度的快速发展，社会保障基金的收入、支出以及累计结余的规模也不断庞大。为了保障这关乎社会稳定的巨额资金的安全及有效运营，加强基金核算与收支管理就显得十分重要。鉴于我国目前社会保障制度运行的实际情况，在基金核算与收支管理的过程

---

① 杨立雄：《加强养老保险征缴管理的对策研究》，《经济纵横》2010 年第 9 期。

② 彭雪梅、刘阳、林辉：《征收机构是否会影响社会保险费的征收效果？——基于社保经办和地方税务征收效果的实证研究》，《管理世界》2015 年第 6 期。

中，分层管理是一种必然选择。这就涉及各个管理层级的职责及其相互关系的合理设计。可以说，目前社会保障基金管理过程中存在的不少问题都与此有或多或少的关系。特别是统筹层次问题，实际上就是指资金的收入、支出、管理与核算的层级问题。因此，如果完善社会保障基金核算与收支层级管理的制度设计，就会极大地提升社会保障基金的安全性和运行效率。

一、我国社会保障基金核算体系及其存在的主要问题

（一）我国社会保障基金核算体系的主要特征

我国原有的社会保障制度是以单位保障为核心的体系，职工所获得的各方面物质保障基本上全部由国家和用人单位包揽，并由用人单位负责具体实施。这就造成了社会保障资金属于用人单位或政府资金的一部分，社会保障资金的会计处理也属于用人单位会计或政府会计处理的一部分，并没有形成自己的独立的会计目标和会计核算方式。随着改革的推进，单位保障制度逐渐被打破，一个更为社会化的保障体系得以建立。绝大部分社会保障资金从用人单位分离出来，形成了比较独立的社会保障基金。社会保障基金的筹集、运营和支付也逐步由专门机构来负责。特别是，国务院在 2000 年 9 月建立了"全国社会保障基金理事会"，专门负责中央财政拨入的资金、部分国有资产变现资金以及其他形式筹集的资金的管理工作。为了促进社会保障基金会计核算和管理工作的规范化，财政部 1999 年发布了《社会保险基金会计制度》（财会〔1999〕20 号），对企业职工基本养老保险基金、城镇职工基本医疗保险基金、失业保险基金的会计核算进行了规范。2008 年和 2011 年，财政部先后制定了《新型农村合作医疗基金会计制度》《新型农村社会养老保险基金会计核算暂行办法》，分别对新型农村合作医疗基金和新型农村社会养老保险基金的会计核算进行了规范。2017 年，财政部、人力资源和社会保障部、国家卫生计生委联合发布了《社会保险基金财务制度》，财政部也对《社会保险基金会计制度》进行了修订，统一了社会保险基金会计核算框架，使其能够覆盖全部社会保险基金，补充完善了有关新业务的会计核算规定。这样，具有中国特色的社会保障会计

核算体系已经基本形成，它具有以下几个主要特征：

第一，社会保障会计实行归口分级管理。中国传统的社会保障会计管理体制是国务院下属部委负责社会保障会计管理工作，具有"多头领导、分散管理"特征。1998年，国务院成立了劳动和社会保障部（后来又改为人力资源和社会保障部），将原由劳动部、卫生部、人事部、民政部等部门所分管的绝大部分社会保障基金纳入统一管理。随后，附属于劳动保障部门的各类社会保障资金经办机构逐步建立，成为这些社会保障资金的会计管理主体。与此同时，民政系统等其他政府部门仍然承担了大量社会保障事务的管理和监督工作，因此也承担了一部分社会保障资金的管理工作，也有自身的社会保障会计核算体系。在各个系统内部，又存在中央和地方的各级社会保障事务管理机构，分别负责各自的社会保障资金管理，承担相应的社会保障资金会计核算工作。

第二，社会保障基金会计核算的基础从收付实现制转为收付实现制与权责发生制相结合。财政部1999年发布的《社会保险基金会计制度》规定："社会保险基金的会计核算采用收付实现制，会计记账采用借贷记账法。"如果将社会保险基金纳入国家社会保障预算，那么，会计核算采用收付实现制，还是有比较明显的优势的，因为以实际收入或实际支出的款项作为确认标准，能够比较如实地反映国家社会保障预算的收入、支出和结存情况，防止各类虚收、虚支现象的发生。从最初社会保险基金核算的实际情况看，以收付实现制作为记账基础也基本上能够满足管理的需要。但随着社会保障体制改革的深化，社会保险基金逐步进入市场，社会保险基金经办机构已不再是单纯地征收保险费或支付保险待遇，参保人、基金监督机构、基金管理机构都希望获得更全面、真实的财务信息；以收付实现制为基础的社会保险基金会计核算，存在某些方面的局限性，面临着不断深化改革的需要。正因为如此，2017年的《社会保险基金财务制度》和《社会保险基金会计制度》作出了相应的调整，规定"社会保险基金的会计核算一般采用收付实现制，基本养老保险基金委托投资等部分业务或者事项的会计核算应当采用权责发生制"。

第三，社会保障基金核算仍然以资金收支核算为主。由于社会保障资金自身的特点，加之仍然深受传统的社会保障制度的影响，我国目前社会保障基金会计核算仍然以资金收支为主要业务。在社会救济、社会福利和社会优抚安置等领域，由于民间力量的参与仍然十分不够，中国政府还处于绝对支配地位。政府每年都会将大量财政资金拨付给民政部门，再由民政部门按照特定的项目进行分配和开支。在社会保险领域，虽然许多项目已经积累了数额庞大的基金，但是，基金市场化投资运营的规模仍然不够大，费用征缴和待遇开支仍然是工作的重点，国家财政每年也为此提供了大量补贴。只有全国社会保障基金和各类企业年金基金已经进行了较长时间的市场化投资运营，并取得了不错的投资业绩。

第四，利息核算占有突出位置。在社会保障基金中，除了养老保险基金具有明显的长期性特征外，其他各类基金基本上都强调短期内收支平衡、略有结余，因此，这些基金中虽然也有一些已经形成了比较大的规模，但都几乎不进行长期投资，也就是说，基本上都是以银行存款的形式存在。特别是政府财政每年用于特定项目的拨款具有更明显的短期性特征，基本上以活期存款的形式存在。即使是具有长期性特征的养老保险基金，目前也有相当高的比例的资金仍然以银行存款形式存在。这些以银行存款形式存在的社保基金不仅数额庞大，而且种类繁多，涉及成千上万的缴费者，利息核算的难度比较高，受到了突出的重视。

（二）我国社会保障基金核算体系存在的主要问题

尽管经过了这么多年的改革，但我国社会保障基金核算体系还存在着一些问题，主要有以下几个方面：

第一，"多头领导、分散管理"的状况没有得到根本改变。如前文所述，尽管经过了很多年的整合，但社会保障基金管理仍然十分分散，这既与社会保障系统的复杂性有关，也在一定的程度上反映了整合还没有完成。社会保障基金的"多头领导、分散管理"带来了会计核算的"多头领导、分散管理"，加大了会计核算的难度和成本，也增加了会计核算出问题的风险。以城镇职工基本养老保险为例，虽然我们宣称全国都实现了省级统筹，但事实上，实现省级统筹（以省为单位实行统支统收，养老金在省内进行余缺调剂）的只有北京、天津、上海、重庆、西藏、青海、陕西、广东8个省份，而绝大部分省份的统筹层次仍然是县、市级。全国的统筹单位大约 2000 多个，也就是有 2000 多个相对独立的会计核算单位。①

　　第二，有关会计核算基础的改革仍然不彻底。首先，它仍然不能全面记录和准确反映社会保险基金的负债情况，不利于防范相关风险。对于借入款项的利息、个人账户的应计利息等"隐性债务"，社会保险基金的会计报表仍然没有充分反映，只有在实际支付利息或归还本息时才能体现支出。其次，按照收付实现制的核算基础，对于单位或个人预缴或补缴的保险费，都是一次性地全部体现为当期收入，但相应的社保支出却是在不同期间陆续发生，这不符合收入与配比原则，因而不能代表不同期间的真实收入和支出情况。最后，社会保险基金运行的真实情况在一定的程度上被掩盖。例如，一些省份的职工基本养老保险基金早已收不抵支，但是每年都会得到政府（主要是中央政府）财政补贴，因而账面上仍然表现为有盈余。

　　第三，统筹账户基金核算与个人账户基金核算若即若离。在我国社会保障体系中，基本养老保险和基本医疗保险都实行了社会统筹和个人账户相结合的财务制度。这种若即若离的结合，从理论上讲似乎有利于兼顾公平和效率，但实际上在更多的时候却是相互干扰，公平被削弱，效率也上不去。具体到基金核算上，会计核算部门往往倾向于强调统筹账户基金为核算会计主体，这虽然有利于提升基金的安全性，但也使得基金管理和运营的问题更为复杂多样，又在一定的程度上妨碍了基金的保值增值。其中最突出的问题是，社保财务部门在会计核算时将职工基本养老保险统筹账户基金与个人账户基金联合记账，所收到的保费全部被计入统筹账户，统筹账户基金难以满足基本养老金支出的需要时，经办机构就自然动用了具有私人属性的个人账户基金去补缺，从而形成了严重的个人账户"空账"问题。

　　第四，社会保险基金会计信息披露不够规范，内部控制机制不够健全。我国社会保险基金会计核算制度以及会计核算办法的有关规定对会

---

　　① 邓大松、薛惠元：《城镇职工基础养老金全国统筹的阻碍因素与对策建议》，《河北大学学报（哲学社会科学版）》2018 年第 4 期。

计报表提出了非常具体的要求，尤其是会计报表中有关社会保险基金的数字、内容、说明、手续等，但是并没有对会计报表的公开等作出比较具体的规定。因此，政府主管部门通过公报等方式披露的有关信息通常过于简单，没有全面地反映社会保险基金的财务状况、经营状况以及现金流动等，不利于加强社会保险基金的监督。确保社会保险基金会计核算规范化开展的重要保障之一就是要具有完善的会计内部控制体系。但是，当前我国的社会保险基金会计内部控制体系还不够完善，尤其是财务管理制度不够完善，不相容职务分离制度等还没有得到有效执行，内部审计监管独立性较差等问题依然存在。

二、我国社会保障基金收支层级管理及其存在的主要问题

（一）我国社会保障基金收支层级管理

我国社会保障基金的构成十分复杂，社会保障基金管理也是一项十分复杂的系统工程。其中，社会保障基金收支层级管理是一项还没有得到充分重视的重要内容，它指的是从中央到地方的各个社会保障基金管理层面在其中所扮演的角色及其相互关系。这种收支层级管理与社会保障统筹层级及核算单位密不可分。可以从社会保障基金收入和支出两个方面来看这个问题。

社会保障基金收入主要包括社会保险缴费、财政补贴、利息及投资收益、国有资产转持收入和其他收入。就社会保险缴费而言，无论是人力资源和社会保障部门征收还是税务部门征收，其直接管理方都是县市级政府相关部门。但是，在职工基本养老保险方面，由于有几个省份的资金流收支核算层级已经实现了真正意义上的省级管理，而其他省份也都已经建立了省级调剂金，就使得省级部门也更多地参与了缴费管理。未来随着职工基本养老保险全国统筹工作的推进，全国性的调剂金将会建立，中央主管部门将会更多地参与缴费的管理。至于财政补贴收入的管理，不仅有中央财政和地方财政的各类社会保障补贴的管理，还涉及中央财政对地方财政的大量财政转移支付，层级管理就更为重要。在利息与投资收益方面，由于除了一些地方已经将部分基本养老保险基金委托给全国社会保障基金理事会进行投资外，地方管理的其他社会保障基

金几乎全部存入银行，只能获取利息收益。投资收益的管理主要体现在全国社会保障基金理事会的投资收益管理和各类企业年金基金的投资收益管理。如果将范围扩大一些，也可以把其他各类养老金融产品的投资收益管理包含其中。至于国有资产转持收入，目前主要也是中央掌握的国有资产向全国社会保障基金理事会的注资，地方掌握的庞大国有资产还没有大的行动。

社会保障基金支出主要是各类社会保障津贴支出以及其他一些法律规定的特定项目的支出。由于这些支出几乎全部要发放至社会保障受益人手中，因此，县市级社会保障管理部门往往负责具体工作，而省级社会保障主管部门主要负责监督工作。由于全国社会保障基金属于为应对人口老龄化高峰而设立的战略储备基金，目前还没有进入大规模支出阶段，所以，当前中央层面的社会保障基金直接支出并不多。中央层面对社会保障基金支出的管理主要体现在适时修订有关社会保障基金支出的政策并监督政策的落实。

（二）我国社会保障基金收支层级管理存在的主要问题

我国社会保障基金收支从层级管理上看存在着一些比较突出的问题，主要有以下几个方面：

第一，统筹层次较低，点多面广，增加了社会保障基金收支管理的难度，降低了效率。虽然经过了这么多年的整合，但整个社会保障体系仍然有些"碎"。从横向看，人力资源和社会保障部门、财政部门、民政部门、医疗卫生部门、税务部门等多个政府部门参与社会保障基金收支管理，虽然一些部门之间会形成权力相互制约从而有助于防止腐败等问题的产生，但也会增加运行的成本，降低运行的效率。从纵向看，除了绝大部分省份职工基本养老保险已经名义上实现了省级统筹外，其他各类社会保险项目基本上都还处于县市级统筹阶段。统筹层次低是社会保障基金管理中存在的许多问题的根源。它不仅阻碍了资金在更大的范围内调剂使用，限制了社会保障基金的利用效率，并迫使财政不断提高补贴规模，还导致了各省份制度不一致，比如职工基本养老保险的缴费基数、费率、待遇调整、征缴政策等，给制度的公平性造成了破坏，也对国民经济造成了不好的影响。统筹层次低也影响社会保障基金的收支管理,不仅增大了监管的难度和成本,也提高了管理成本。

第二,在社会保障基金收入管理上,除了上一节提到的职工基本养老保险费征缴管理问题,也还存在着其他一些问题。在社会救助和社会福利领域,社会保障基金收入仍然严重依赖政府财政,而对各类民间资本的开拓不够;虽然中央财政和省级财政在对各个县市的社会救助和社会福利补贴上一直对经济发展落后的地方有所倾斜,但各个县市的社会救助和社会福利发展仍然存在着巨大的差距;而且,在各个县市向中央财政和省级财政争取这方面资金支持的过程中,还没有形成比较科学的机制,使得"谁会要,谁多得"的现象仍然存在。在社会保险基金收入管理上,也存在着几级政府财政权责不够清晰的问题,导致争着向中央财政要钱的现象。国有资产转持规定已经出台了,但力度还不够,特别是严重依赖央企,省属国有资产和县市属国有资产基本上还没有动。基本养老保险基金投资运营工作虽然在 2016 年底正式启动,但进展不够快。截至 2018 年底,有 17 个省(区、市)委托投资基本养老保险基金 8580 亿元,已经到账的资金达到 6050 亿元。[①] 在职工养老保险基金当中占比仍然较少。其基本原因是:统筹层次低,资金分散在上千个实际统筹县市那里。要把资金上解到省(区、市)里,由省统一跟全国社保基金理事会签约,链条太长,地方意愿不高,形成了固化的利益。另外,有的县市统筹资金数量不多,上解成本太高。

第三,在社会保障基金支出管理上,待遇调整与支出控制机制还不够完善。首先,一些社会保障项目还没有设计出比较科学的待遇确定与调整机制,使得项目开支带有较大的随意性或不确定性,不利于提前进行风险管控;其次,不少社会保障项目虽然在资金上严重依赖上级财政,但是,上级政府对这些项目的监督力度不够或者监督成本偏高,而项目使更多人受益又是地方政府的政绩,这使得其开支往往有膨胀的倾向;再次,从立法上看,有关各级政府在社会保障基金支出管理上的职责设计还不够精细,特别是,缺乏一些比较科学的操作细则,使得政策

---

① 《人社部:已有 17 个省区市委托投资基本养老保险基金 8580 亿》,中国网,2019 年 1 月 24 日,见 http://finance.china.com.cn/news/20190124/4880588.shtml。

容易在具体实施中走样，这也是导致支出存在随意性的重要原因之一；最后，社会保障支出管理在电子化、人员队伍专业化等方面也还存在不足。

三、政策建议

首先，提高统筹层次是解决社会保障基金核算与收支层级管理中许多问题的关键。很多其他问题都是由统筹层次低派生出来的，所以解决好这个问题，其他派生问题便能迎刃而解。而且，统筹层次低并不是制度设计内生缺陷，与制度设计的关系不是很大，而主要是外生的执行过程中出现的问题，所以应当在执行过程中解决它。就职工基本养老保险而言，从理想状态来说，一步到位实现全国统筹，这才是上上策。然而，一步到位的阻力很大。入不敷出的省份愿意提高统筹层次，同时也愿意把包袱交给国家；基金量越大的地区，越不愿意实现全国统筹。这种情况说明，实现全国统筹的时间越早，改革阻力就越小；改革越晚，利益就越固化，改革的阻力就越大。而设立调剂金制度作为一个过渡，就一定要设置过渡期的时间表。可以想见，中央调剂金建立之初，各省份拿出来的比例比较小，当期用于支付，余额恐怕剩不了多少，第二年、第三年更多一点，那什么时候28%的缴费能最终实现全部统筹上来？因此，要明确时间表和路线图，使老百姓有预期，对决策部门也是个约束。等到实现全国统筹后，由中央统一负责养老保险基金的收入、计发、管理等，地方经办机构只负责记录追踪、待遇核算、转移接续、基金征缴等工作。至于其他一些社会保险项目，也需要探讨提高统筹层次的可行性。比如工伤保险已有先例，西部有一个省的统筹层次从县市级提高到省级，在一两年就基本完成，没有设立省级调剂金来过渡。

其次，继续深化社会保障基金核算制度改革。第一，在提升统筹层次的同时，加强横向机构整合，缩减独立核算单位数量，降低核算总成本，提高核算效率。在2018年3月13日国务院公布的机构改革方案中，多个国家部委与医疗保障相关的职能部门被整合成国家医疗保障局，就是属于此类重要举措。可以相信，养老保障领域也需要这种横向的机构整合。第二，继续完善社会保障基金会计制度，特别是针对社会保障基金管理的新情况，及时作出相应的调整。社会保险基金会计核算采用什么样的会计核算基础，不应由社会保险经办机构的性质决定，而应与社会保险基金的性质或业务内容相适应，采用不同的核算基础。第三，继续推进社会保障基金统筹账户与个人账户分开独立核算。通过单独管理，实现将个人账户与统筹账户的分离，实现其单独核算、运营以及信息的公开，保障个人账户内社保基金产权的独立性和安全性，同时保障个人账户财务情况的真实性和全面性，从根本上保障投保人的利益，提高人们对社保基金管理工作的了解和信任，同时通过将个人账户分离，也有效地促进了社保基金会计核算的质量和效果，降低了混合账户内反复的调用和支配等工作，提高了会计核算的直观性和效果。第四，改进社会保险基金会计信息披露工作，完善内部控制机制。在信息披露方面，应该突出强调信息的完整性和全面性。在内部控制方面，应尤其强调监管的独立性。

再次，完善社会保障基金收入管理。第一，在继续加强中央财政对社会保障的支持的同时，探索促进民间资本更多地支持社会保障事业的政策和方法。在财政支持上，首先应明确中央财政所应承担的基础性责任。例如，在实现基础养老金全国统筹中，关键就是将目前用人单位为职工缴纳的养老保险费、各地历年滚存结余的统筹基金余额和中央财政补助资金统一纳入到全国的基础养老保险基金池中，在全国范围内统筹安排，并由中央财政担负最终兜底责任。第二，进一步明晰各级政府在社会保障基金管理上的权责关系。例如基本养老保险，事权、财权应该主要集中于中央政府，中央政府与地方政府的关系应定位于决策监督者与执行者的关系，中央负责基本养老保险的政策制定与调整，同时对政策运行过程及相关机构的行为进行监督与管理。当然，中央需要完善其向各地提供社会保障类财政补贴的机制和方法，提高其科学性和公正性，特别是，在进一步强化对落后地区的支持的同时，重点关注支持的效果。第三，继续强力推动通过国有资产转持等手段充实社会保障基金的工作。一方面，中央应该尽快通过建立主权养老基金等方式迅速增强战略性养老资产储备；另一方面，地方国有资产也应该尽快被调动起来。第四，重视社会保障基金进行必要投资的紧迫性，强力推动基本养老保险基金投资取得新的进展。首先是要让全国 32 个统筹单位（含新疆建设兵团）都行动起来，让更多的资金获得理想的收益。还要考虑在全国统筹工作推进的过程中，及时调整有关的基金投资管理政策。

最后，强化社会保障基金支出管理，提高社会保障基金支出的效果。第一，改进各类社会保障待遇的确定与调整机制，增强其科学性，降低其随意性。第二，应该进一步摆脱主要依靠上级政府监督以控制开支的局面，建立下级政府在社会保障开支上的内在约束机制。第三，从立法上促进各级政府在社会保障基金支出管理上的职责设计的精细化，增强操作细则的科学性。第四，继续在社会保障支出管理电子化、人员队伍专业化等方面采取有力措施。

第三节　养老保险基金投资管理体制

改革和完善养老保险基金的投资管理体制，是深入贯彻落实党的十八届三中全会关于全面深化改革的总体部署，建立更加公平可持续的社会保障制度的重要内容。养老保险基金的投资管理体制必须综合考虑我国经济社会基本特征、社会保障制度框架与金融市场发展等客观情况，紧紧围绕更好保障和改善民生、促进社会公平正义的总体方向，加快推进制度改革和创新，实现基金的精细管理、科学投资及保值增值。

一、我国养老保险基金投资运营的基本情况与存在问题

养老保险是社会保障体系最重要的组成部分之一。改革开放以来，随着计划经济体制向社会主义市场经济体制的深刻转变，我国逐步建立起社会统筹与个人账户相结合的基本养老制度，截至 2014 年，我国已建立了统一的城乡居民养老保险制度，初步建成了覆盖城乡的养老保险制度框架。从总体规模上看，随着养老保险覆盖范围的扩展及筹资渠道的拓宽，我国基本养老保险资金规模不断扩大。截至 2018 年，年末全

国参加基本养老保险人数为 94293 万人，比上年末增加 2745 万人。全年基本养老保险基金总收入 55005 亿元，基金总支出 47550 亿元。年末基本养老保险基金累计结存 58152 亿元。2018 年全年城镇职工基本养老保险基金收入 51168 亿元，基金支出 44645 亿元。年末城镇职工基本养老保险基金累计结存 50901 亿元。2018 年 7 月 1 日，建立实施企业职工基本养老保险基金中央调剂制度，2018 年调剂比例为 3%，调剂基金总规模为 2422 亿元。①

虽然我国基本养老保险基金已经积累到了一定规模，然而长期以来由于基金统筹层次较低，区域资金结余不平衡，国内资本市场尚不成熟等原因，基本养老保险基金的投资范围受到严格的限制。根据 1993 年原劳动部颁布的《企业职工养老保险基金管理规定》，养老保险基金应存放于银行开设的养老保险基金专户，实行专项储存，专款专用，对存银行的基金按照人民银行规定的同期城乡居民储蓄利率计息。历年滚存结余的养老保险基金，在保证各项正常开支并留足必要周转金的情况下，仅允许购买国库券以及国家银行发行的债券，或委托国家银行、国家信托投资公司放款，而不能用于投资企业债券、股票、基础设施建设等项目，更不能用于衍生金融工具的投资。1995 年及 1997 年，国务院发文对养老保险基金结余投资进行了更加严格的限制，强调除留足两个月的支付费用外，基金结余的绝大部分要购买国家发行的定向债券，严禁投资其他金融或经营性事业。近年来，虽然我国对于基本养老保险个人账户投资有一定放开，且 2010 年我国颁布的《社会保险法》，进一步明确了基本养老保险投资运营的必要性，并授权国务院制定投资运营相关规定，但基本养老保险基金的投资情况从整体上并未发生实质变化，基金保值增值的压力仍然较大。投资收益对基本养老保险基金贡献很少，未能成为支撑我国基本养老保险制度可持续发展的可靠支柱。

与基本养老保险基金不同，我国作为第二支柱的企业年金以及储备性质的全国社会保障基金已经开始在资本市场投资运营。1991 年，国

---

① 人力资源和社会保障部：《2018 年度人力资源和社会保障事业发展统计公报》，2019 年 6 月 11 日，见 http://www.mohrss.gov.cn/SYrlzyhshbzb/zwgk/szrs/tjgb/201906/t20190611_320429.html。

务院颁布《关于企业职工养老保险制度改革决定》，规定企业可以根据自身经济能力为职工建立补充养老保险，初步设立了企业年金制度。企业年金是我国养老保险的第二支柱，采用完全积累模式，其资金来源是企业和职工共同缴费，最终规模是基金累积总资产与累计投资收益总和，由参加计划的企业职工在退休后一次性或逐笔领取。在企业年金投资管理方面，随着企业年金规模的逐步积累，原劳动和社会保障部及人力资源和社会保障部先后于 2004 年和 2011 年颁布了《企业年金基金管理试行办法》和《企业年金基金管理办法》，建立了企业年金投资制度框架，允许负责管理运营企业年金计划的企业年金理事会或法人受托机构，通过同企业年金基金账户管理机构、企业年金基金托管机构和企业年金基金投资管理机构分别签订委托管理合同。委托开展企业年金投资业务。到 2019 年，我国加入企业年金计划的职工人数为 2547.94 万人，实际运作资金金额为 17689.96 亿元，通过 4327 个投资组合广泛投资于固定收益类、权益类等投资产品，当年实现投资收益 1258.23 亿元，投资收益率为 8.3%。①

表 1-1　全国企业年金历年投资管理及收益情况

	投资组合数（个）	资产金额（亿元）	当年加权平均收益率（%）
2007 年	212	154.63	41.00
2008 年	588	974.90	−1.83
2009 年	1.049	1591.02	7.78
2010 年	1504	2452.98	3.41
2011 年	1882	3325.48	−0.78
2012 年	2210	4451.62	5.68
2013 年	2520	5783.60	3.67
2014 年	2740	7402.86	9.30
2015 年	2993	9260.30	9.88

---

① 人力资源和社会保障部社会保险基金监管局：《2019 年度全国企业年金基金业务数据摘要》，2020 年 3 月 31 日，见 http://www.mohrss.gov.cn/SYrlzyhshbzb/shehuibaozhang/gzdt/202003/t20200331_364056.html。

	投资组合数（个）	资产金额（亿元）	当年加权平均收益率（%）
2016 年	3207	10756.22	3.03
2017 年	3568	12537.57	5.00
2018 年	3929	14502.21	3.01
2019 年	4327	17689.96	8.30
年平均	—	—	7.07

注：1. 组合数和资产金额为期末全部组合情况。

2. 当年加权平均收益率计算的样本为投资运作满当年的投资组合，计算方法为样本组合收益率的规模加权，以上年末和当年 4 个季度末平均资产规模为权重；组合收益率为单位净值增长率。

3. 年平均收益率为 2007 年以来历年收益率的几何平均。

资料来源：人力资源和社会保障部基金监督司：《2013 年度全国企业年金基金业务数据摘要》，人力资源和社会保障部网站。

此外，2000 年 8 月，党中央、国务院决定建立"全国社会保障基金"，用于人口老龄化高峰时期社会保障支出的补充调剂，截至 2013 年，全国社会保障基金规模由成立初期的 200 亿元迅速增长至 9911 亿元，已成为我国社会保障的一项重要战略储备。[①] 自 2007 年起，根据中央决策，全国社会保障基金受托管理部分做实基本养老保险个人账户中央补助资金（个人账户基金），自 2012 年起受托管理广东省部分企业职工基本养老保险基金，上述两部分资金纳入全国社会保障基金统一运营，作为基金权益核算。根据《社会保险法》及《全国社会保障基金投资管理暂行办法》《全国社会保障基金境外投资管理暂行规定》等法律法规，全国社会保障基金除了可投资于银行存款、国债等产品外，还可以广泛投资于私募股权投资基金和直接股权投资项目、信托贷款项目、境内外上市流通的证券投资基金、股票，以及信用等级在投资级以上的企业债、金融债等有价证券。截至 2018 年末，全国基金资产总额

---

① 全国社会保障基金理事会：《全国社会保障基金理事会基金年度报告（2013 年度）》，2014 年 6 月，见 http://www.ssf.gov.cn/cwsj/ndbg/201406/t20140627_6063.html。

全国社会保障基金理事会：《基金历年收益情况》，2014 年 6 月，见 http://www.ssf.govcn/cwsj/tzsy/201406/t20140627_6065.html。

为 22353.78 亿元，自成立以来的累计投资收益额为 9552.16 亿元，年均投资收益率为 7.82%，① 远高于同期的通货膨胀水平，较好地实现了保值增值任务，对于基本养老保险基金的投资管理也提供了一定借鉴意义。

表 1-2　全国社会保障基金投资管理及收益情况

	投资收益额（亿元）	投资收益率（％）	通货膨胀率（％）
2000 年	0.17	——	——
2001 年	7.42	1.73	0.70
2002 年	19.77	2.59	-0.80
2003 年	44.71	3.56	1.20
2004 年	36.72	2.61	3.90
2005 年	71.22	4.16	1.80
2006 年	619.79	29.01	1.50
2007 年	1453.50	43.19	4.80
2008 年	-393.72	-6.79	5.90
2009 年	850.43	16.12	0.70
2010 年	321.22	4.23	3.30
2011 年	74.60	0.86	5.40
2012 年	654.35	7.10	2.60
2013 年	685.87	6.20	2.60
2014 年	1424.60	11.69	2.00
2015 年	2294.78	15.19	1.40
2016 年	319.61	1.73	2.00
2017 年	1845.77	9.68	1.60
2018 年	-476.85	-2.28	2.10
累计投资收益	9552.16	（年均）7.82	（年均）2.28

资料来源：全国社会保障基金理事会。

———————

① 全国社会保障基金理事会：《全国社会保障基金理事会社保基金年度报告（2018 年度）》，2019 年 7 月，见 http：//www.ssf.gov.cn/cwsj/ndbg/201907/t20190711_ 7611.html。

　　根据以上分析，我国基本养老保险基金的投资管理还存在较多问题，亟待改革。其最大问题在于现行制度未完全厘清政府与市场二者关系，基金权属较为混乱，相应投资管理基本制度尚未建立。从外部关系上，我国的基本养老保险基金尚无法脱离政府及公共财政支持而独立运作，由于地区经济发展与劳动力分布不均衡导致的人口结构差异，养老保险基金收支省际差异明显。同时，当前基金的统筹层次较低，中央没有针对基金收入与结余的统一调配与平衡管理办法，导致许多收不抵支的省份严重依赖中央财政的转移支付，而对于部分收大于支的省份，滚存基金的投资管理则出现较大压力。从内部结构上看，当前我国统账结合的养老保险制度，各项参数设计并不科学，制度设计存在较大漏洞以及大量的"跑冒滴漏"现象，基本养老保险制度的可持续性差、制度本身缺乏基本的可预期性导致不可能建立常态化的、稳定的投资管理体制。特别是由于制度转型衔接及历史成本等原因，我国试点多年的做实个人账户始终没有取得突破，个人账户空账问题突出，大量个人账户资金被用于计发统筹部分当期养老金，甚至挪作其他政府财政用途，使得基本养老保险基金中资金权属最为明确、最适宜开展投资运营的部分无法实现有效投资。从整个社会保障体系构架上看，我国当前第一支柱基础养老金中，个人账户资金与社会统筹资金长期混同管理与使用，未能对资金结余进行有效投资运营，基金结余保值压力巨大。而第二及第三支柱虽然部分资金已开始市场化运营，但在资金整体规模、投资收益绝对数量上远不能同第一支柱相比，还无法实现对三个支柱的统筹规划或建立各自差异化的投资管理制度。

　　随着我国养老保险事业的不断发展，在未来一段时间内，伴随城镇居民收入的提升及城镇化进程的加快，养老保险的覆盖人群还将进一步扩大，我国基本养老保险基金累积仍将快速增长。然而与此不相称的是，现行政策规定养老保险基金只能投资于银行存款、国债等收益及风险较低的产品，投资品种单一、渠道狭窄，没有形成科学有效的投资管理体系，致使基金投资收益率长期低于同期经济增速及通货膨胀率，实际处于长期贬值状态，严重削弱了养老基金的长期保障能力，在事实上侵害了养老保险制度参与者的权益。因此，当前我国迫切需要建立与基本养老保险制度相适应的养老保险基金的投资管理体系。这一过程需要中央统一部署、整体协调，按照党的十八大、十八届三中全会和《社会保险法》关于建立社会保险基金投资运营制度的要求，在充分借鉴国内外经验的基础上，积极稳妥地分步推进。

二、国际上基本养老保险基金的投资管理模式与分类

由于养老保险基金一般规模巨大、覆盖人数众多、直接影响全体参保人员切身利益甚至国家未来政治与社会稳定，各国和地区普遍高度重视养老保险基金的投资管理制度，除了从提升社会保障体系可持续性、保障基金安全、提高基金收益率等方面考虑，还普遍强调基金与整体经济发展水平、社会保障制度及资本市场发展程度相互适应，协调发展。从国际经验来看，养老保险基金投资管理模式可分为单一国债型和多元投资模式两类，其中单一国债型的代表国家是美国的基本养老保险基金和新加坡的中央公积金，基金全部投资于国家发行债券，其基本特点是投资产品由国家信用担保风险极低，但收益水平同样相对较低，一些国家可能通过发行特种国债、贴息或与通货膨胀水平挂钩的浮动利率国债等方式提高基金投资收益。其他大部分国家和地区采取的是多元化投资模式，比如加拿大、法国、澳大利亚、韩国等，美国的补充养老保险基金也是采取的这种模式，基金的投资范围广泛包括银行存款、债券、各类基金及有价证券及金融衍生工具，以及实业投资、基础设施、房地产等诸多类别。各类不同的基金投资管理模式中，比较有代表性的国家和地区简介如下。

（一）单一国债投资模式

1. 美国的养老保险体系与投资模式

美国现行的养老保险体系由三大支柱组成，第一支柱是由政府强制实施的社会保障计划（Social Security Program），亦称联邦退休金制度；第二支柱是雇主养老金计划（如401K等项目），亦称福利退休金制度；第三支柱是个人自行累积并管理的个人退休账户（Individual Retirement Accounts），亦称个人退休金计划或个人储蓄保险。

在由政府强制实施的基本养老保险方面，美国 1935 年颁布的《社会保障法案》确立了现收现付制社会保障制度，此后数十年间，美国政府先后建立了社会保障信托基金（DASI）、伤残保险信托基金（DI）、医疗保险信托基金（HI）、补充医疗保险信托基金（SMI），并最终整合为联邦社会保障基金（OASDI）。联邦社会保障基金资金的主要来源是雇主、雇员和独立劳动者依法缴纳的社会保障税，基金由隶属于财政部的联邦社会保障信托基金委员会进行投资决策和日常管理。

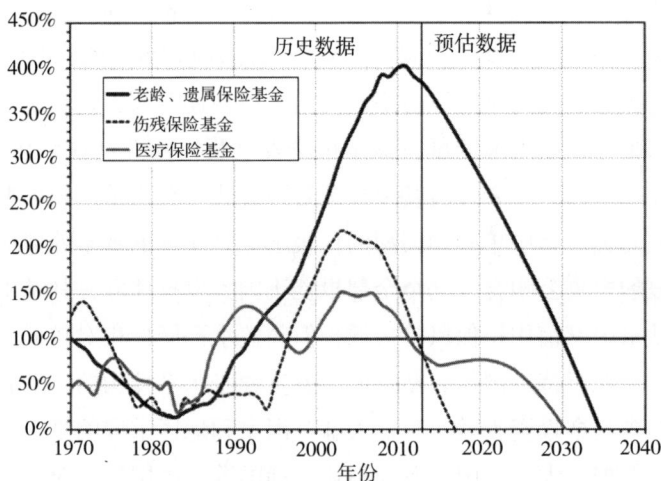

图 1-4   美国联邦社会保障基金（OASDI）可持续性预测
（基金储备占当年支出比例）

资料来源：美国联邦社会保障局。

在具体投资方面，根据美国法律规定，联邦社会保障基金不得投资于证券市场，除少量用于购买公开发行的公共债券外，基金结余主要用于购买政府特别债券。政府特别债券由美国政府国家信用担保，可分为短期支付凭证与长期债券两种，其中基金当年结余，即当年各期缴费收入总额扣除支出后的结余可用于购买短期支付凭证。短期支付凭证到期后，将在扣除基金运行及管理的各项费用后，转而投资于长期债券。长期债券的利率参照同期政府债券的市场平均收益率计算。截至 2013 年末，美国联邦社会保障基金结余 27320 亿美元，当年投资利息收入

1092 亿美元，年度投资收益率约 4%。① 虽然当前联邦社会保障基金的存量资金、收益情况等各项指标均较好，美国国内对现行社会保障制度及相应基金投资运用方式的改革呼声仍然较高，据美国联邦社会保障局测算，截至 2014 年联邦社会保障基金的资产储备接近当年支出的 400%，处于历史高点，但如果按照现有运营状况，联邦社会保障基金将很快发生收不抵支，储备快速下降并与 2035 年前后彻底耗竭②。

2. 新加坡中央公积金集中式社会保障与投资模式

新加坡社会保障原则是自给自足和自力更生，主要由个人和家庭承担养老责任，国家只对通过努力仍缺乏基本收入来源的个人和家庭提供帮助。中央公积金制度（Central Provident Fund）是新加坡社会保障体系的基石，为参加公积金计划的成员及其家人提供养老、医疗和住房保障。公积金计划具有法律强制性，所有新加坡公民和永久居民以及他们的雇主都必须参加，政府对于强制性公积金缴款额以及公积金储蓄的利息收入免征所得税，公积金提款也免征所得税。到 2013 年底，新加坡参加公积金计划的人数约为 338 万人，覆盖约 80%的劳动人口。新加坡公积金实行个人账户制度，个人账户按资金用途细分为三个户头：普通户头、特别户头和保健户头，各户头分类储蓄，缴费率随年龄调整。

在投资方面，新加坡中央公积金投资主要分为三部分：第一部分由新加坡政府投资管理公司（GSIC）负责，可投资于国内的住房、基础设施建设以及部分国外资产。第二部分是中央公积金投资计划（CPFIS），该计划允许公积金成员将普通户头和特别户头中超过一定比例的公积金通过购买股票或共同基金的形式投资于资本市场。第三部分是保险计划基金（包括住房保险、家属保险、大病医疗保险等），保险计划基金的投资主要外包给资产管理公司，可投资于定期存款、可转让存款凭证、股票和债券等。就由新加坡中央公积金管理局负责的投资而

---

① The U. S. Government, "Social Security Administration, Research, Statistics & Policy Analysis", *Annual Social Security Bulletin and Annual Statistical Supplements*, pp. 127 – 135, 2014, http：//www. ssa. gov/policy/docs/statcomps/supplement/index. html.

② The U. S. Government, Social Security Administration, Status of The Social Security and Medicare Programs, A Summary of the 2014 Annual Reports, 2014, http：//www. ssa. gov/oact/trsum/.

言，除极少量需保密及未公开投资外，中央公积金主要投资于不可上市交易的特种国债①，并由政府承诺最低回报。特种债券利息参考同期市场存款和其他债券利率确定，并根据不同户头资金特点实行差异化管理，如普通户头储蓄有多种用途，对流动性要求较高，储蓄利率参考本地主要银行 1 年期定期存款利率确定，每三个月修订一次；特别户头和保健户头对流动性要求低，这两个户头的储蓄享有长期债券利率，目前为 4%。此外，公积金储蓄中 6 万新元以内的部分，享有额外 1% 的年利率。政府承诺公积金储蓄的年利率不低于 2.5%。截至 2013 年末，新加坡中央公积金结余 2529 亿新元，当年投资及利息收入 93 亿新元。②

表 1-3　2009—2014 年新加坡中央公积金计划成员人数和基金规模

年　份	成员数（万人）	缴费收入（亿新元）	累计结余（亿新元）
2009	329	201.25	1668.04
2010	334	219.93	1858.88
2011	338	246.28	2075.46
2012	342	260.48	2301.58
2013	351	285.30	2529.69
2014（截至 6 月）	355	153.52（半年数据）	2647.68

资料来源：新加坡中央公积金管理局。

新加坡模式与美国模式在投资方面的不同之处主要有两点：一是进行分层投资，新加坡政府将发行特种债券获得的资金委托给货币管理

①　有研究指出，新加坡中央公积金 2009 年以来曾以未公开方式委托淡马锡公司（TE-MASEK）投资于资本市场，具体委托金额及淡马锡公司给予的利率回报等数据属于保密信息，中央公积金管理局及淡马锡公司至今并未公开。本书中称"中央公积金主要投资于不可上市交易的特种国债"系根据新加坡中央公积金管理局官方网站已公开信息整理得出。亦参考李东平、孙博：《集中式综合社会保障及市场化运作——新加坡中央公积金制度的经验与启示》，中国证券监督管理委员会研究报告，2013 年 3 月，见 http://www.csrc.gov.cn/pub/newsite/yjzx/yjbg/201303/t20130306_221900.html。

②　Singapore Government Central Provident Fund Board, *CPF Statistics and CPF Annual Report 2013*, pp. 8 – 13, 2014, http://mycpf.cpf.gov.sg/CPF/About-Us/CPF-Stats/CPF_Stats; http://mycpf.cpf.gov.sg/CPF/About-Us/Ann-Rpt/AnnualReport_PDF_2013.htm。

局、政府投资公司、淡马锡等专业机构，进行市场化投资运营，广泛投资于股票、房地产、实业项目等风险资产，这样既实现了风险隔离满足不同基金投资偏好，所得高于债券利息的投资回报也成为国民财富的重要组成部分。二是赋予会员部分投资自主权，以满足一些会员的特殊风险偏好。由于新加坡采取个人账户制度，账户内财产实质上属于个人资产，在满足基本积累与保障需求后，允许个人自主决策将部分资金用于投资较高收益与风险的产品。例如个人账户中普通户头和特别户头中超过既定额度的储蓄积累，会员可以自主投资于经中央公积金管理局批准的金融产品，包括定期存款、政府债券、保单、证券投资基金、股票等。

（二）多元化投资模式

1. 加拿大养老保险体系与投资模式——公共投资计划

加拿大的养老金由三支柱体系组成：第一支柱包括两部分，一部分是政府为 65 岁以上的低收入群体提供的基础养老金，其资金来源是政府预算，用于保障最低生活需求；另一部分是加拿大养老金计划（Canada Pension Plan，CPP），它由政府强制实施并确定缴费与给付标准。第二支柱是雇主提供的养老金计划，有缴费确定型的，也有收益确定型的。第三支柱是加拿大人的自我储蓄。

在第一支柱基本养老金的投资方面，1997 年，加拿大国会通过了《加拿大养老金计划投资委员会法案》，成立了加拿大养老金计划投资委员会（The Canada Pension Plan Investment Board，CPPIB），负责对加拿大退休金计划积累基金的投资运营。CPPIB 成立以前，CPP 基金只能投资于加拿大联邦和各省发行的政府债券。CPPIB 成立之后，采取完全市场化的运作方式，按照"谨慎人原则"制定和执行投资政策、标准和程序。所谓"谨慎人原则"是指政府对养老保险基金的资产配置（如投资品种、投资比例）不作任何数量限制，但要求投资管理人的任何一个投资行为都必须像一个谨慎的商人对待自己的财产那样考虑到各种风险因素，为养老基金构造一个最有利于分散和规避风险的资产组合。因此，CPP 基金开始投资于资本市场，投资范围包括公开市场股票、债券、私募股权投资、基础设施和不动产投资等领域。

CPP 基金的长期投资目标是实现扣除通胀后年收益率达到 4%。根据 CPPIB 内部测算，资产配置中 40% 的权益投资和 60% 的固定收益就可以实现扣除通胀后 4% 的收益目标。目前，CPP 基金仍处于收大于支的状态，基金当期支付压力较小，但随着人口老龄化比例的提升，预计 2030 年后可能出现支付压力高峰，因此 CPP 基金试图通过合理调配投资品种比例、在当前选择较长期限、较高风险收益水平的投资产品等，以实现对抗通胀及保值增值的长期目标。到 2017 年，CPP 基金资产配置中权益类资产配置比例增加至 55.4%，固定收益类产品配置比例下降至 21.5%，抗通胀的不动产配置比例从零提升至 23.1% 超过固定收益类产品配置比例。2017 年 CPP 配置于海外资产的比重已达 83.50%，远超加拿大境内资产比重。2017 年 CPP 对基金的配置规模为 777.66 亿美元，占比为 21.5%。CPPIB 的投资取得了不错的投资业绩。2019 年，CPPIB 管理的资产规模达到 3920 亿加元，当年名义收益率为 8.9%，当年扣除所有成本后的净回报为 320 亿加元。尽管 2008 年金融危机之后西方发达国家经济普遍不太景气，但在 2009—2019 年十个财年间，CPPIB 年均收益率高达 11.1%，所获得的累计净收益高达 2390 亿加元。①

2. 智利养老保险体系与投资模式——强制的个人投资计划

智利于 20 世纪 20 年代就已建立了养老保险制度，当时采取传统的现收现付模式，但随着社会经济的发展和人口结构的变化，传统的现收现付养老保险制度暴露出管理混乱、机构重叠、缴费不足、财政负担沉重等严重问题。20 世纪 70 年代末至 80 年代初，在皮诺切特军政府执政时期，智利推行了全新的养老保险制度改革，常被称为"智利模式"，全球许多其他国家，特别是拉美国家亦采用类似的制度。

智利采用三支柱养老保障体系：第一支柱是最低公共养老体系，为老年公民提供救济性的最低生活保障，2008 年前分为最低养老金（Minimum Pension，针对参保人员）和养老救济金（Pensiones Asisten-

---

① 以上数据来源于加拿大养老金计划投资委员会官方网站的 2019 年年度报告，见 https://cdn1.cppinvestments.com/wp-content/uploads/2020/04/F2019 - annual-report _ -june-6-2019-EN.pdf。

ciales，针对未参保人员），2008 年后，二者合并成为互助退休金（Solidary Pension System，SPS），规定年满 65 周岁且在智利生活满 20 年的全体公民均可以领取；第二支柱是强制性的私营养老金计划；第三支柱是自愿性私营养老金计划。由于智利的第一支柱公共养老金体系服务于全体老年公民，保障水准相对较低，且由政府预算完全负担，事实上起到最低生活保障的作用。因此，智利的养老保险投资主要指第二支柱强制性私营性养老金计划的投资运营。

　　智利的养老保险制度以个人账户积累、基金私人管理和自由选择管理公司、最低收益担保四要素为基本特征。个人账户积累是指政府通过法律强制劳动者在职期间为养老进行个人储蓄，由养老金管理机构进行投资，通过资本市场运作使养老金增值，从而为劳动者退休后生活提供经济保障。基金私人管理是指养老基金由专门成立的私营金融机构——养老基金管理公司（AFP）进行管理和投资，政府负责制定政策法规及相关制度，对投资最低收益率进行评估调整，但并不直接干涉养老基金管理公司的日常工作与投资行为。自由选择管理公司是指引入竞争性的养老金管理制度，参保人可以自由选择或变更养老金管理公司，通过市场机制督促养老基金管理公司提高投资收益和服务水平。智利全国最多时曾有 24 家养老基金管理公司，经过不断竞争及兼并目前仅剩 6 家，其中排名前 3 家所管理的资产占养老金总资产的 85% 以上。最低收益担保，根据现有规定，每个养老基金管理公司每年必须保证最近 36 个月的平均实际回报率高于以下两个业绩比较基准中的较低者：（1）所有养老基金管理公司同类基金的加权平均收益率减去 2 或 4 个百分点（根据不同基金类型）；（2）所有养老基金管理公司同类基金的平均实际回报率的 50%。此外，所有养老金管理公司必须建立收益波动准备金和强制准备金制度①，以保证最低收益目标的实现。此外，政府承担最终保证人的角色，当养老基金管理公司发生无法弥补的投资亏损或破产等情形时，由政府负责弥补资金缺口。

---

　　①　收益波动准备金来源于超额受益，当养老金管理公司当年的真实收益率高于投资基准时，超过的部分可以按比例提取转作收益波动准备金。强制准备金的来源是自有资金，所有 AFP 公司必须自行筹措不低于所管理全部养老金 1.5% 的资金，作为强制准备金。

在投资方面，智利主要通过对养老金的投资范围和投资比例进行限定与管理。由智利中央银行和养老金监管机构（Chilean Pensions Supervisor）负责审定批准具体的投资产品。随着养老金规模的不断扩大及智利资本市场的发展，投资限制逐步放宽，已由养老金建立初期仅限投资于智利国内的政府债券、银行存款，逐步扩大到股票、公司债券，并允许投资于国外市场。目前，养老基金可投资的产品范围已经非常广，包括政府债券、金融债券、银行及金融机构存款、股票、商业票据、抵押贷款、基金、外国证券以及衍生产品等，其中境外投资比例限制由1995年的12%提高为目前的80%。①

3. 多元化投资模式的特征总结

从全球宏观视角看，世界大部分国家和地区的公共养老金可以进行多元化投资，包括丹麦劳动力市场补充养老基金（Arbejds Markedets Tillægs Pension，ATP）、法国国家退休储备基金（Fonds de Réserve pour les Retraites，FRR）、瑞典国家养老基金（Första AP-Fonden，AP1）、澳大利亚未来基金（Future Fund）、挪威政府养老金全球基金（Government Pension Fund-Global，GPF-G）、日本政府年金投资基金（Government Pension Investment Fund，GPIF）、新西兰超年金（New Zealand Superannuation Fund，NZSF）、荷兰退休基金（Stichting Pensioen Fonds ABP，ABP）等多家机构。作为全民养老体系的第二支柱，强制性个人账户目前在包括阿根廷、澳大利亚、玻利维亚、保加利亚、智利、哥伦比亚等28个国家和地区实行②，这些国家和地区绝大多数也建立了个人账户的投资管理制度，通过政府机构统一投资或市场化运营

① 数据来源综合参考：郑秉文、房连泉：《智利养老金改革25周年：养老金投资与资本市场》，《国际经济评论》2006年第7期；Chilean Pensions Supervisor，*The Chilean Pension System*（*fourth edition*），2003，http://www.spensiones.cl/portal/informes/581/w3-article-3523.html；Chilean Pensions Supervisor，The Pension System and Statistical Center，2014，http://www.spensiones.cl/portal/institucional/578/w3-propertyvalue-5925.html。

② 截至2013年，具有第二支柱（强制性个人储蓄账户）的国家和地区包括：阿根廷、澳大利亚、玻利维亚、保加利亚、智利、哥伦比亚、哥斯达黎加、克罗地亚、多米尼加共和国、萨尔瓦多、爱沙尼亚、中国香港、匈牙利、哈萨克斯坦、韩国、科索沃、拉脱维亚、立陶宛、马其顿、墨西哥、尼日利亚、秘鲁、波兰、罗马尼亚、俄罗斯、斯洛伐克、瑞典、乌克兰、英国、乌拉圭等，共计28个国家和地区。数据来源为世界银行（World Bank）数据库。

等方式，投资于资本市场各类产品。

在投资产品类别选择上，根据各国和地区社会保障制度、养老金收支压力、相应投资目的与基准等不同，各国和地区选择的投资产品范围相当广泛。图1-6列举了常见的几种全球市场中的资产大类和投资策略，并且显示了这些资产之间相对的风险和回报关系。

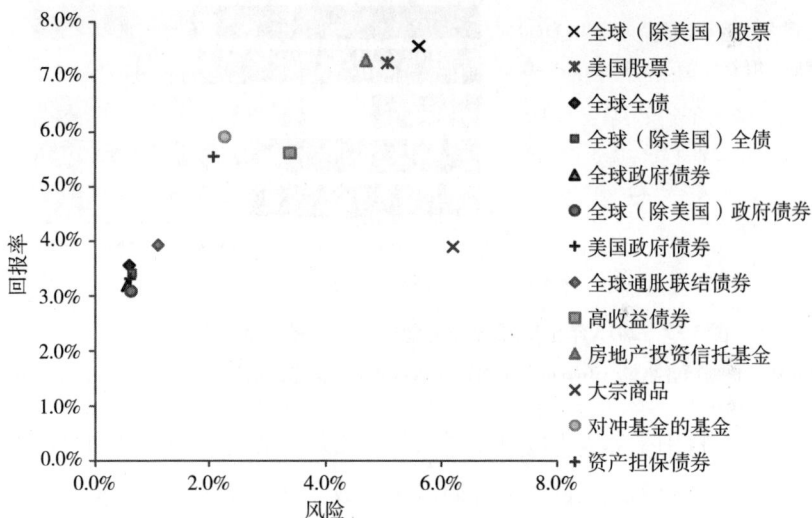

图1-6　全球市场中主要的资产大类例示①

资料来源：摩根士丹利投资管理公司（Morgan Stanley Investment Management，MSIM）。

从趋势上看，养老保险基金的投资范围和限制并非一成不变。这些基金大都经历了或者正在经历从固定收益类到权益类；从传统型投资到另类投资、金融工具及衍生品；从境内投资到全球投资的过程，基金的投资管理日益向多样化和复杂性发展，以更好地适应经济全球化的发展趋势，避免投资单一市场或产品可能带来的风险。

通过对各国和地区多元化投资的发展历程的观察，可以总结出三条基本经验。

一是各国和地区经济的持续增长、资本市场的创新与发展，与社会

---

① 数据来源于摩根士丹利（Morgan Stanley）的全球资产模型。所有数据截至2013年12月并以美元表示，美国以外市场的回报数据都已经对冲到美元。

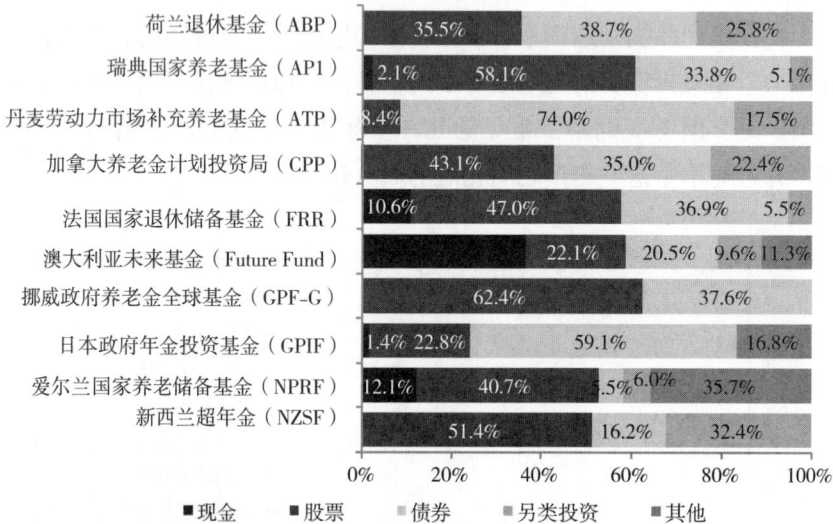

| 荷兰退休基金（ABP） | 35.5% | 38.7% | 25.8% |

图 1-7　2013 年全球部分养老金投资机构的多元化投资模式

资料来源：根据韬睿惠悦（Towers Watson）全球养老金数据库信息整理。

保障基金，特别是养老保险基金进入投资市场是相辅相成，共同发展的关系。许多国家和地区的养老保险基金在成立初期基金不可投资于金融衍生品、基础设施等相对高风险投资，传统的股票和债券投资也是以国内市场为主，衍生品的使用必须是出于对冲风险的目的，不可用于扩大杠杆投资或谋取收益，从投资策略上往往采用被动投资，仅获取资本市场成长的一般性收益而不寻求依靠投资决策获取超额收益。随着基金的不断发展壮大和资本市场的成熟，各国和地区养老保险基金大多逐渐成为在本国和地区具有极大影响力的投资机构者，基金对于本国和地区债券市场及利率稳定、资本市场中一级市场的发行、二级市场的交易与流通，逐渐起到愈发重要的作用，进而成为金融体系乃至经济的稳定器，能够做到与资本市场齐头并进，共同发展。

二是科学合理的设定投资目标，使养老保险基金投资于一揽子金融产品，对于防范系统风险、保证基金安全可以起到积极作用。一方面，现代金融与投资理论认为，投资者基于对自身风险偏好、流动性需求和时间跨度要求等因素的科学判断，通过对收益率及稳定性不同的各类金融工具的有效组合，可以实现给定收益期望下风险最小化，或一定风险水平下的最大收益。另一方面，从长期看，养老保险基金必须通过合理的投资行为实现保值增值，无论是出现大规模坏账、流动性危机或是基金增长或长期低于通货膨胀导致的保障能力缩水，都会导致严重的支付危机，进而可能引发社会稳定的问题。

三是许多国家和地区设立了统一的养老保险投资运营或监督管理机构，通过制定投资政策与方案、执行投资绩效考评及监督管理等方式对养老保险基金进行投资管理。特别是许多国家和地区将基金管理区分为最高决策功能和管理功能两部分，前者构建框架、监督和控制；后者在既定框架中制定并执行（或监督执行）决策[1]，这样不仅有助于提高效率和责任意识，同时也可使投资专业知识技能集中在管理功能中。在这样的制度安排下，基金可以酌情选择直接投资与委托投资等方式，综合选择全球市场与各类不同的投资产品，使基金的投资安排和其管理能力保持一致。从长期的角度看，各国和地区养老保险基金均致力于不断提高其投资管理水平，为成功地投资于不同市场与产品，执行更为复杂的投资策略奠定基石。

综合以上分析，对基本养老保险基金进行多元化的投资是我国未来基本养老保险基金投资的一个必然趋势，当然，在设定具体的投资方案时，也必须充分考虑基金管理机构及投资机构的研判与投资能力，避免出现内部能力和投资组合复杂性之间的脱节。

三、我国养老保险基金投资的制度框架构想

中国基本养老保险制度坚持政府主导，资金由国家、单位、个人共同负担。要加快建立与我国基本养老保险制度相适应的养老保险基金投资管理制度，切实提高基金的支付能力与保障水平，进一步强化多缴多得、长缴多得的激励约束机制，确保养老保险制度的可持续发展。在中央与地方政府的责权方面，要形成更加清晰的养老金筹资与支付分责体

---

[1] Gordon L. Clark and Roger Urwin, "Best-Practice Investment Management: Lessons for Asset Owners from the Oxford-Watson Wyatt Project on Governance", September 2007.

制，实施基础养老金统筹管理，不断研究探索适合各地实际情况的投资管理制度，既维护基本制度的全国统一，又适应各地的差异和特点。同时，在巩固完善基本养老保险制度的基础上，要利用多种政策杠杆，不断充实应对人口老龄化高峰期挑战的战略储备基金，大力发展企业年金和职业年金，充分发挥社会和市场的作用，发展个人储蓄式商业养老保险，继续发挥好家庭的赡养和保障功能，形成一套整体协调、和谐共赢、持续发展的养老保险投资管理体系。我国基本养老保险基金投资管理体系的基本轮廓可以按照以下思路逐步构建。

（一）整合资源，理顺投资管理体制

在对我国目前的养老保险体系及资金征缴和使用情况进行整体掌握的基础上，应尽快对四个部分的资金重新整合，构建全国统一的投资管理体系，以我国养老保险制度发展目标为共同指引，并根据各部分资金的资金规模、收支压力等不同特点，科学分配投资目标与任务，实现整体收益的最大化。可以在中央层次设立养老基金投资管理机构，负责分析判断宏观经济形势和资本市场走势；制定养老基金投资目标、风险政策、投资基准等蓝图；制定资产配置计划等投资策略和风险控制措施；并负责选择投资管理人、托管银行等外部专业机构，实施养老基金投资的市场化运作并统筹管理安排各类社会保障资金的投资管理事项。

1. 基本养老保险基金投资管理体制

要从全局高度，配合下一阶段我国基本养老保险制度改革及进一步完善个人账户的具体措施，做好基本养老保险基金的投资管理工作，明确基本养老保险基金投资管理改革的根本目的，即通过基金投资运营及保值增值，促进建立公平、可持续的养老保障制度体系。基本养老保险基金的投资收益应当成为基金的重要收入来源，并经过科学测算，成为基金精算平衡的重要组成部分。对于养老保险基金投资制度的改革，应特别强调与养老保险整体制度的统筹协调、综合考虑、同步改革，主要包括以下几方面：

一是根据基本养老保险逐步提高统筹层次的工作安排，尽快建立中央管理、省级统筹、各司其职的投资体系。基本养老保险是整个养老保险制度，乃至国家整体社会保障制度的基石，国家作为社会保障制度的最终责任人与最后担保人，应当对于基金的投资运作进行有效管理与指导，随着基金统筹层次的逐步提高，应当明确由中央政府总揽全局，负责统筹社会保障基金投资的整体事宜。同时，可以考虑留出部分养老保险基金结余，允许有条件的省市开展自主投资管理，一方面可以调动地方依法征缴与管理基本养老保险基金的积极性，另一方面可以实现分散化投资，避免将全部养老金交由单一机构投资运营的风险。

二是对我国人口老龄化进程、社会保障待遇增长需求、基金整体收支情况等参数进行测算，合理确定基本养老保险基金投资目标。目前，我国经济和居民收入水平仍处于快速增长期，而我国养老保险制度正处于参数调整、制度完善和结构改革三项任务的叠加期，对于养老保险的投资收益进行科学评测，制定合理目标十分重要。从过去十几年的经验看，基本养老保险的年均利息收入仅为不足3%，不但低于同期CPI指数，同时大幅低于我国8%—10%的年均GDP增速，及近14%的社会平均工资增速，基金结余实际处于不断贬值状态。未来一段时期，我国的GDP增长中枢将降至6%—7%，相应社会平均工资增速也将放缓，但对于体量庞大的基本养老保险基金结余而言，逐年获取高额收益，实现保值仍是一项十分艰巨的任务。因此，养老保险投资受限需要科学制定关于费用征缴水平、待遇给付水平、基金结余规模与投资目标的一揽子方案，使基本养老保险基金在短期处于收支平衡、略有盈余的状态，并在长期保证基金实际支付能力稳定可持续、能够适应人口结构变化与支付要求提高的冲击，除留有必要的备用金外，不应当存有大量剩余资金，如果存有大量剩余基金，则说明可以降低缴费率以降低企业负担及社会成本，不能期待通过基金投资解决当前参数配置不合理、制度不完善及结构存在缺陷的全部问题。

三是明确投资收益权属，加强个人缴费与养老基金投资收益及最终养老金权益的制度联系，完善"多缴多得"，增强制度激励性。随着我国完善个人账户的进程，应当明确养老金投资收益与个人最终领取养老金权益的具体联系，增强对个人的激励，例如可以参考新加坡中央公积金的投资管理模式，对于个人账户内基金实行记账利率进行累积的模式，既能够明确个人账户基金投资的具体收益，又可以避免因资本市场及具体投资波动造成个人账户收益大幅起落，有利于制度整体的可持续性与可预期性。在具体操作层面，我国当前统账结合的养老保险制度中，作为"半积累制"载体的个人账户存在比较严重的问题。根据2013年12月12日发布的《中国养老金发展报告2013》的数据，2013年镇职工基本养老保险个人账户空账继续扩大，超过了2.6万亿元。2012年13个做实个人账户的试点省份中，基金收入共计722亿元，累计做实个人账户基金收入为3499亿元。[①] 在中国目前的高增长条件下，实账上的个人账户基金投资几乎不可能取得高于社会平均工资增幅的投资收益，甚至连CPI都跑不赢，个人账户基金越大，福利损失就越大。对此，较为可行的解决方案是选择名义账户制，这一制度安排不但可以解决"账户空账"的现实压力，还具有个人权益清晰、可携带性强，也更利于实现基金的全国统筹等优点，未来应当在制定完善个人账户具体改革措施的同时，配套出台相应的投资运营制度及方案。

2. 社会保障储备基金投资管理体制

《中华人民共和国社会保险法》规定：国家设立全国社会保障基金，由中央财政预算拨款以及国务院批准的其他方式筹集的资金构成，用于社会保障支出的补充、调剂，全国社会保障基金由全国社会保障基金管理运营机构负责管理运营，在保证安全的前提下实现保值增值。社会保险法明确了全国社会保障基金承担补充、调剂的储备基金性质。根据相关法律法规，全国社会保障基金已经在境内外资本市场开展投资，自2000年成立至2013年年均投资收益率达到8.13%，远高于同期通货膨胀率2.46%，较好实现了社会保障基金重要储备的定位与保值增值的投资目标。[②] 但是，无论在基金整体规模、投资管理能力等方面，仍与应对人口老龄化高峰的战略要求存在较大差距。党的十八届三中全会《中共中央关于全面深化改革若干重大问题的决定》提出划转部分国有资本充实社会保障基金，完善国有资本经营预算制度，提高国有资本收

---

① 王羚：《基本养老保险扩面速度放缓个人账户空账超2.6万亿元》，第一财经日报，2013年12月13日，见 http：//finance. people. com. cn/money/n/2013/1213/c218900-23828859. html。

② 全国社会保障基金理事会：《基金历年收益情况》，2014年6月，见 http：//www. ssf. gov. cn/cwsj/tzsy/201406/t20140627_ 6065. html。

益上缴公共财政比例，2020 年提到百分之三十，如果此部分国有资本能够划归全国社会保障基金开展投资运营，将切实推动全国社会保障基金进一步做大做强。作为国有企业改革的配套措施之一，山东省近期出台文件拟设立省社保基金理事会，负责承接管理划转的省属企业国有资本，行使投资管理职能，由省财政部门和国资监管机构依法对省社保基金理事会履行监管职能。如果山东省的试点能够成功并得到推广，将构建起中央、地方两级社会保障储备基金体系，能够充分发挥省级政府在国资改革、完善社保制度等方面的作用，并调动其积极性，有力增强应对未来人口老龄化高峰在养老保障及其他社会保障方面巨大支出的经济实力。

3. 企业年金和商业养老保险、个人储蓄的投资管理

企业年金是我国养老保险制度的重要组成部分。近年来，国家出台了企业年金个人所得税递延等多项优惠政策，预计未来年金规模将持续快速增长。投资方面，企业年金目前已通过市场机构开展投资运营，企业年金基金财产限于境内投资，投资范围包括银行存款、国债、中央银行票据、债券回购、万能保险产品、投资连结保险产品、证券投资基金、股票，以及信用等级在投资级以上的金融债、企业（公司）债、可转换债（含分离交易可转换债）、短期融资券和中期票据等金融产品。当前相比我国人口基数，企业年金的覆盖面仍非常狭窄，保障水平也有较大提升空间，预计随着未来规模扩大及资本市场的持续发展，坚持并完善现有的市场化投资路径可以取得较好投资收益。此外，随着我国经济发展与城镇化水平提升，预计商业养老保险、个人储蓄与家庭养老能力也将稳步提高，商业保险公司的资产管理与投资运营能力亦将持续提升，对这部分养老资金的投资本书不做展开分析。

（二）多元投资，贯彻国家战略意图

在总结全国社会保障基金、企业年金投资管理经验的基础上，应当对基本养老保险基金开展多元化投资。

一是逐步扩展投资范围。除银行存款、国债外，应当逐步放开投资中央银行票据、万能保险产品、企业债、金融债、证券投资基金、股票及其他风险相对较小，流通性较好的金融产品。考虑到基本养老保险基

金在资金性质、收支压力等方面的特点，建议对投资产品实行比例限制，避免基金投资于风险过高的金融产品或商业地产等国家限制的投资领域。此外，应当研究逐步开放基本养老保险通过委托基金管理人或全国社会保障基金等灵活方式开展境外投资。2008 年国际金融危机以来，世界经济增长的不确定因素增加，全球资本市场波动性加大，区域市场分化明显，灵活开展全球投资有助于分散投资风险，充分利用国内国际两个市场实现综合收益。

二是参考新加坡等国经验，研究发行特别国债，开展分层投资。基本养老保险资金体量和社会影响巨大，要求投资策略相对保守，更加追求投资安全稳健与稳定收益。国家可以通过发行特别国债等方式，给予基本养老保险基金安全稳定的投资回报。可以考虑将特别国债设计成为抵御通胀债券，参考同期市场公开发行国债利率并适当给予保值补贴和增值补贴，以避免物价上涨和通货膨胀对基金支付能力的影响。发行特别国债后，国家则明确了其基本养老保险制度的最终担保人与责任人的法律地位。此外，国家可以将发行特别国债募集的资金，进一步委托社会保障储备基金、国家主权财富基金及其他具有专业化投资能力与资质的机构，投资于国内外金融市场或支持国家重点投资项目等，以获取较高收益。

三是在基金投资中注重加强全局考虑，加大支持资本市场与实体经济发展，贯彻国家发展战略意图。基本养老保险的投资应当配合国家战略需要，更多地倾向国家急需的战略资源和实体产业，更好地支持我国资本市场的发展壮大，更好地为我国国家利益服务。特别是在设定基本养老保险基金投资目标与策略时，要加强对基本养老保险基金、养老保险储备基金、国家主权财富基金及国家外汇储备基金等各类基金的通盘考虑、协调配合，以更好地贯彻国家战略意图。

（三）市场运作，建立投资管理制度

基本养老保险基金的投资运营应当充分利用现有金融机构的市场资源，基本养老保险基金的投资可以主要采取委托投资的方式，对受托投资的金融机构开展业绩考评与监督检查，在市场化竞争中逐步实现优胜劣汰，以保障基金整体收益稳定。在构建基本养老保险基金投资管理的市场化运作制度时，应当着重考虑如下一些要点。

一是保持基本养老保险基金投资运作的独立性。这首先要求将基本养老保险基金的资产和负债与各级政府的资产和负债完全独立、分别管理。当前我国一些地方政府正面临较大债务压力，开展基本养老保险基金投资运营必须以健全的、规范的基金治理体系为前提，规范基金的基本制度，确保基金财务长期稳定可持续，严格避免基金在投资中被混同管理甚至挪作他用。

二是开展专业化、市场化投资。基本养老保险基金应当将资金的安全与保值增值作为最重要的投资任务，始终为基金的最终受益人的利益服务。在投资过程中，基金的管理机构应当就基金投资的各项要求限制等进行详细说明，接受委托的市场投资机构应当对投资相关的各类因素进行独立研判分析并形成投资决策，投资决策过程中不应包括与投资无关的因素，各级政府或养老保险基金管理机构不应干预基金的具体投资事务。

三是建立配备投资必需的专业人才队伍。基金管理机构，特别是最高决策层的成员总体上应该具备必要的投资知识和经验，从而能够科学设定基金投资运作的相关政策，并遴选合适的基金委托投资管理人。基本养老保险基金投资的最高决策层可以是一个独立的委员会或者是管理机构的内设机构，并应当由包括社会保障、金融与投资、法律等相关领域的官员、专家学者、基本养老保险参保人员代表等广泛并具有代表性的人员组成。

（四）加强监管，确保基金稳定安全

基本养老保险基金的市场化投资运营需要大力加强对于基金安全及投资情况的监督管理。建议由中央政府牵头，成立包括财政部、人民银行、各金融行业监督管理部门、基本养老保险基金、养老保险储备基金、国家主权财富基金及国家外汇储备基金的投资管理机构等组成的专门机构或专业委员会，负责统筹我国各类国家资金的战略决策。建议在人力资源和社会保障部下成立专门机构，负责对各类社会保险基金的监督管理工作，整合对于基本养老保险基金、企业年金、职业年金、全国社会保障基金及未来可能成立的省级社会保障储备基金等各类养老保险基金的监督管理。中央和地方各级财政部门、国有资产监督管理部门、人民银行、证监会、银监会、保监会及各地分支机构等，按照各自职能

对基本养老保险基金投资相关事宜进行监督。

在具体措施方面，基本养老保险基金投资应当以"在保证基金资产安全性、流动性的前提下，实现基金资产的保值增值"为基本原则，严格限定投资范围和投资比例。应当选择依法注册并成立、信誉较好、具备一定资产管理经验、能力及专业投资人员、拥有完善的法人治理结构、内部风险控制制度的机构作为养老保险基金的投资管理人。养老保险基金资产不能与基金管理机构、受托投资机构、托管机构的自有资产或任何其他资产混合管理。基金管理机构和受托投资机构应当从基金投资收益及基金管理费用中按照一定比例计提投资风险准备金和一般风险准备金，用于弥补可能发生的投资损失。此外，要建立基本养老保险投资年报公开、重大事项公开等强制信息披露制度，充分发挥社会监督、舆论监督等共同作用，共同维护资金安全。

第四节　养老保险基金投资监管体制

改革完善养老保险制度是一项复杂的系统工程，也是一项长期任务。顶层设计必须总揽全局、瞻前顾后、综合平衡，在有序推进基金征缴、使用、投资等各领域改革措施的同时，还要特别注重健全基金投资监管与稽核体制，使社保基金置于"阳光"之下，争取更多的社会支持。多年来，通过建立社会保险基金监督制度、开展监督检查、查处一批社保基金领域的违法违规案件，加强对基金安全教育防范等一系列工作措施，基金监督工作取得了一定成效，养老保险基金总体较为安全。随着我国养老保险体系的覆盖面、参保人数和基金规模在未来继续增长，基金开展投资运营后相关业务流程环节增多，管理链条进一步拉长，未来基金监督管理的任务更加艰巨，必须认识到，加强基金监督管理，确保基金安全是维系我国基本养老保险制度长期稳定与持续发展、保障人民群众老有所养安居乐业、维护社会安定有序国家长治久安的必然要求。我国目前对养老保险基金的监督管理主要是针对基金的征缴、存取、运用等环节进行监督，面对今后基金开展投资运营的需要，现有监督管理体制与力量在政策法规、监管机构、技术手段、力量配备等方面还存有许多不足，需要进一步完善和提高。

一、我国现行养老保险基金投资监管现状

养老基金投资监管是指：监管主体为实现养老基金投资目标而采用的各种监管手段和措施对监管对象实施的有意识的、主动的干预和控制活动。[①] 养老基金投资监管是一国或地区金融监管的一部分，养老金投资监管并不是一开始就有的，而是随着历史的发展而逐渐产生的，并随着养老基金投资业务发展的新趋势、新特点而不断调整和丰富其内容。由于我国养老保险基金的投资业务尚处于摸索阶段，对养老保险基金投资的监管尚未形成体系，本书主要从我国养老保险基金管理、运营、投资全过程的法律制度、监管主体和监管模式与内容三方面进行分析。

（一）我国养老保险基金监管的法律体系

我国养老保险基金监管的法律体系主要由法律、行政法规、部门规章三部分内容组成。在法律层面，我国《社会保险法》第六条规定："国家对社会保险基金实行严格监管。国务院和省、自治区、直辖市人民政府建立健全社会保险基金监督管理制度，保障社会保险基金安全、有效运行。县级以上人民政府采取措施，鼓励和支持社会各方面参与社会保险基金的监督。"《社会保险法》第八章、第十章、第十一章中对社会保险基金征缴、社会保险基金监管主体、社会保险基金预算管理方式、社会保险基金投资管理、风险管理等，都作出了具体规定。此外，我国《劳动法》第七十四条也明确规定："社会保险基金经办机构依照法律规定收支、管理和运营社会保险基金，并负有使社会保险基金保值增值的责任。社会保险基金监督机构依照法律规定对社会保险基金的收支、管理和运营实施监督。社会保险基金经办机构和社会保险基金监督机构的设立和职能由法律规定。"

---

① 《OECD 养老金规范与监管》，郑秉文等译，中国发展出版社 2006 年版。

行政法规层面，20 世纪 90 年代国务院先后颁布《企业职工养老保险基金管理规定》《关于加强企业职工社会保险基金投资管理的暂行规定》《关于贯彻〈国务院关于深化企业职工养老保险制度改革的通知〉的实施意见》《社会保险费征缴暂行条例》《社会保险费征缴监督检查办法》等法规，规定了养老保险基金的征缴及运营管理主体、客体及内容，以及对相应的监督检查办法进行了详细规定。但是，由于上述法规颁布时，我国基本养老保险基金完全投资于财政专户存款及协议存款，因此并未对基金投资于金融市场其他产品及相应监管措施制定任何规定。

部门规章层面，养老保险基金监督管理的相关规章主要由人力资源和社会保障部（原劳动部、劳动和社会保障部，以下简称"人力社保部"）负责制定出台，财政部、人民银行、国务院银行业、证券、保险等监督管理机构、国家审计署等部门依据各自职责，通过与人力社保部共同发文等形式颁布的规章。其中比较重要的包括《社会保险基金财务制度》《社会保险基金会计制度》《社会保险基金行政监督办法》《社会保障基金现场监督规则》等。此外，人力社保部等有关部门针对第二支柱的企业年金、储备性质的全国社会保障基金的投资运营等也颁布了一系列规章，包括《全国社会保障基金投资管理暂行办法》《全国社会保障基金境外投资管理暂行规定》《企业年金试行办法》《企业年金基金管理试行办法》等。

上述法律体系表明，我国已初步建立起与现阶段社会保障制度相适应的，关于各类社保基金征缴、支付和管理运营相应的财务、会计、审计等一整套制度规范。但在基本养老保险基金投资管理的法律规范方面，由于对于下一阶段继续完善个人账户的具体措施，及基本养老保险投资运营管理制度等重要问题尚未形成一致意见，目前存在法律空白。而即便是已开展投资的企业年金和全国社会保障基金，也仅由相关部门制订部门规章对投资活动进行约束，这些规章层级较低，且规定多较宽泛和抽象。

（二）我国养老保险基金监管的主体

目前，我国对养老保险基金的监管采取的是由人力资源和社会保障主管部门主导的，财政部门、审计部门、证券监督管理委员会、银行保险监督管理委员会及其他行政机关、立法、司法机关各司其职的分散型监管模式。分散监管的最大缺陷集中体现于各部门各自为政，缺乏整体监管战略规划和有效的政策协调与联动机制，无法进行有效的信息共享，这些都限制了监管的实际效果。

一是人力资源和社会保障部门内部监督。各类社会保障基金的监督管理由社会保险基金监督司负责。根据《国务院办公厅关于印发人力资源和社会保障部主要职责内设机构和人员编制规定的通知》（国办发〔2008〕68号），社会保险基金监督司负责"拟订社会保险及其补充保险基金监督制度、运营政策和运营机构资格标准；依法监督社会保险及其补充保险基金征缴、支付、管理和运营，并组织查处重大案件"。人力资源和社会保障部社会保险基金监督司下设综合处（全国社保基金监管处）、基本保险基金监督处、补充保险基金监督处三个处室，分别负责三类基金的监督管理。由于存在监管部门级别低于被监管对象的情况，人力资源和社会保障部门对于各类社会保险基金同时实行条块管理，在具体办理各类社会保险基金的监督管理业务或指导各省市地方基金监督管理工作时，社会保险基金监督司需要会同各类社会保险基金的主管业务部门①以及地方各级劳动和社会保障部门协同办理。此外，社会保险经办机构主要负责对经办基金情况开展内部监控及稽核检查。

二是其他行政部门监督。财政部门主要通过拟定财务会计法规，施行财务会计监督。财政部门负责社会保险基金财政专户的控制与管理，负责各类社会保险基金征缴和支出使用的重要环节，主要负责监督保障各类基金资产分别入账、独立核算、专款专用。对于各类社会保险基金的投资监管，主要由中国银行保险监督管理委员会、中国证券监督管理委员会依据各自职责对各类社会保险基金投资于相应金融行业的情况进行监督管理，中国人民银行（国家外汇管理局）负责对基金托管业务及基金境外投资涉及的人民币及外汇业务进行监督管理。目前上述对投资行为监管的客体主要是针对已开展资本市场投资业务的企业年金和全

① 主要包括人力资源和社会保障部下设的养老保险司、医疗保险司、失业保险司、工伤保险司、社会保险事业管理中心等司局或下属单位，还包括全国社会保障基金理事会等外部单位。

国社会保障基金。此外，国家审计署和地方各级审计部门负责对各类社会保险基金金进行审计监督。审计监督可以覆盖基金的征缴、拨付、存储、支出等各个环节，以及基金存放于财政专户或投资政府债券的管理运营情况。但审计监督属于二线监督、事后监督，无法对基金投资业务进行实时监控与管理。

三是立法监管方面。立法机关主要通过制定法律，形成社会保险基金投资运营的规范体系，并根据国家宪法等法律授权，对承担具体监督管理职责的行政部门进行立法监督。在世界上许多国家，通过立法形式将监管行为制度化、规范化，是整个社会保险基金监督体系的基石和最重要内容，例如美国颁布了《社会保障法》（Social Security Act）、《雇员退休收入保障法案》（Employee Retirement Income Security Act），对公共和私营养老计划征缴支取、投资管理各个流程环节进行了详细规范，形成了一套以风险控制为核心内容的监管法律体系，并通过《国内税收法》配套免除了对各类养老金投资收益的税收。与之相比，我国社保基金的财产独立制度、准备金制度、资产保险制度、最低收益保障制度等基金投资风险控制法律尚属空白。

四是司法监督方面。司法监督是监管制度的最后一道防线，也是最严厉的监管制度，主要体现在社会保险基金运营过程中争议的最终解决和对相关当事人尤其是犯罪嫌疑人的刑事责任的追究上。目前学界对各类社会保障基金的财产性质和法律权属等问题尚存争议，我国现行法律对于此类争议采取了回避态度，并未作出明确规定，这导致在发生侵占、挪用、套取社保基金的案件时，是否适用我国刑法关于贪污罪、挪用公款罪、诈骗罪等相关条款的规定需要逐案分析。[①] 此前，对于部分挪用和挤占社会保险基金行为的处罚，仅仅停留在行政处罚的水平，未能上升到刑事处罚的高度。

（三）我国养老保险基金监管的内容

有学者认为，基于养老保险基金是公共产品与服务的特性，应当根据政府的干预程度与方式来划分养老保险基金的投资监管模式，即分为

---

① 周宝妹、郎俊义：《试论社会保险基金的刑法保护》，《法学杂志》2001 年第 4 期。

政府对于社保基金的经营管理活动进行直接管理或者较多直接干预和影响的严格监管模式，与政府不主动接入基金经营管理活动，主要通过信息披露和交流引导等方式进行管理的引导性监管模式。[①] 其他学者提出，应当按照监管政策的手段与内容分为"严格数量控制型监管"与"审慎人原则性监管"。[②] 无论采取哪种分类方法，我国现行的监管模式的主要内容是政府主导的对于投资范围、数量、主体等方面的严格限制性监管措施，主要体现在以下几个方面：

一是严格的投资范围限制。《社会保险法》对社会保险基金投资运营作了原则性规定，该法第六十九条规定："社会保险基金在保证安全的前提下，按照国务院规定投资运营实现保值增值。社会保险基金不得违规投资运营，不得用于平衡其他政府预算，不得用于兴建、改建办公场所和支付人员经费、运行费用、管理费用，或者违反法律、行政法规规定挪作其他用途。"原劳动和社会保障部、财政部于1999年联合颁布了《社会保险基金财务制度》，要求社会保险基金结余除根据劳动和社会保障部门与财政部商定的、最高不超过国家规定留存的支付费用外，全部用于购买国家发行的特种定向债券和其他种类的国家债券，任何地区、部门、单位和个人不得动用基金结余进行其他任何形式的直接或间接投资。[③] 2017年，财政部会同人力资源社会保障部、国家卫生计生委等有关部门对《关于印发〈社会保险基金财务制度〉的通知》（财社字〔1999〕60号）进行了修订。

二是严格的投资数量与比例限制。在我国现行监管模式下，基本养老保险基金和企业年金、社会保障基金等养老保险基金的投资都必须遵守严格的投资规定，对投资类型、投资方向、投资比例等方面均有明确的限制性规定。以全国社会保障基金为例，根据《全国社会保障基金投

---

① 李珍、孙永勇、张昭华：《中国社会养老保险基金管理体制选择——以国际比较为基础》，人民出版社2005年版，第126—128页。

② 参见王显勇：《社会保险基金投资监管法律制度研究》，载张守文主编：《经济法研究》第11卷，北京大学出版社2013年版，第215—216页；曾维涛、张国清：《养老基金投资的谨慎人规则及其在我国社保基金投资管理中的适用》，《当代财经》2005年第8期。

③ 中华人民共和国财政部、劳动和社会保障部：《社会保险基金财务制度》，财社字〔1999〕60号，第六条、第二十七至第二十九条。

资管理暂行办法》《全国社会保障基金投资管理暂行办法》的相关规定，全国社会保障基金的货币资产对于银行存款和国债投资的比例不得低于50%，企业债、金融债投资的比例不得高于10%，证券投资基金、股票投资的比例不得高于40%，境外投资比例不得高于20%等。[①]《企业年金基金管理办法》也有相应的规定。可以预期，未来基本养老保险开展多元化资本市场投资后，相关监管部门仍将对其投资范围与比例进行详细规定。

三是严格的市场准入制度和审批制。目前国务院关于社会保险基金投资运营的办法尚未出台，全国社会保障基金和企业年金都实行严格的市场准入制度和审批制度。《全国社会保障基金投资管理暂行办法》第九条、第十八条分别规定了申请办理社保基金投资管理业务与托管业务应具备的条件，根据《全国社会保障基金投资管理暂行办法》第十条、第十九条的规定，社保基金投资管理人、托管人由全国社会保障基金理事会确定。就企业年金市场准入而言，目前我国形成了二次准入制度，先由商业银行和投资公司、养老保险公司、证券公司和基金管理公司和资产管理公司分别向银保监会、证监会提出申请，根据自身业务特点针对受托人、投资管理人、托管人、账户管理人四种业务资格提出申请，由三会分别对各自"辖区"内的市场主体的申请进行资格审核。人力资源与社会保障部在三会审核后产生的名单的基础上进行再次审核，确定并核发四种市场主体的资格牌照。按照二次准入模式，2005 年和 2007 年产生了两批企业年金基金管理的市场主体。[②] 2020 年，财政部还将开展《全国社保基金投资管理暂行办法》的修订工作。

二、各国养老保险基金投资监管模式与经验总结

（一）各国养老保险基金投资监管模式综述

养老基金的投资监管是一整套规则体系，各国采取的具体监管方式与办法千差万别，但其核心都围绕着养老保险基金监管的一个主要难

---

① 中华人民共和国财政部、劳动和社会保障部：《全国社会保障基金投资管理暂行办法》，第二十八条。
② 马伯寅：《我国企业年金信托受托模式之一》，《金融法苑》2009 年第 1 期。

点，即如何平衡养老保险的公共事务或公共服务本质与养老保险基金投资的市场化行为与自由竞争的特点。一方面，基本养老保险是各国政府给予本国公民的一项基本社会保障与服务项目，通常认为政府是基本养老保险制度的最终担保人，政府对于基金的完整与安全要承担最终责任，理应担负基金投资监管的责任。而另一方面，多数资本市场较为发达的国家养老保险基金已经开展了多元化的投资运营，政府对于基金投资事务的干预不但可能影响专业的市场运作，还可能使养老保险基金攫取某种优势或有利的市场地位，从而影响整个金融市场的公平与效率。

从各国对于养老保险基金监管的认知脉络与历史进程来看，20 世纪中期以来，一些较早开始进行养老保险基金投资的国家曾经认同，养老保险基金投资监管权是经济秩序与金融市场监督与管理内容的一项，属于政府行政权力的一种。因此，许多国家的养老保险基金监管体系是由政府相关部门主导的行政命令与监督体系，但随着养老保险基金投资业务的迅速发展，特别是养老保险基金开始以普通市场参与者身份投资金融市场后，更多国家倾向于认同监管权并非一项行政权力，而是"市场规制权"的一部分，其与行政权力的本质区别主要体现在：行政权力强调权威与效率，通过法律规范保障令行禁止，以维护个体的合法权益使之不受侵害；而监管权则是在遵循市场机制的前提之下，更多通过引导、协调、沟通、协商等柔性方式，实现对个体的行为矫正，以维护整体市场环境的公平、平等，并预防或减少市场失灵等无效率情形的危害。监管权与政府在一般行政事务或者公共事务中的行政权力相比，在方式上较为柔缓，手段上更加丰富，更加注重发挥政府以外其他市场参与主体的作用。①

在已经开展投资的各类养老保险基金的运作中都存在着决策、执行、建议和监督等多个职能环节。这些职能往往被归属到不同的机构或者部门，根据上文对于投资管理权、监督权、政府行政权的分析，在分

---

① 参考［美］马尔科姆·K. 斯帕罗：《监管的艺术》，周道许译，中国金融出版社 2006 年版；郑木清：《养老基金投资监管立法研究》，中国法制出版社 2005 年版，第 57—62 页；江玉荣：《养老基金投资监管法律制度研究》，安徽大学博士学位论文，2014 年，第 49—52 页。

析研究各类养老保险基金的投资与监督管理模式时，可将相关机构或职能部门划分为最高决策机构、最高监督机构、日常管理部门三大类。其中最高决策层是养老保险基金投资管理的战略决策机构，通常负责审议批准储备基金的投资政策、战略目标及相应资产配置[①]；最高监督机构负责监督基金最高决策层及日常管理机构的决策过程及具体实施情况，对基金实现其目标及遵守相应法规负责。在各国实际运作中，三类机构的关系主要有三种模式：一是"政府部门监督—独立机构决策—内设部门或委托专业机构运营"模式，通常由国家成立有别于一般政府部门或行政机关的特殊法人，作为养老保险基金的最高决策机构专门负责基金的投资运营，并在最高决策机构内下属若干部门作为日常管理部门，而由政府或行政机关担任最高监督机构；二是"政府部门同时负责监督、决策—内设部门或委托机构运营"模式，在这一模式下，基金主要通过市场中的专业投资机构负责投资运营，由政府设定基本投资制度框架、目标要求，履行相应监督职责，并承担最终责任，在这一模式下，对于基金的投资决策与监督管理是混同开展的；三是"混合机构监督—理事会/委员会决策（运营）"模式，通常由政府与养老保险基金的缴费代表、受益人代表等共同组成"混合机构"，负责养老保险基金投资的监督管理并设定投资目标，并另外成立专业委员会或董事会领导的专业机构负责投资运营。这三种模式都符合权力分立制衡和市场化运作的方向，从现有各国资料来看，采用后两种方式的国家更为普遍。尤其是一些兼有政府机构和独立机构的性质，突破传统法学理论关于"公法人"和"私法人"简单分类的"社会法人"，也即上文提及的"混合机构"逐渐普遍，这一监管模式既有利于保障基金权益人的利益，又便于实现对于市场专业化运作的监督管理，因此被较多国家采用。

（二）三种养老基金监管模式比较分析

1. 第一种模式：日本、挪威等第一支柱养老金

日本公共养老金保险结余目前由年金资金运用基金（以下简称

---

① Juan Yermo, "Governance and Investment of Public Pension Reserve Funds in Selected OECD Countries", OECD Working Paper on Insurance and Private Pensions, OECD Publishing, No. 15, January 2008.

"GPIF")负责管理，GPIF 是政府设立的独立行政法人组织，其资金来源于国家预算，类似于我国的事业单位。设立行政法人管理基金结余主要是考虑养老保险公共事务的庞大和复杂性，虽然投资行为被认为不适合由政府继续负责组织实施，但养老金投资牵涉的公共利益等因素又决定不适合以一般公司的形式进行管理。GPIF 接受日本厚生劳动省的委托负责对国民年金和厚生年金资产的管理投资。根据日本法律，厚生劳动大臣负责制定"年金资金运用基金投资管理基本政策"，对基金资产进行投资和运作，厚生劳动省负责对 GPIF 的投资管理活动实施监管，在修订投资相关的政策法规或发布其他指令前，厚生劳动省还应同日本国会下属的社会保障委员会及其基金管理分委员会进行充分协商，负责向社会公众发布日本各类养老保险基金（国民养老金、GPIF、厚生年金保险、公务员共济年金）的年度投资运行情况及重要财务数据，并根据国会的要求，提交上述基金完整详细的财务报告或接受必要质询，属于典型的第一种模式。这一模式的核心特点是，强调政府部门的外部监督和投资机构内部自我监督的协同作用。

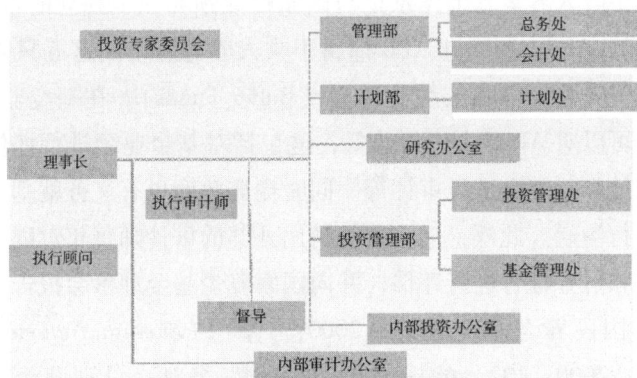

图 1-8　GPIF 的组织结构图①

资料来源：GPIF。

---

① Government Pension Investment Fund，Organization Chart，http：//www.gpif.go.jp/en/about/.

2. 第二种模式：加拿大第二支柱公共养老金、瑞典累积型养老金等

根据《加拿大养老金计划投资局法》（*Ganada Pension Plan Investment Board Act*）的规定，加拿大养老金的投资运作的监管体系主要包括财政部及参加加拿大养老金计划的各省的财政部的监管、审计监督以及充分的信息报告和披露制度。财政部及省财政部长主要负责审阅各项养老保险基金的年度投资及运作报告，对基金投资机构或其分支机构进行现场和非现场检查，确保基金资产得到保护和控制，以及对基金的投资管理行为是经济和有效的。审计员由具有会计师资质的自然人或会计师事务所担任，主要负责对各类基金的财务报表、所保存的投资记录以及其认为必要的其他事项进行审查，并出具审计报告。

瑞典的国民养老金由三类基金构成：收入养老基金（Income Pension）、超额养老基金（Premium Pension）及保证养老基金（Guarantee Pension）。国民养老金由瑞典社会保险机构（Swedish Social Insurance Agency，SSIA）和超额养老基金局（Premium Pension Authority，PPM）管理。其中收入养老基金体系是与国家财政预算完全独立的自治机构。AP1、AP2、AP3、AP4 和 AP6 都属于收入养老基金。这五只基金是瑞典现收现付养老金体系的缓冲基金（Buffer Funds）。在基金监管方面，瑞典政府可以对 AP 基金进行监督，这包括对基金业绩进行评估、通过独立的审计师对基金进行审计等。同时瑞典政府也有义务就基金的运作与国会进行沟通。此外，瑞典政府聘用外部的审计师每年对国家养老基金的运作和财务报告进行评估，并向国家养老基金理事会报告结果。根据《瑞典国民养老基金法案（2000：192）》（*Swedish National Pension Funds Act*，2000：192）的规定，AP1—AP7 各基金分别设立基金理事会（Board of Directors）负责基金的组织以及基金资产的管理。瑞典养老金投资制度的一项重要特点是内部投资与委托投资相结合。仍以第一AP 基金（AP1）为例，基金的执行管理团队包括董事总经理、账户管理经理、外部投资管理部门负责人、业务支持与风险管理部门负责人、战略资产配置部门负责人、外汇/国债部门负责人以及人力资源部门负责人等。此外，为了防范风险，避免"将鸡蛋放在一个篮子里"，瑞典

法律还要求 AP1 至少 10% 的资产必须通过外部投资管理人进行投资，2009 年以来 AP1 委托投资的比例一直高于 40%，也体现了政府部门监督（决策）—内设部门或委托机构运营的制度特点。①

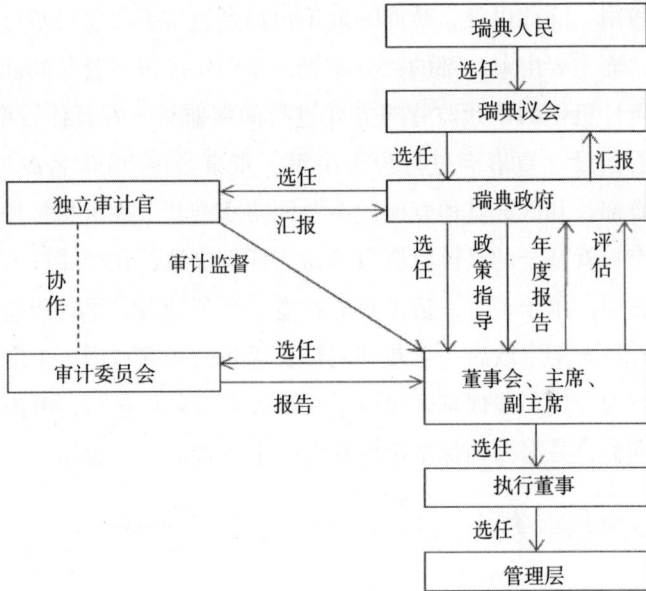

图 1-9　瑞典第一 AP 基金（AP1）的监管结构图②

资料来源：瑞典 AP1 基金。

3. 第三种模式：新西兰、美国的第二支柱养老金等

新西兰的养老金由"养老金监管人"实施监管。"养老金监管人"是由王室设立的一个永久存续的政府法人实体，其开支从议会的专用拨

---

① 参考瑞典 AP1 基金官网各栏目信息：SWEDEN FÖRSTA AP-FONDEN（AP1），*Annual Report 2013*，http：//www. ap1. se/upload/Rapporter/Annual% 20Report% 20AP1% 202013. pdf；SWEDEN FÖRSTA AP-FONDEN（AP1），*Ownership Report 2013*，http：//www. ap1. se/upload/Rapporter/AP1% 20Ownership% 20Report% 202013. pdf；SWEDEN FÖRSTA AP-FONDEN（AP1），Organization and Facts，http：//www. ap1. se/en/About-AP1/Organization/。

② SWEDEN FÖRSTA AP-FONDEN（AP1），*Annual Report 2013*，http：//www. ap1. se/upload/Rapporter/Annual% 20Report% 20AP1% 202013. pdf；SWEDEN FÖRSTA AP-FONDEN（AP1），Organization and Facts，http：//www. ap1. se/en/About-AP1/Organization/.

款中直接支付。根据《2000 年新西兰养老金法》的规定，对于"养老金监管人"的权力没有任何限制，监管人具有"进行或从事任何活动、从事任何企业行为或达成任何交易的完全行为能力，以及以此为目的的全部权利、权力和特权"，从而获取了执行对养老保险基金监督职能所需的全部权限。除此以外，政府一般不再通过直接手段监督基金的投资运行情况，而主要由财政部的财务监管、基金年度报告公开的社会监管以及独立审计机构的审计监管等方式进行间接监管。在具体投资方面，养老金监管人设立董事会进行投资决策，董事会由 5—7 名成员组成，成员由财政部长和国会其他党派代表共同协商推荐，并由总督任命。董事会成员有权就基金的具体投资事务做出任何决策，在行使权力或履行职责时，必须：出于善意；适度小心在意、刻苦勤奋、尽其所能；诚实正直；并且符合王室政府一名或多名部长颁布的普遍适用于王室政府实体的任何行为守则。确保基金投资活动高效并有效地进行；考虑该实体债权人的利益，并努力确保基金以在财务上负责的方式运作。①

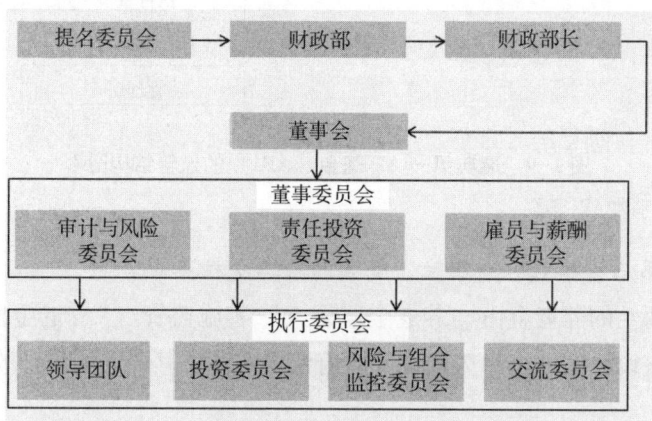

图 1-10　新西兰养老金监管人的组织结构图②

资料来源：美世（Mercer）关于新西兰养老金的报告。

---

① New Zeeland, NZ Super Fund, Governance and Management, https://wwwnzsuperfund. co. nz/nz-super-fund-explained/governance/.

② Review of the Guardians of New Zealand Superannuation New Zealand Treasury on behalf of The Minister of Finance, Mercer, 28 October 2009, https：//www. nzsuperfund. co. nz/sites/default/files/documents-sys/Independent%20Review%20by%20Mercer%202009. pdf.

美国的加州公务员退休基金（CALPERS）是美国最大的公共养老金，属于第二支柱的养老金计划。CALPERS 采取信托治理模式，全体参加者作为信托关系的委托人和受益人，信托管理委员会作为信托关系的受托人，是唯一的信托责任承担者。基金设立由 13 人组成的管理委员会，其中 6 名委员通过选举产生（全体计划参加者选举 2 名，各类计划参加者各选举 1 名，在职的地方雇员选举 1 名，在职的学校雇员选举 1 名，所有的退休成员 1 名），3 名由任命产生（加州州长任命 2 名，州参众两院共同任命 1 名），4 名委员为法律规定的当然成员（州财政部长、州审计官、州人事局的 1 名董事及人事局董事会任命的 1 名委员），上述人员负责监督基金在运作中遵守地方政府的有关政策，并帮助基金获取政府职能部门的政策支持，从而实现政府、养老金计划参与人等各方利益的有效制衡。

三、探索适合我国国情的养老金投资监管制度框架

随着我国基本养老金进入资本市场开展多元投资的探索，研究适合我国国情的养老保险基金管理与运营办法，制定科学合理、行之有效的养老保险基金投资监管办法，加强对基金投资整个过程及全部环节的监督管理已迫在眉睫。根据我国现行养老保险结构特征、未来开展养老基金投资的制度构想，以及当前我国金融市场与行业发展水平，有学者建议，借鉴美国对于第一支柱社保基金和私营养老金的分类监管体制，我国应该在国务院行政法规、人力资源和社会保障部与财政部等制定的部门规章等基础上，由全国人大制定统一的《社保基金监管法》来规范不同类型的社保基金投资，或者在《社会保险法》中设立专门的"基金监管"系列条款，吸取美国《社会保障法》和其他国家立法的有益经验，明确划分不同种类社保基金的投资行为，针对基础养老金投资明确由国家提供定向发行的特种债券作为投资主渠道，同时推行社保基金管理社会化，接受公众和参保者的监督，堵塞各种制度上、管理上的漏洞，以取得广大群众对基础养老保险基金投资运营的充分关注和支持。在整体监管模式上，首先完善当前针对企业年金与全国社会保障基金的数量限制规则，将来逐步向谨慎人规

则过渡。① 我们认为，我国养老保险基金投资运营管理制度尚未确立，金融市场尚处快速发展变革中，目前就养老保险基金的投资监管进行专项立法困难较大。但是，仍可以从各国通行的养老保险基金监管法律制度中总结一些有益经验，为我国未来的制度设计提供参考，也为时机成熟时尽快推动立法进程，完善养老保险基金监督法律体系积累经验。经过分析整理，我们认为适合我国国情的基金监管制度框架可以分为战略原则与具体内容两部分，分别试论如下。

（一）我国养老保险基金投资监管的战略原则

1. 以《社会保险法》《信托法》为基础，建立基于信托法律关系的养老保险基金投资管理与监管制度

养老保险基金投资行为依据法律关系不同，通常可以分为信托型和委托型两种资产管理模式。根据我国相关法律规定，委托投资是委托人基于对受托人的信任将财产委托给受托人，受托人按委托人的指示以委托人的名义、为委托人的利益进行管理运用处分财产的行为，当事人的权利义务受到我国民法及和合同法的调整。② 信托资产管理是委托人基于信任将其财产权委托给受托人，受托人按照委托人的意愿以自己的名义为受益人的利益管理和处分财产的行为。在以信托形式实现的资产管理中，投资人是委托人，受益人与委托人可以不是同一人，当事人的权利义务受信托法调整。在信托关系中，受托人承担向受益人支付信托利益的义务，当受托人违背管理职责或者处理信托事务不当致使信托财产损失时，应承担赔偿责任。信托与委托资产管理都是基于彼此信任而产生的由一方委托他方管理财产并由他方承担法律后果的行为。但是，二者基于不同的合同法律关系产生，存在一些明显不同，其核心在于相对于委托制度，信托制度规定了信托财产的独立性与隔离保护规则，以及信托基本当事人（即委托人、受托人与受益人）与第三人之间的关系规则：信托财产的独立性与破产隔离保护规则是指信托财产独立于受托人的固有财产，其中破产隔离保护规则为信托制度所专有，而代理财产

① 胡继晔：《美国社保基金分类监管的法律体系及其对中国的启示》，《国际经济评论》2007 年第 5 期。

② 周晓明：《信托制度比较法研究》，法律出版社 1996 年版，第 67 页。

不具有独立性，无独立于代理人固有财产的法律地位，尤其不受破产隔离保护规则的保护。信托基本当事人与第三人之间的关系规则方面，信托根据委托人与受益人是否为同一主体可分为自益信托、他益信托两类。他益信托的特点在于除非法律另有规定，或委托人在设立的信托文件中另有保留，他益信托的信托财产独立于委托人与委托人的债权人，委托人不能单方提前终止信托。

基于信托制度构建我国基本养老保险投资管理与监管制度有几项非常重要的优点。一是有利于明确中央政府、养老保险制度参与人、保险基金投资运营主体等各方权利义务关系。基本养老保险制度由中央政府设定基本制度框架、收取并管理保费资金并承担最终担保人的角色、养老保险制度参与人既是资金的缴费人又是现在或将来领取资金的受益人，而保险基金投资运营的主体接受政府委托并依据法定职责开展保险基金投资活动，其目的在于达成投资收益，实现基金保值增值以满足养老保险制度参与人不断领取资金的需求。如果基于信托制度构建养老金投资的法律关系，委托人是征收并集中统筹管理养老保险基金的中央政府，受托人是保险基金投资运营管理机构，受益人则是养老保险制度参与人。二是有利于确保养老保险基金专款专用，保障基金安全。信托制度一项根本特点是信托财产的独立性，目前我国存在养老保险基金发生侵占、挪用的情形，甚至部分地方政府存在违规挪用养老保险基金结余弥补地方财政缺口的情形，严重影响了基金安全。采用信托制度可明确将养老保险基金与其他政府自有财政或管理的其他资金资产进行明确划分，通过立法明确养老保险基金所有权归属全体制度参与者所有，确保基金专款专用独立性以及为制度参与者（也即最终受益人）的利益进行各项投资活动。三是有利于厘清投资流程与环节，为今后监管政策的与时俱进留有空间。以基本养老保险基金与目前已开展投资运营的全国社会保障基金对比，全国社会保障基金是由中央财政拨款及上市国有股减持组成的，用于未来社会保障的补充及调剂支出的储备性基金，中央政府依据《社会保险法》，委托全国社会保障基金理事会开展运营。全国社会保障基金这一委托关系具有明显的国家强制性特征，受托方是特定的、单一的、无可选择的。但是，对于基础养老保险基金是否要另行成立一个机构专门进行投资运营尚有争议，如果从"避免鸡蛋放在一个篮子里"的角度考虑，充分利用现有资本市场金融机构，则可以考虑将养老保险基金委托给多家投资管理人同时开展投资业务，政府在投资流程链条中担任"裁判员"的角色，负责制度设定、准入退出等资质审查，并对作为"运动员"的市场主体进行监督管理，能够更好地实现管办分离。此外，随着资本市场的不断成熟与发展，采用这一模式也为我国从当前政府主导的严格数量监管模式逐步转变为更加强调市场在资源配置中决定性作用，注重社会主体参与的审慎人监管模式留有发展余地与必要空间。

2. 以"循序渐进、小步快走"为指导思想，立足完善我国"严格数量控制模式"的监管体系，探索通过放宽各类限制，逐步建立以市场调节代替行政调控的审慎人监管模式

如前文所述，社会保险基金的投资监督管理主要可分为两种监管模式。一是审慎性监管，即根据审慎性原则对基金进行监管。此种模式下，监管机构通常不对基金资产的投资管理等事项做任何数量化的具体安排，但要求管理人的任何一个行为都要符合理性行为人对待自己资产的标准，充分考虑到各种风险因素，并尽职履行对于基金资产或基金权益人的受托责任（Fiduciary Duty）。在审慎监管的原则下，监管机构主要依靠审计师和精算师、律师等社会化专业力量对基金运营进行监督。二是严格的数量限制监管。此种模式下，监管机构通常作为独立的法律实体，并对基金投资运营进行实际干涉与管理，除了要求基金达到最低的审慎性监管要求外，还对基金的组织架构、投资运营和绩效考评等具体方面进行限制性的规定，特别是制定关于投资范围、数量限制、市场准入等方面的限制性规定，监管机构根据这些规定，通过现场和非现场监管等方式密切监控基金的日常运营。

对于已经开展资本市场投资的企业养老年金、全国社会保障基金，我国目前采用的是政府主导的严格数量限制的监管模式，主要通过对基金的投资范围、数量及比例进行严格规范，并规定相应投资管理机构的资质要求。这一模式的优势在于，国家能够在直接设定养老保险基金投资的风格偏好及相应收益风险特征的同时，最大程度地降低投资行为的

不确定性与不可控性，对于控制单一资产类别的投资风险具有较好效果。此外，这一模式的监管成本较低，通过对投资组合的比例、投资结果的检测，就能发现基金的投资行为是否符合要求，相应检查结果客观、明确，能够极大的降低监管机构的监管成本。但是，严格数量限制监管模式也具有许多缺陷和不足。一是数量限制在一定程度上混同了投资决策权与监督权，在严格的数量限制模式下，投资决策机构必须依据监管机构设定的投资目标开展投资，常被比喻为"戴着镣铐舞蹈"，无法充分发挥投资决策者的专业能力，而监管机构在监管方式选择上往往以流程控制取代目标控制，即只要符合了设定的投资范围与数量要求，对于投资收益的考评往往被忽视；二是数量限制监管缺乏灵活性，不能随着宏观经济周期、权益类、固定收益类、基础设施和实业投资项目市场的变化及时调整投资组合，反应滞后于市场的变化；三是数量限制监管将扭曲投资决策主体的投资行为，导致基金的投资决策机构行为扭曲，必须首先关注投资在范围、数量上的合规性而忽视如收益风险特征、风险控制等目标，在经济周期中，无法通过主动战略调整获取超额收益，极易使得资产组合在有效边界之下，无法实现最优化资源配置。

从国际经验来看，严格数量限制模式多为养老保险基金处于发展初期或金融市场不够发达的国家采用，在条件与时机成熟后，一些采用严格数量限制监管的国家逐渐放松限制，部分或者全部过渡到审慎人监管模式。例如瑞士养老保险基金在设立初期，对于投资范围及比例有严格的数量限制，但2000年后，瑞士修改法律邀请养老保险基金在证明投资符合《企业养老保险条例》和《幸存和伤残福利计划》中有关"审慎投资"的各项规定，就可以超越数量限制。欧洲的丹麦、德国、芬兰、意大利及亚洲的日本等国也经历了类似的过程。我国基本养老保险基金投资管理体制尚处在不断尝试探索的建立过程中，从总体上来看，当前我国的金融市场还比较落后，制度建设还不健全，养老保险基金设立的时间还比较短，各类基金性质差异也比较大，投资运营经验也比较缺乏。因此，基本养老保险基金投资监管制度应当本着安全稳妥的原则，参考我国对于已经开展资本市场投资的企业年金、全国社会保障基金的监管模式，从较为贴近我国国情实际的严格数量限制监管模式入手，边学边干，尽快健全和完善较为保守的监管制度，采取"循序渐进、小步快走"的方式逐渐推进改革，从健全和完善基本养老保险投资管理的市场准入标准、投资范围与数量限制、外部审计与社会监督制度等方面入手，并在此基础上逐步建立基本养老保险的信托管理制度、投资准备金制度、信息披露制度，并借鉴我国建立商业储蓄保险制度的有益经验，尝试建立养老保险基金投资最低收益保障制度等，形成一套完备的监管体系。未来随着我国养老保险基金投资经验的不断积累和资本市场的进一步发展，相应的监管制度设计也应当不断变革，与时俱进，逐步放宽对于基本养老保险基金投资的各项限制性规定，鼓励基金通过科学的资产配置，提高投资收益并分散投资风险，并最终尝试建立基于审慎人模式的现代化监管制度。

3. 明确"委托为主、直接为辅"的委托投资监管模式，理顺投资监管流程，综合发挥养老保险基金投资管理部门投资决策与一线监管的作用，以及人力资源和社会保障行政管理部门、审计监察部门等监督稽核与二线监管的作用

养老保险基金投资应当充分利用现有金融机构的市场资源，由政府直接指定或设立机构在市场开展直接投资容易导致行政干预与市场不平等竞争，从而扭曲投资管理行为。"委托为主、直接为辅"的投资模式比较适合我国国情。国家可以设立基本养老保险基金投资运营的专门管理机构，负责制定养老保险基金投资目标、风险政策、投资基准等蓝图；制定战略资产配置、战术资产配置、资产配置再平衡等投资策略和风险控制措施；并负责选择投资管理人、托管银行等外部专业机构，实施养老保险基金投资的市场化运作。委托投资模式对于养老保险基金投资管理有积极作用，特别是有利于分散养老保险基金投资风险。资本市场上大多数机构有明确的专业分工，通过资源配置在一类或者几类资产上，形成自己的独特优势，满足投资者的多样化需求，在特定投资领域为客户提供专业服务。与这些专业投资机构相比较，养老保险基金的管理机构的主要目标是提供较高的长期稳定收益，这就要求进行多元化投资，把资金分配到不同的市场和不同的金融工具，不能像专业性投资机构一样，把资金集中在某一类别的资产甚至是既定风格的资产。养老保

险基金的宽泛投资范围与专业化投资能力是一对突出矛盾，对于任何一家资产管理机构而言，资源是有限的，投资能力也是有限的，有可能在某些领域形成突出优势，但是不可能在所有的市场和所有投资产品上都有突出优势。养老保险基金管理机构化解这一矛盾的策略是采取直接投资和委托投资相结合的投资运营模式，在自己擅长的领域采取直接投资模式，在自身能力不足的领域采取委托投资模式，这样既可以利用其他专业机构的优势来提高投资收益水平，又有利于通过分散化投资，降低投资风险。在这一投资管理模式下，相应的监管体系应当由基本养老保险基金运营管理部门作为基金投资运营的整体决策与一线业务机构，负责遴选优秀的投资管理人，并对其投资管理业务进行监督指导。而人力资源和社会保障部门则作为二线部门对养老保险基金运营管理部门对于基金投资运作的整体情况进行监督管理，审计、纪检、监察等其他职能部门依据各自职责开展对基金投资运营情况的稽核检查，并对投资中可能发生的违法违纪事件进行严肃查处。这一监管制度安排注重发挥市场机构作用，监管相应流程环节条理清晰，各机构职责明确分工有序，具有较强的可操作性。

（二）我国养老保险基金投资监管的具体内容

1. 市场准入制度

市场准入制度是世界各国普遍采用的一种监管制度。市场准入制度设计的功能在于允许最好的申请者进入养老保险基金投资管理市场，限制未来的代理风险和制度风险。建立基金投资市场准入制度，对养老保险基金管理主体资格、资金可以进入的投资领域、审批体制进行明确的规定。现阶段，如果继续采用严格数量限制监管的模式，可以对投资种类以及各种投资工具占投资总和的比例做出具体的规定；明确规定基金的委托人、托管人、受托人的权利和义务。未来条件成熟时，则可以通过规范基金委托人、托管人、受托管理机构的主体资格、资质标准、审慎管理原则、主要义务内容等方式转向审慎人管理，并通过公开招标等方式，选聘适当的基金管理机构，并且特许经营权实行年度审核制，对违法、违规的基金管理公司，视其情节轻重实行惩罚和注销资格处罚。

2. 资产分离制度

资产分离制度是指养老保险基金的委托人、托管人、受托管理机构等均应将自有资产与养老保险基金资产严格分离的一种制度设计。资产分离制度设计的基本功能是在基金所有人、基金托管人、基金投资人之间形成一种制衡监督机制，有效控制代理风险。具体而言，养老保险基金的委托人（即未来具体执行投资管理的机构）应当将自有账目与基金资产严格区分管理，机构的管理运营经费可通过财政专项拨款或从管理资产中收取基金管理费用，但决不可与基金权益混同。基金资产应由外部托管人进行专户管理。通过资产分离，基金的受托人、托管人均不直接持有养老保险基金，可以大大减少侵占基金资产的机会。

3. 投资限制制度

投资限制制度，又称投资组合制度，是指在发起人自我投资的上限、投资工具的种类、风险的种类、所有权的集中程度、资产类别等方面进行必要的限制而设计的一种制度。投资限制的目的是为了确保投资组合分散和最小化代理风险、制度风险，特别是投资风险。我国当前对于企业年金、全国社会保障基金等均实行了投资限制制度，预计在基本养老保险基金开展投资运营初期，也仍将维持此类制度，但随着我国资本市场的逐步完善，养老保险基金管理机构和基金管理公司的逐渐成熟。投资限额会逐步放宽，基于市场主体更大的自主投资权限。

4. 基金准备金制度

为了防止养老保险基金投资收益发生大的波动和现金不足，从而对基金所有人和受益人的权益造成损害，不少国家和地区都建立了养老保险基金投资基金准备金制度。基金准备金一般包括风险准备金和盈余准备金。目前我国企业年金、全国社会保障基金等均设立了基金风险准备金及基金盈余准备金，其中风险准备金根据管理资产的规模按比例进行提取，盈余准备金则在投资收益达到一定规模后提取。当养老保险基金盈利低于规定水平时，应首先由盈余准备金进行弥补，不够时再由风险准备金进行弥补。这一制度既是市场主体自发的一项积盈补亏、平滑收益的风险防范措施，同时应由国家法律法规保障强制执行，以体现国家对于养老保险基金的最终责任。

5. 信息披露制度

阳光是最好的防腐剂。对于整个养老保险基金的监管体制来说，信息披露要求是监管的最基本的组成部分。信息披露的目的是将养老保险基金的委托人、托管人、受托管理机构等所有参与主体，及养老保险基金投资管理的整个过程与所有环节置于社会公众和监督机构的双重监督之下，只要不涉及国家机密、个人隐私和商业秘密以及其他国家法律规定的不予公开的信息都要向社会公布，接受社会的监督，防止发生违法、违规操作，损害基金和受益人的利益的事件。同时还应当加强举报管理，鼓励媒体监督与公众监督，开设基金投资监管举报电话向社会公布，总之要提供一切有利条件，接受社会监督。

6. 外部审计制度

建立健全外部审计对实现对养老保险基金的监督具有重要意义。养老保险事业的健康发展，必须依靠强有力的外部监督约束机制做保证。尽管各国对外部审计的范围和标准的要求不同，但几乎每个国家都要求对养老保险基金进行外部审计。外部审计不仅提供一个精确的、独立的评估，而且成为监管的重要工具。审计师被要求向监管人报告有关基金的任何问题，并对工作失误承担责任。在我国，养老保险基金的委托人、托管人、受托管理机构等机构均应接受国家审计署及各级审计部门的审计检查、相应市场监管部门的监督管理，以及外部会计师事务所、律师事务所等社会化专业机构的审计检查、合规检查。

7. 收益担保制度

国家应对养老保险基金投资进行最低收益担保，以体现国家对于养老制度的责任承担。社会上长期存在"养老保险制度是庞氏骗局""私人应当依靠个人储蓄养老"等论点，从本质上体现了现有投资及监管制度下，个人对于养老保险基金投资收益、基金未来可持续性的不信任。我国当前仍处于经济快速发展阶段，国内生产总值、居民收入水平和物价水平增长较快，养老保险基金投资应当分享社会经济快速发展的成果，国家应当出台相关政策法规，有效保证养老保险制度的可持续性。可以参考各国制度设计，通过建立中央担保基金，要求养老保险基金投资时提取一定比例作储备等，或由基金管理公司的自有资本作保证等方式，保证养老保险基金投资的最低收益水平，在上述储备均不能弥补养老保险基金投资损失时，应由国家财政预算予以支持。

四、我国养老保险基金投资监管制度的构建

（一）外部监管体系建设

1. 研究制定基金监督管理法律，完善监管工作体系

在当前出台《社会保险基金监管法》的条件尚不成熟时，可以先期研究出台监督执法条例等部门规章及监管办法，国务院各金融行业监督管理机构可以相应出台监管规定与办法、涉及各金融市场协会、各主要证券、期货交易市场等可以针对养老保险基金投资制定细化的投资交易具体执行流程与监督操作方法等，形成法律、行政法规、部门规章及行业规范、交易规则等有机统一、有效衔接的制度体系。同时积极推进依法行政，各级政府机关、人力资源和社会保障部门以及投资业务涉及的其他行政部门等要严格按照法定职责和规定程序开展监督执法，各级审计部门依法开展对基金投资管理业务全流程的审计监督工作。全国人大可以加快涉及养老保险基金投资的立法工作，成熟一项推进一项，短期内可以考虑将侵害社会保障基金权益的犯罪写入刑法，提高对不法行为的震慑能力，并与最高人民法院、最高人民检察院协同开展工作，适时颁布涉及社会保障基金投资业务法律条文的司法解释，逐步形成严格完备的法律条款与清晰规范的法律适用规则。此外，全国人大可以设立专门的社会保障（养老保险）事务委员会，适时听取关于我国社会保障制度、各项社会保障基金投资运营情况的报告，保障立法监督权力的实施。

2. 尽快建立社保基金投资、基金监管两个专业机构

加快推进基本养老保险基金的全国统筹，成立负责养老保险基金投资管理及养老保险基金监管的两个专业机构。前者负责制定养老保险基金投资目标、风险政策、投资基准等蓝图；制定资产配置计划等投资策略和风险控制措施；并负责选择投资管理人、托管银行等外部专业机构，实施养老保险基金投资的市场化运作等事项。后者独立行使基金监督权，负责监督养老保险基金投资管理业务的各项流程环节，基金监管机构应当与投资机构、人力资源和社会保障部门及社会保险经办部门共

同确定养老保险投资的决策程序、操作流程、内控机制等事项，并加强对基金的动态与实时监控。基于基金监管机构履行职责所需的银行系统、证券账户、信息系统等高度权限，并授予其行政处罚权力，有针对性地开展基金投资领域的综合治理和专项检查，严厉打击侵害基金权益的违法违规事项。不断充实两支队伍的专业力量与人员配备，建立相互匹配的内部控制与外部监督两套制度，加强对宏观经济风险、金融市场风险、政策风险等影响基金安全因素的识别与评估，不断提高资产配置的决策能力与水平，实现对基金风险的精细化掌控。

3. 加快养老保险基金信息披露制度建设

推进外部监管、内部稽核、社会监督全方位监督体系的协同发展。长期以来，由于信息披露机制不完善，我国社会保险基金都是在社会保障行政部门以及社会保险经办机构的封闭管理下运营的，在中央层面，人力资源和社会保障部门仅发布基金基本数据信息的季度和年度报告，各地方政府及相关部门发布信息则更不规范。信息披露制度的不完善加剧了社会保险基金领域问题的发生，需要尽快建立养老保险基金信息强制披露制度，强化监督，发挥缴费者、单位、媒体等多方监督作用，实行社会监督，特别是个人账户中的基金从缴费至领取的中间有着长达几十年的间隔，鼓励参保人积极了解基金的运营成果，不仅能对社会保险基金实施有效的监督，也可以对自身退休后领取的养老金水平作出准确的估计。此外，建立信息披露制度与社会化监督制度还有助于解决社会保险基金长期存在的挤占、挪用和违规投资现象，有助于改善此前社会保险基金运行过程中的保管、投资、分配等各个环节都曾出现过严重的违规问题的局面。[①]

（二）养老保险基金投资管理机构内部治理与监控

1. 完善投资管理机构内部治理

投资管理机构是内部控制与监督的第一道防线，完善的内部治理结构主要要求投资管理机构通过明确而且合理的任免程序任命或者选出合

---

① 参见田古：《社保基金监管法律制度研究》，中国政法大学硕士学位论文，2009年，第35页。

格的受托人理事会或者董事会；有效地监督各类管理人、托管人；提高受托人管理层和员工的专业水平；建立有效的问责制；增强基金管理的透明度。委任一个从个体到整体都负责任的理事会是良好治理的起点，理事会是受托人的决策机构，理事会成员能否胜任其职责对养老基金的重大决策有着十分重要的影响。为了提高理事会的投资决策能力，需要制定明确的理事任职标准和程序，一般要求担任理事的人选具有较高水平的金融知识、法律专业知识和投资管理经验，具备较强的独立思考能力。投资运营过程中，养老保险基金管理机构将部分职责委托给投资管理人、托管人等外部专业机构，由于委托代理过程中存在信息不对称，养老保险基金管理机构须对代理人进行监督，促使各类管理人与养老保险基金的目标保持一致。养老保险基金投资流程包括树立正确的投资理念、深入分析研究资本市场和资产价格的变化趋势、制定科学系统的资产配置方案、按照既定策略和风格构建投资组合、全面管理各类风险、及时正确地执行交易指令、客观公正地评价投资绩效、评选投资管理人等多个业务环节，这些业务要求养老保险基金管理机构的管理层和员工具备较强的专业知识、专业技能、分析能力和实践经验。

2. 科学资产配置与分散风险

养老保险基金管理机构应当通过选择投资管理人、主动的资产配置等方式，防范和识别和防范风险。养老保险基金投资业务大体上可以划分为两个层次：第一层次以资产配置为中心，主要是根据投资目标、风险政策、法规约束、资产收益和风险特征等制定战略资产配置以及再平衡规则，控制基金的总体风险；在战略资产配置的框架内根据经济和市场的变化趋势进行战术资产配置或者动态资产配置，争取获得超额收益。第二层次以投资组合或者项目为中心，制定投资策略，根据既定的标准和流程构建投资组合，或者进行项目投资。第二层次的活动既可以是利用专业投资机构的力量，通过委托投资模式实现基金投资的专业化和市场化，也可以是通过建立内部投资团队、研究团队和信息系统进行直接投资。第一个层次的资产配置是养老保险基金管理机构的主要职责，是养老保险基金管理机构的核心价值之所在，很难将其委托给外部的服务提供商，而且资产配置是养老保险基金最重要的投资决策，养老保险基金收益波动主要由战略资产配置所决定。一方面，养老保险基金的投资期限较长，具有一定的抗风险能力，承担一定风险是获取投资收益需要付出的成本，应该通过承担可接受程度内的风险以提高长期收益水平。另一方面，风险资产导致养老保险基金的波动，严重时还会出现投资损失。战略资产配置是养老保险基金管理机构平衡风险控制与长期收益目标两方面要求的主要手段，是养老保险基金的投资基准，合理制定战略资产配置是养老保险基金防范控制投资风险的技术核心与最重要手段。

3. 不断提升专业能力，加强对投资管理人的遴选、考评与监控能力

养老保险基金管理机构应当具备专业的投资素养与能力，主动加强指导并监督投资管理人对机构战略意图的执行与时机投资业务能力。对于投资管理人应当设计科学严格的选拔程序及后续绩效评估与监督标准，特别注重加强对投资流程的评价，通常包括：投资理念清晰；投资策略合理，表述的投资策略和实际投资策略一致；投资决策机制和流程；独立研究能力以及研究的深度和质量；投资组合构建方法、标准和程序；交易流程；全面的风险管理体系和定量分析技术。在评价投资管理人的历史业绩时需要运用包括绝对收益、相对收益、风险调整收益、风格调整收益、选股能力、选时能力等多种指标，剔除历史业绩中各种偶然因素，客观反映投资管理绩效，在市场化的投资竞争中优胜劣汰，真正实现通过积极监管创造价值。

第五节　中国社会保险财政补贴预算管理体制

一、我国社会保险财政补贴制度变迁

（一）计划经济时期社会保险财政补贴制度安排

从 1951 年起，我国开始着手建立劳动保障制度和医疗保障制度。

1951 年，政务院颁布了《中华人民共和国劳动保险条例》，并于 1953 年进行了修订。《劳动保险条例》规定，劳动保险的各项费用，一部分由企业行政方面或资方直接支付，另一部分由企业行政方面或资方缴纳劳动保险费。各工会基层委员会具体负责劳动保险事务，企业每月需按职工工资总额的 3% 缴纳保险费，企业缴纳的劳动保险金的 70% 留在工会基层委员会，形成劳动保险基金，用于支付抚恤金、补助费和救济金；30% 存入中华全国总工会，作为劳动保险总基金，用于拓展集体福利事业。劳保医疗经费按照企业职工工资总额的一定比例提取，费用从企业生产成本项目中列支。在职职工从职工福利费中开支，离退休人员从劳动保险费中开支，由企业自行管理。1952 年，公费医疗制度建立，机关事业单位的工作人员无需缴纳保险费，其就医的医疗费用支出，大部分由财政拨付的公费医疗经费开支。[①] 另外，参加劳保医疗的个人无需缴费，其待遇标准与公费医疗相同。1969 年，财政部颁布了《关于国营企业财务工作中的几项制度的改革意见》，该《意见》规定企业不再缴纳劳动保险费，劳老保险待遇从企业"营业外支出"账户中列支。"文化大革命"期间，我国社会保障逐步单位化，社会保险成了"企业保险"。20 世纪 70 年代，我国的公费医疗、劳动医疗制度逐步恢复，制度覆盖率上升至 75%。截至 1978 年，全国用于公费医疗、劳保医疗的专项费开支达到 28.3 亿元。[②]

整体来看，计划经济时期，我国财政的主要职能是筹集建设资金，对劳动保险金的补贴并未形成有效的制度安排。

（二）转型时期企业职工养老保险财政补贴制度安排

从 1978 年起，为适应中国社会保障改革，中央政府颁布了一系列相关的法规政策，包括退休制度、收入分配制度、劳动保障制度等。其间，我国逐步开展了集体企业养老保险费用社会统筹和全民所有制企业

---

① 详见 1952 年政务院颁布的《中华人民政府政务院关于全国各级人民政府、党派、团体及所属单位的国家工作人员实行公费医疗预防的指示》。

② 胡晓义主编：《走向和谐：中国社会保障发展 60 年》，中国劳动社会保障出版社 2009 年版，第 188 页。

养老保险费用社会统筹。1985 年全民企业退休费用市级统筹试点工作开始，国有企业退休费实行"以收定支，略有结余"的现收现付制度，并由政府指定的社会保险经办机构承担养老金的统一收缴与发放工作。1986 年 7 月，国务院颁发了《国营企业实行劳动合同制暂行规定》，该《规定》第二十六条明确"国家对合同制工人退休养老实行社会保险制度。退休养老金由企业和劳动合同制工人缴纳。退休养老金不敷使用时，国家给予适当补贴。企业缴纳的退休养老基金，在税前列支，缴纳数额为劳动合同制工人工资总额的 15% 左右，……劳动合同制工人缴纳的退休养老金额不超过本人标准工资的 3%"。这项规定，明确了国家财政对职工养老保险的补贴责任和个人的缴费义务，但是合理的财政补贴机制仍未确立。

（三）社会保险制度完善时期保险基金财政补贴制度安排

1. 基本养老保险制度筹资安排

1991 年 6 月，国务院颁发《关于企业职工养老保险制度改革的决定》（国发〔1991〕33 号），该文件规定养老保险由国家、企业、个人三方共同承担。1995 年，国务院发布《关于深化企业职工养老保险制度改革的通知》（国发〔1995〕6 号），提出了"基本养老保险费用由企业和个人共同承担，实行社会统筹和个人账户相结合"的养老保险方案。在"统账结合"的模式下，企业按照职工工资总额的一定比例、个人以本人上年度平均工资的一定比例承担养老保险缴费义务，并分别计入"基础养老金账户"和"个人账户"。1997 年，国务院出台了《关于建立统一的企业职工基本养老保险制度的决定》，该《决定》突出了个人和企业的筹资责任，个人账户按照职工工资的 4% 建立，其中个人缴费率不得低于本人当年工资的 4%，以后每两年提高一个百分点，最终达到个人缴费工资的 8%，个人账户的其余部分由企业缴费划入。企业划入部分逐渐降低至工资的 3%。企业缴费率由省、自治区、直辖市人民政府确定，不得超过企业工资总额的 20%（含划入个人账户的部分）。另外，在养老金发放环节，基础养老金的支付基准为当地上年社平工资的 20%；个人账户养老金月支付标准为个人账户累计额除以 120。2019 年 4 月，国务院办公厅印发《降低社会保险费率综合方案》，自 2019 年 5 月 1 日起，降低城镇职工基本养老保险（包括企业和机关事业单位基本养老保险，以下简称养老保险）单位缴费比例。各省、自治区、直辖市及新疆生产建设兵团（以下统称省）养老保险单位缴费比例高于 16% 的，可降至 16%；目前低于 16% 的，要研究提出过渡办法。各省具体调整或过渡方案于 2019 年 4 月 15 日前报人力资源社会保障部、财政部备案。

2. 基本医疗保险筹资及补贴机制

在城市，医疗保险和养老保险有着同样的社会化趋势。20 世纪 80 年代末，社会医疗保险制度逐步建立。1998 年国务院颁布《关于建立城镇职工基本医疗保险制度的决定》，该《决定》确立了统账结合的医疗保险制度模式。随着城镇职工基本医疗保险制度的完善，制度覆盖了全体从业人员，包括灵活就业人员、农民工、非公有制经济组织的从业人员等。医疗保险费的资金由用人单位和职工共同缴纳。单位缴费率不低于在职职工工资总额的 6%，职工缴费率为本人工资的 2%，退休人员不缴费。目前，我国城镇职工基本医疗保险制度多为县级统筹，北京、上海、天津原则上是市级统筹。全国用人单位平均缴费率为 7.43%，最低为 3%，个人缴费率最低为 2%。2007 年国务院发布《关于开展城镇居民基本医疗保险试点的指导意见》，该《意见》规定要通过居民家庭和政府补助两方面筹资。政府对所有参保居民给予不少于人均 80 元/年的补助，对城镇特殊困难群体的参保缴费再给予 60 元/年的补助。其中，中央财政对中西部地区补助一半，对东部地区参照新型农村合作医疗补助办法给予适当补助。

3. 新型农村合作医疗制度筹资及补贴机制

改革开放后，农村家庭联产承包责任制逐步衰退，合作医疗制度失去了赖以生存的经济基础，大部分农民沦为自费医疗群体。为解决农民就医难问题，让他们得到社会经济发展的实惠，我国对农村合作医疗制度的探索一直未停止过。直到 2002 年 10 月，《中共中央、国务院关于进一步加强农村卫生工作决定》中明确提出，要在全国农村建立新型合作医疗制度。2003 年 1 月，卫生部、财政部、农业部三部委联合发布了《关于建立新型农村合作医疗制度的意见》，该《意见》规定农民以家庭为单位自愿参保，并缴纳合作医疗费；乡镇、村集体经济提供资金支持；中央和地方各级财政给予专项资金支持。其中，农民每人缴费标准不低于 10 元／年；有条件的乡村集体经济组织给予适当扶持；地方财政对参保农民每年资助不低于人均 10 元；中央财政通过转移支付形式对中西部地区除城市外的参保农民补贴 10 元／年。为体现政府对制度的筹资责任，各级财政对新型农村合作医疗的补助标准从 2003 年的 120 元／人／年提高到 2014 年的 320 元／人／年，有效提高了新型农村合作医疗的支付能力。[1]

4. 新型农村居民社会养老保险筹资及补贴机制

1961 年 6 月颁布的《农村人民公社工作条例（修正草案）》第二十六条规定，生产大队可以从大队分配的总收入中扣留 3%—5% 的公益金，作为社会保险和集体福利费用。[2] 1995 年，民政部制定了《农村社会养老保险基本方案》，建立了农村社会养老保险制度（以下简称"老农保"）。老农保坚持以个人缴费为主，集体补助为辅，国家给予政策扶持的原则，其中个人月缴费标准为 2—20 元 10 个档次，各地可以根据自身经济状况自行选择。该制度没有对集体补助标准和政府扶持标准给予明确规定，由于自身的缺陷最终流产。2009 年 9 月国务院办公厅发布《国务院关于开展新型农村社会养老保险试点的指导意见》（国发〔2009〕32 号）（以下简称"新农保"），新农保规定由政府、集体、个人共同承担筹资责任。其中，农民个人按年缴费，设 100—500 元 5 个档次，缴费额由农村居民自主选择；有条件的村集体要对村民缴费给予适当补贴；中央财政和地方一起对农民参保提供入口、出口双向补助，地方政府对农村居民个人缴费每年至少补 30 元，并计入个人账户；为鼓励参保农村居民多缴费，地方政府按照"多缴多补"的原则，对选择较高档次标准缴费的，给予适当鼓励；对农村

---

① 详见《国务院办公厅印发深化医药卫生体制改革 2014 年重点工作任务的通知》（国办发〔2014〕24 号）和城镇居民基本医疗保险筹资问题的通知。补贴标准为：中央财政 120 元不变，对 200 元部分按照西部地区 80% 和中部地区 60% 的比例安排，对东部地区各省份分别按一定比例补助。

② 胡晓义主编：《走向和谐：中国社会保障发展 60 年》，中国劳动社会保障出版社 2009 年版，第 144 页。

重度残疾人等缴费困难群体，给予适当补贴；对基础养老金部分，中央财政给予中西部地区全额补助，东部地区需要安排50%的补助金，补助基数每人每月55元。2014年1月国务院办公厅发布《国务院关于建立统一的城乡居民基本养老保险制度的意见》（国发〔2014〕8号），城乡居民养老保险基金由个人缴费、集体补助和政府补贴构成。其中，个人缴费标准分100—1000元、1500元、2000元12个档次；中央财政对中西部地区按照中央确定的基础养老金标准给予全额补助，对东部地区给予50%补助；地方财政最低财政补贴为30元/人/年，对选择500元及以上档次标准缴费的，补贴标准不低于60元/人/年，具体标准由省（区、市）人民政府确定等。

二、社会保险的财政补贴责任及其资金来源

向国民提供基本的公共服务是各级政府财政支出最重要的职能。就社会保障而言，财政是社会保障的"保障"。社会保障主要是为了弥补市场缺陷，一旦社会保障基金入不敷出，财政扮演着"最后风险承当者"的角色。就社会保险本质而言，社会保险应以资金的自我平衡为原则，以缴费为前提，强调所享受权益与个人缴费相联系，政府并不直接承担资金供给的责任。然而，政府在中国社会保险中的角色、地位、权利和利益，又决定了政府对社会保险的财政责任，主要集中在平衡基金、缺口补贴两个方面。根据各类社会保险筹资和补贴机制，中央与地方政府对社会保险应该承担的责任及资金来源参见表1-5。其中，中央财政补贴资金主要来自一般税收，这部分专项资金用来支付养老保险历史债务、城乡居民基本养老保险的出口补贴、医疗保险的参保补贴，还有一部分城镇职工基本养老金来自单位缴费。省级以及省级以下财政补贴资金，主要来自个人和企业等社会责任单位缴费收入，还有部分来自省级及省级以下财政的基本财力和自主财力，这部分依赖于地方的财政增收能力，受地方经济发展程度和人口数量等宏观因素的影响。其中。基本财力是指各省份用于社会保障、教育、医疗、卫生、基本建设等支出的资金，将基本财力需求与财政能力（常住人口数×人均税收）进行平衡，缺口由中央财政核补，超收部分先按一定比例建立自主财力，再

超部分按照不同比例横向援助或上划中央。① 自主财力是指用于社会福利弹性较大的社会保障支出，省级政府可以自行决定。

表 1-5 中央和地方政府社会保险财政责任分担情况

项 目	中央财政		省级财政		市（县）财政	
	事责划分	财力来源	事责划分	财力来源	事责划分	财力来源
养老保险	基本养老金35%替代率	单位缴费费率＝赡养比×替代率	地方养老金职业养老金	缴费、自主财力	个人账户养老金25%的替代率	个人缴费
	历史债务	一般税收	—	—	—	—
	城乡居民基本养老金（中西部100%，东部50%）	一般税收	基本养老金（东部0—50%）	缴费、自主财力	个人账户养老金	个人缴费
					基本养老金（东部0—50%）	自主财力
医疗保险	参保补助（中西部100%）	一般税收	参保补助（东部25%）	基本财力	—	—
	—	—	—	—	基本医疗保险	单位和个人缴费（精算确定）
	公务员医疗补助	一般税收	公务员医疗补助	基本财力	公务员医疗补助	基本财力
失业保险	—	—	省内调剂	个人1%缴费	失业保险待遇	单位缴费（精算确定）
工伤保险	—	—	—	—	工伤保险待遇	单位缴费（行业差别费率）

---

① 林治芬：《中央与地方社会保障事责划分与财力匹配》，《财政研究》2014 年第 3 期。

项　目	中央财政		省级财政		市（县）财政	
	事责划分	财力来源	事责划分	财力来源	事责划分	财力来源
生育保险	—	—	—	—	生育保险待遇	单位缴费（精算确定）

资料来源：部分引自林治芬：《中央与地方保障事责划分与财力匹配》，《财政研究》2014年第3期。

随着我国社会保险制度的完善，五项社会保险基金支出逐年增加，其中国家财政对社会保险基金的补贴额也相应地快速增长，特别是近几年来的增速尤为迅速。根据《关于2018年中央和地方预算执行情况与2019年中央和地方预算草案的报告》摘要显示，在2019年社会保险基金预算收入预计和支出安排中，财政补贴收入为1.95万亿元。据统计，2015年社保财政补贴为1.02万亿元，2016年为1.11万亿元，2017年为1.23万亿元，2018年为1.68万亿元。2019年的预算安排为1.95万亿元。[1]

三、中国社会保险财政补贴预算机制存在的问题

（一）中央和地方政府社会保险事权与财权不匹配

1994年分税制改革后，我国财政收支格局出现大逆转，财权和财力逐级向上集中，事权和财政支出责任逐级下沉，中央财力大大加强，宏观调控能力得到了有力保障，而地方财政收支压力则同时加大。中央与地方政府对社会保险财政责任模糊，事责和财力严重失衡。按照财政分级管理原则，中央财政主要负责基本养老保险中的"老人"全额退休金、"中人"和"新人"基础养老金、特殊人群的缴费补贴以及其他险种的缴费补贴等，而地方财政则要承担基本养老保险的"中人"过渡养老金、城乡居民基本养老保险的出入口补贴、老年津贴、医疗保险

---

① 郭晋晖：《四年翻一倍，2019年财政拟补贴社保2万亿》，第一财经，2019年3月6日，见 https://www.yicai.com/news/100132457.html。

的部分参保补贴、失业预防补贴、重大危机下的工伤补贴以及独生子女补贴等，中央和地方财政能力与财政责任格局不相匹配（参见表1-5、表1-6）。就基本养老保险而言，地方政府财政负担越来越重，中央政府还基本上处于缺位或者尚未完全到位状态。目前，为保障公民基本公共服务的均等化，中央财政加大了对地方财政的转移力度，2013年地方政府支付的社会保险支出中的45%不得不由中央转移支付，可见多数地方财政对社会保险的自主支付能力很弱。

表1-6　各级财政对城乡居民社会养老保险的补贴责任

环节	补助对象		中央财政	地方财政
入口补贴	参保城乡居民社会养老保险个人账户	普通缴费群体	不补	补助（≥30元/人·年）
		高缴费人群补贴	不补	补助（≥30元/人·年+适当鼓励）
		长缴费人群补贴	不补	补助（≥15年，（n-15）m，具体补助比例地方政府自定）
		困难群体缴费补贴	不补	补助（≥30元/人·年+100元/人·年的部分或全部）
出口补贴	最低标准基础养老金（55元/人·月）	中西部地区	补助100%	不补
		东部地区	补助50%	补助50%
	基础养老金提高普通式补贴	全体60岁以上参保人员	不补	补助100%，具体补贴额地方政府自定
	基础养老金提高特定式补贴	全体高龄参保人员		

资料来源：根据《关于开展新型农村社会养老保险试点的指导意见》和各地试点政策汇总；部分援引自邓大松、薛惠元：《新农保财政补助数额的测算与分析——基于2008年的数据》，《江西财经大学学报》2002年第2期。

（二）地方政府社会保险财政补贴压力越来越重

当前，我国社会保险统筹层次较低，除职工基本养老保险为省级统筹外，其余险种多为市县级统筹，地方财政作为区域性公共产品的供给者，承担着主要的财政补贴责任。中央财政责任只是承担全部或者部分中央确定的基础养老金，其他的有关补贴包括对参保人选择较高档次标准缴费给予的鼓励性补贴、为农村重度残疾人等缴费困难群体代缴的养老保险费、提高和加发的基础养老金等均由地方政府财政承担（参见表1-5、表1-6）。从表1-5中可知，省级以下政府为城乡居民基本养老金等提供的补贴主要来自地方自主财力和个人缴费收入。可见，地方政府的社会保险财政支持能力，很大程度上取决于地方的经济发展水平和财政收入。尤其是县区财政需要承担的部分，对富裕县区没有问题，但对于那些靠财政吃饭的贫困县而言，提供配套的财政补贴资金时，很可能挪用个人账户中的基金应对当期的社会保险资金发放，使个人账户变成空账，这不仅有将现行城乡居民社会养老保险演变为代际供养的现收现付的可能，而且会降低城乡居民社会养老保险制度的可持续性，进而使地方政府陷入财政危机。另外，随着城乡居保的合并统一，未来地方政府承担的财政负担会越来越重，这将不利于制度的可持续发展。

（三）省级以下社会保险财政补贴比例差异大

目前，全国各省份社会保险财政负担比例相差甚远。一方面，社会保险制度相关政策法规，只明确规定了中央和省级对基础养老金的标准补助比例，而市、县（区）级财政对于基础养老金和缴费补贴各自应分担多少，制度设计上没有一个清晰的权利和义务界定。另一方面，我国省际乃至省内县市之间经济发展水平和财政实力差距明显，各级政府可根据地方实际情况自行调高社会保险的补贴比例。如表1-7所示，就城乡居民社会养老保险而言，全国32个省份（包括新疆生产建设兵团）财政补贴比例差异性大，有的省份按照市县经济实力分档次分比例承担，有的省份一刀切，有的省份在保证基本补贴不降低的情况下可以自行调整。在此基础上，各地区养老金待遇水平差异性会进一步扩大，这一方面有失养老保险制度的公平性，另一方面更不利于劳动力的流动。实践中，不仅城乡居民社会养老保险财政补贴机制存在上述问题，行政事业单位人员养老金制度、医疗保险等社会保险项目政府财政负担比例也千差万别，实施中随意性较大，这将使政府作为社会保险制度的最后担保人对制度财政风险的控制力大大降低了。

表1-7　现行城乡居民社会养老保险制度下地方财政对一般
参保人缴费补贴的分担情况

地区	省级财政	市财政	县（区）财政	地区	省级财政	市财政	县（区）财政
上海	—	0	100%	新疆	分档补贴③，0、≥60%、100%	由市政府确定	
北京	—	由市政府确定①		宁夏	50%	由市政府确定	
天津	0	100%	0	山西	0	由市政府确定	
广东	1/3	1/3	1/3	湖北	2/3	0	1/3
浙江	0	由市政府确定		青海	80%	20%	
辽宁	80%	≥10%	≤10%	四川	50%	25%	25%
江苏	0	由市政府确定		云南	48%	40%	12%
福建	分档补贴②	由市政府确定		安徽	2/3	由市政府确定	
山东	0	由市政府确定		湖南	2/3	由市州政府确定	
海南	100%	0	0	江西	80%	0	20%
河北	1/3	1/3	1/3	广西	50%	由市政府确定	
内蒙古	50%	25%	25%	河南	2/3	1/3	0
重庆	100%	0	0	甘肃	100%	0	0
陕西	50%	由市政府确定		贵州	1/3	1/3	1/3
黑龙江	60%	0	40%	西藏	80%	10%	10%
吉林	60%	0	40%				

注释：①授权由市政府确定市、县财政责任的情况居多，如陕西省汉中市省、市、县财政分
　　担比例为50：15：35；②福建省最低标准缴费补贴省级财政根据各地财力状况，分
　　80%、60%、40%、20%四个档次补贴；③新疆维吾尔自治区最低标准缴费补贴自治区
　　级财政根据各地财力状况，分0、≥60%、100%三个档次，高缴补贴完全由市县财
　　政承担。

资料来源：根据上述地区城乡居民社会养老保险制度相关政策文件汇总而成。

四、结论及几点建议

综上所述，我国社会保险财政补贴制度从无序到逐步规范化，政府

财政责任也随之由弱变强，到目前各项社会保险的财政补贴规模与日俱增，且有进一步扩大的趋势。然而，受中国区域经济发展和财政实力等不平衡因素的限制，各地政府对社会保险等公共产品和服务的供给水平差异明显，中央政府和地方政府对社会保险的补贴标准比例不确定，地方财政整体承受压力较大，这与中央财力和地方财力不相匹配，在社会保险领域内财政关系的纵向失衡将会导致地方政府没有积极性，也无财力提供充足的社会保险等公共产品。所以，我国现行社会保险制度财政补贴机制应做出以下改进：（1）明确各级政府在社会保险项目中的财权和事权。根据政府与市场关系理论、财政分权理论、社会保障理论和国际经验可以得出，社会保险是用社会的力量来规避社会风险，而社会风险有必然风险和或然风险之分，风险性质不同，其资金负担来源则是不同的。① 从社会保险的属性来看，年老是必然风险，则基本养老保险应由个人、用人单位和政府共同承担。又因基本养老保险事关重大，故各国多由中央政府管理。疾病、失业、工伤事故等属于或然风险，可以依据精算原理实施保险，实现缴费和支出的平衡。国民健康是一国发展的根本，然而，由于其管理的琐碎性，道德风险点多、概率大，故应由地方政府管理为主。生育保险在我国具有特殊性，因其面窄，可由地方政府管理。通过规范中央政府和地方政府的财政和事权，确立中央政府对地方政府的社会保险制度的有效转移支付制度，进而理顺两者的财政关系，促使政府间社会保险责权配比，降低经济落后地区的社会保险财政补贴压力。（2）适度提高各社会保险项目的统筹层次。要将基本养老保险关系的统筹层次提高到中央层面，这有利于中央统一规划，统一监管，降低地区间待遇差异化，使各地区社会保险制度提供的基本生活需求达到相对均等化，进而加速人口区域间流动。（3）建立保险待遇适度水平与财政负担水平的动态调整机制。从长远来看，社会保险制度要严格遵循制度财务精算平衡，同时要建立制度财政补贴水平的动态调整机制，充分考虑价格波动水平、地区财政实力、人口变动等调整指数。（4）建立社会保险项目的财政资金保障机制。未来，我国要逐步

---

① 林治芬：《中央与地方社会保障事责划分与匹配》，《财政研究》2014年第3期。

完善公共福利制度，通过建立覆盖全面的国民基础养老保障机制，满足全民的基本生活保障，并逐步促使现行社会保险制度回归保险的本质。（5）完善社会保险制度项目的配套法律系统。在社会保险制度改革过程中，要同步推进相关制度、配套法律法规等的改革，进而为社会保险制度的长期可持续发展建立良好的制度环境。

第二章　社会保险项目归属管理

到目前为止，虽然中国社会保障体系建设已经基本完成，但是，社会保障体系中的一些比较新的项目还处于制度整合阶段，其中有不少事务的管理还需要进一步研究；还有一些项目虽然是老项目，但新的时代背景下需要进一步拓展它们的功能，也涉及类似的问题需要研究。基于这样的考虑，本章选择了社会保险的几个主要子项目加以分析，其中，城乡居民基本医疗保险是由城镇居民基本医疗保险和新型农村合作医疗整合而来，虽然新型农村合作医疗和城镇居民基本医疗保险都已经各自运行了 10 多年，但 2016 年国务院才发文进行整合，其中有很多问题还值得探讨。与此类似，城乡居民养老保险是 2014 年开始由新型农村社会养老保险和城镇居民社会养老保险整合而来，机关事业单位养老保险制度改革是在 2015 年启动的，它们都还有一些问题还值得进一步研究。而失业保险制度虽然是一个已经运行了较长时间的社会保险项目，但目前正面临新的问题，即一方面失业保险基金规模日趋庞大，另一方面失业问题日趋严峻。因此，需要考虑如何拓展失业保险的功能并将其与促进就业结合起来。

第一节　城乡居民基本医疗保险归属管理

在探讨城乡居民基本医疗保险管理之前，需要先简要回顾一下制度的发展脉络。2002 年 10 月 19 日，国务院发布了《关于进一步加强农村卫生工作的决定》提出，在此后 8 年内建立以"大病统筹"为主的"新型"农村合作医疗制度（以下简称"新农合"），到 2010 年要基本覆盖全部农村居民。2003 年 8 月，首批 8 个省进入试点，此后迅速在全国推广，并覆盖了全国绝大部分农村居民。到 2007 年，没有被正规医疗保障制度覆盖的群体只剩下城镇非从业居民。为了实现基本医疗保障制度全覆盖，国务院决定从 2007 年起开展城镇居民基本医疗保险试点，随后也迅速向全国推广。2009 年，新农合被正式确立为农村基本医疗保障制度；而 2010 年颁布的《社会保险法》又从国家立法层面确立了新农合的法律地位。此后，随着我国经济社会发展城乡一体化程度不断加深，整合城乡居民基本医疗保险制度的需要越来越迫切，国务院于 2016 年 1 月发布了《关于整合城乡居民基本医疗保险制度的意见》，提出整合城镇居民基本医疗保险和新农合，建立统一的城乡居民基本医疗保险制度。2017 年，党的十九大报告又对完善统一的城乡居民基本医疗保险制度做出了战略部署。目前，新农合与城镇居民基本养老保险的整合工作还正在推进之中，相关管理工作的重要性日益凸显。

一、城乡居民基本医疗保险的管理归属问题及其进展

自推行之日起，新农合的归属管理等问题就备受争议。在最初开始建设的时候，这项工作是由卫生部负责的，当时可能是基于重视将卫生服务高效地提供给农村居民的考虑。然而，很快，一些地方出现了将新农合工作从卫生部门转移到人力资源和社会保障部门的情况。虽然卫生部门认为它对新农合的管理比较有效，群众满意度也不错，但是，支持新农合由人力资源和社会保障部门管理的一方也有比较充足的理由。于是，卫生部门和人力资源和社会保障部门就这个问题展开了长时间的"拉锯战"。2013 年，随着国家卫生和计划生育委员会的成立，新农合又归口于国家卫生和计划生育委员会。但是，新农合的管理归属问题依然如故。而城镇居民基本医疗保险自建立之日起就一直由人力资源和社会保障部门管理，直到新的专门政府机构建立。2018 年 3 月，国家医疗保障管理局成立，新农合、城镇居民基本医疗保险与其他各类医疗保障计划一起被划归这一新机构管理。这一重大举措，在一定程度上解决

了新农合管理归属错乱所带来的一系列问题，主要包括：

第一，基本上理清了新农合与医改的关系。广义的医改包括医疗卫生体制、医疗保障、医疗产品市场等众多方面的改革，新农合显然是属于此范畴之类。狭义的医改主要是指医疗卫生体制改革，新农合虽然与之存在紧密联系，但却不属于此类范畴。新农合是属于医疗保障范畴的，它应该更强调保障问题，而不是医疗本身的体制与技术问题。而且，从世界各国的情况来看，虽然一些疑难杂症不断出现，但绝大部分疾病都是现有医疗技术可以治愈的，因此，即使是广义的医改，其中最重要的也应该是医疗保障问题，其次是医疗卫生体制问题，最后是医疗技术问题。而将新农合划归专门的医疗保障机构管理，有助于更专业地推行新农合的制度创新和制度变革，以应对相应的挑战。

第二，有助于推进城乡医疗保障一体化，服务于新型城镇化建设。原来，新农合归卫计系统主管，而城镇医疗保障项目归人保系统主管，这影响了新农合与城镇医疗保障系统的有机对接，特别是影响了城乡居民基本医疗保险的一体化，妨碍了农村人口向城镇的顺利转移。而我国正处在新型城镇化历史进程的重要时期。一方面，虽然城镇常住人口数量已经超过农村人口数量，但是，其中大量的人并没有真正完成身份转换，例如，2017年户籍人口城镇化率只有42.35%①；另一方面，仍有大量农村人口需要进入城镇生活，预计未来几十年内每年还会有上千万人离开农村去城镇生活。所有这些人都需要及时转换身份，才能真正融入城镇。将新农合交给新的医疗保障管理局负责管理，有助于新农合与城镇医疗保障系统的无缝衔接，服务于这些人身份转换的需要，服务于新型城镇化建设。

第三，有利于通盘考虑各类医疗保障项目，更好地应对医疗保障风险。无论是什么样的医疗保障项目，其核心都是以恰当的方式筹集资金，用于支持向特定的群体提供合适的医疗服务和医药器械，以帮助他们应对伤病问题。只有通盘考虑各类医疗保障项目，才能更好地实现这一核心目标。特别是，作为中国医疗保障主体的医疗保险需要应对一些

---

① 数据来源于国家统计局网站。

十分棘手的风险，比如，信息不对称问题在医疗保险领域往往很突出，使与第三方支付相伴随的逆向选择问题变得难以克服，对道德风险的识别与管控也往往面临麻烦。这些世界性的难题，需要有专门的医疗保障机构运用保险学、管理学、金融学等领域的理论与知识进行制度创新，才能够更好地加以解决，比如美国兴起的 HMOs 和 PPOs 等"有管理的医疗"，就是这种创新的成果。新农保虽然带有很强的福利性，但同样有个人缴费和第三方支付，同样需要面对逆向选择、道德风险等问题。将新农合交给新的医疗保障管理局负责管理，能够更好地解决这些问题。

第四，有利于提高统筹层次。在统筹层次方面，当前新农合多实行县级统筹。这使得新农合基金只能在一个小范围内自我周转，调剂性大大降低。尽管各省份财政对新农合基金的补助力度基本相同，但各县的情况千差万别，尤其是各县每年参合农民的疾病风险频度差异较大，各县资金的使用情况不尽相同，有的县新农合基金捉襟见肘，有的县却有较大节余，通过提高统筹层次可以提升抵抗风险的能力。而且，提高统筹层次也有助于更好地解决流动人口的异地就医、异地结算问题。由新的医疗保障管理局统一管理各类医疗保障项目，可以集中力量解决医疗保障统筹层次低的问题，有助于这个问题的顺利解决。

第五，有利于控制医疗保障成本。医疗保障成本难以控制的原因比较复杂，既有人口老龄化以及主要疾病种类演变等客观原因，也有医药设备和医疗服务供给方的趋利因素，还有人民群众相关需要不断提高的影响。由专门的医疗保障管理机构来统一管理所有医疗保障项目，可以集中管理资源分析这些导致医疗保障成本上涨的因素，并采取更高效的措施来控制费用的增长。特别是，近些年来，医疗保障费用上涨过快的一个重要因素是"资本有机构成"的快速提高。各类医疗设备和新药越来越多地被使用，加之医药技术效果鉴定困难等原因，带来了医疗设备重复购置和过度医疗等问题，成为世界上许多国家医疗保障费用上涨的一个重要原因。由专门的医疗保障管理机构进行监控，不仅会降低监督成本，而且有助于提高监管效率，有利于缓解和控制医疗费用不断增长的趋势。因此，将新农合交给新的医疗保障管理局负责管理，也将有利于控制新农合开支的过快上涨。

二、尚待解决的问题

在由新成立的医疗保障管理局负责管理城乡居民基本医疗保险管理之后，城乡居民基本医疗保险管理还有一些比较重要的问题需要面对，主要包括：

第一，城乡居民基本医疗保险的定位还需要明确。将城乡居民基本医疗保险交给新的医疗保障管理局负责管理，并没有解决城乡居民基本医疗保险的保险性与福利性的内在冲突问题，反而将其隐藏起来了。如果从我国还处于社会主义初级阶段考虑，城乡居民基本医疗保险应该强调保险特性，强化个人缴费。但是，从新农合的实际运行情况来看，个人缴费水平虽然也提高了不少，但财政补贴一直是其主要收入来源。如图 2-1 所示，从 2007 年到 2017 年，经过频繁地调整之后，新农合的个人缴费标准由每人每年缴费 10 元上升到每人每年 160 元，而政府财政补贴也由每人每年 20 元上升到每人每年 480 元。尽管政府这么做的主要目的是鼓励城乡居民参保并控制其缴费负担，但是，有关个人账户的有效性问题再次引起争议。虽然职工医疗保险制度这些年来也面临同样的争议，但是，鉴于城乡居民基本医疗保险的自愿参与特征，且城乡居民基本医疗保险的平均缴费水平也要低得多，这个问题就尤为突出。新的医疗保障管理局负责管理新农合之后，这个问题仍然存在。说到底，需要回答的问题是，是要将城乡居民全部覆盖于一个福利性的医疗保障计划，还是将大部分人置于一个更强调精算平衡的医疗保险计划之下？

第二，城乡居民基本养老保险与其他社会保障项目之间也存在衔接问题。一方面，从世界各国的情况来看，将所有社会保险计划合并管理是更为高效的选择。因为这样不仅可以共享管理资源，还可以共享信息资源，从而降低管理成本，提高管理和服务的效率。另一方面，随着人口老龄化问题日趋严重，医养结合已经成为一种趋势。这是因为，对于许多老年人而言，最紧迫的需要之一就是将部分养老金收入高效地转换成医疗服务。因此，养老保障制度与医疗保障制度之间的"距离"应该越近越好，越近就越容易将两个制度结合起来建立起一个"长期照

（元）

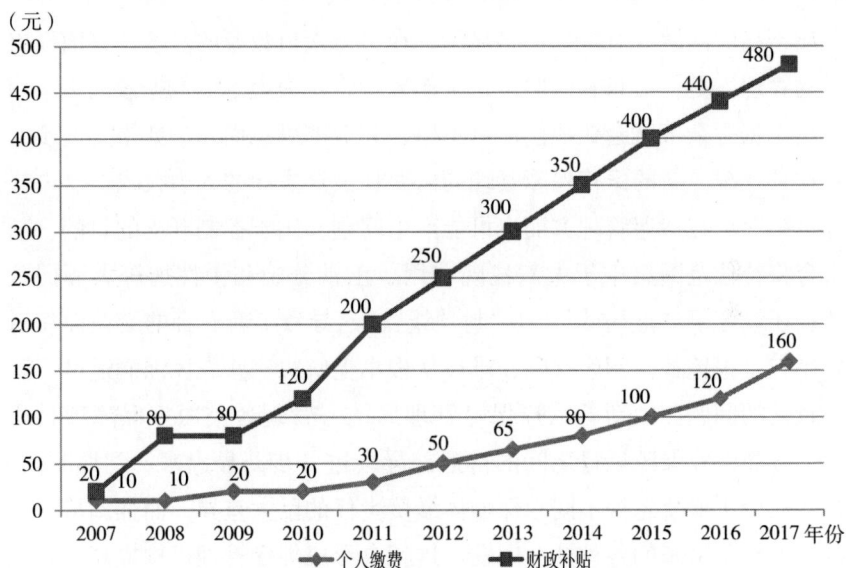

图 2-1 2007—2017 年新农合个人缴费标准及政府财政补贴

护计划"，为老年人提供急需的医疗护理和照护服务。但是，新的医疗保障管理局成立之后，医疗保障与养老保障之间的距离很可能依然存在。此外，失业保险和工伤保险也有与医疗保障衔接的需要，比如失业者的医疗保障问题。

第三，管理成本仍然是一个大问题。这么多年来，人力资源和社会保障系统已经建成了一个比较高效的提供社会保险的公共服务系统。另外再单独建立一个完全独立、自上而下的医疗保障管理系统，会提高管理成本（特别是行政成本）。在收缴保费上，难度大、效率低、成本高的问题也依然存在。新农合强调农民自愿参加，让农民自愿参加就容易出现逆向选择。通常那些收入较低并且缴费能力有限的老弱病残者愿意参加；而年轻健康者收入较高，支付能力较强，反而参合意愿较低。为了避免这种倾向，地方政府不仅要加强宣传，而且往往到了年底农民缴费的时候就实行基层领导包村包片，动用工作人员，一家一户上门签订协议，集中突击收取。在新的医疗保障管理局接管新农合之后，这种耗费大量行政、经济资源的高成本的筹资方式预计短期内仍然难以改变。

而且，新的管理机构短期内也难以改变新农合基层工作人员数量短缺、素质不高的问题。有统计资料显示，在一个人口数万的乡镇，目前新农合的管理人员一般只有一两位，工作繁重，压力大，仅数据录入、审核报销单据等杂事就会让他们疲惫不堪，其效率可想而知。如果要逐步改变这种状况，新的医疗保障管理局需要加大这方面的人力投入。

第四，在待遇管理方面也可能产生问题。出于控制开支的目的，新农合将补偿范围集中于大病住院费用、正常分娩和慢性病等大额门诊费；还设定了"起付线"和"封顶线"。这导致了新农合的受益面相对狭小，且报销补偿额度有限，难以从根本上解决一些农民因病返贫、因病致贫的问题。由新的医疗保障管理局统一管理各类医疗保障项目之后，各类医疗保障项目之间的待遇差异会进一步凸显出来。到那时候，社会舆论可能会忽视不同参保群体缴费责任的巨大差异，而强调待遇的巨大差异所带来的各种社会问题。这就会形成催促管理机构提高新农合（以及合并后的城乡居民基本医疗保险）待遇水平的舆论压力。如果政策因此改变，开支将会快速上升，进而倒逼财政提供更多的补贴。

三、政策建议

在新的医疗保障管理局的推动下，新农合将很快与城镇居民基本医疗保险合并，但城乡居民基本养老医疗制度的发展同样面临着机遇与挑战。当下，最重要的机遇就是医疗保障管理局的成立。应该充分利用这个机会，推动前文所述的五个方面取得成效。同时，应该重点分析前文所述的四个方面尚待解决的问题，探寻解决之道。

首先，如果认可我国还处于社会主义初级阶段、还不适合全面建设福利制度的基本判断，城乡居民基本医疗保险制度就还需要城乡居民缴费。在所有医疗保障项目都交给医疗保障管理局管理之后，一方面，应该更多地强调有缴费能力者适当缴费；另一方面，对于无缴费能力或缴费能力很弱的群体，应该强化医疗救助。也就是说，不应该再以城乡为界，或者按照是否正式就业来确定参保者是否缴费以及交多少费，而应该回到缴费能力这一基准上来。尤其需要强调的是，国内取消医疗保险个人账户的呼声近些年来日益高涨，主要是从个人账户管理成本高、效果不显著出发的，但是，千万不能轻言不再要个人缴费。一旦不再让个人负担任何责任，支出将更难以控制。

其次，要想更好地解决医疗保障项目与其他社会保障项目之间的衔接问题，控制管理成本，需要在管理体制上继续向"大社保"迈进。从长期看，如果将人力资源和社会保障系统的社会保障职能与民政系统的社会救助职能以及医疗保障管理系统的医疗保障职能放在一起，成立一个完全意义上的社会保障部门，将不仅有助于解决这个问题，也有助于降低总的管理成本，提升管理效率。不过，从短期看，这种整合将十分艰难。因此，加强人力资源和社会保障系统与医疗保障管理系统的沟通与协调，也有助于解决问题。

最后，在待遇管理上，在一定的时期内应该坚持差别对待原则。从药品器械和医疗服务需求者的角度看，药品器械和医疗服务质量越好，越满意；从药品器械和医疗服务供给者的角度看，药品器械和医疗服务质量越好，价格就应该越高；从医疗保障管理机构的角度看，药品器械和医疗服务质量适当，意味着价格适当，也就越合适。显然，这中间存在"温差"。显然，医疗保障管理机构不可能让所有被保障者都获得他们最想要的药品器械和医疗服务。在当前社会经济发展条件下，可行的方案只能是在保证所有人能够获得最基本的药品器械和医疗服务的前提下，按照被保障人的缴费水平向其提供相应水平的药品器械和医疗服务。当然，随着经济社会发展水平的进一步提高，最基本的药品器械和医疗服务的质量和水平也会逐步提高。

第二节　失业保险归属管理

在所有社会保险项目中，失业保险有两个明显特征：一是相对于养老保险和医疗保险，失业保险的制度赡养率非常低，相对于制度赡养率同样低的工伤保险和生育保险，失业保险的待遇给付水平较低而缴费水平较高；二是失业保险不仅是消极的底线保障制度，进入新世纪后，各国失业保险制度在积极促进就业方面的作用日益凸显。我国失业保险制度的功能定位逐步扩展，但遇到与就业促进主管部门之间职能交叠的困惑，从而引发关于失业保险制度功能定位和管理归属的讨论。

一、我国失业保险的功能定位逐步扩展

我国失业保险制度的正式建立是以 1986 年国务院颁布《国营企业职工待业保险暂行规定》为标志，这项规定要求失业保险制度担负下岗职工的基本生活和促进再就业职能，目的是实现国有企业改革和劳动制度改革的顺利进行。

1999 年我国失业保险的第一部法规——《失业保险条例》颁布实施，该条例规定了失业保险的两类支出：一类是失业人员的现金待遇，包括失业保险金、医疗救助金、丧葬抚恤费等；另一类是失业人员的实物待遇，包括对失业人员的职业介绍和职业培训。其中第二类支出可以看作是失业保险促进就业功能的体现。

2006 年开始，随着失业保险与再就业服务中心"并轨"任务的结束，领取失业保险金的人数锐减，加上失业保险制度覆盖面不断扩大、参保企业和人数不断增加，失业保险基金收入越来越多、基金积累规模越来越大。为抵御 2008—2009 年全球金融危机的冲击，中央政府及时出台"援企稳岗"政策，准许扩大失业保险基金支出用于困难企业的稳岗支出。此外，东部 7 个省份（北京、上海、江苏、浙江、福建、山东和广东）因基金积累规模大，在得到中央政府许可后，陆续开始扩大失业保险基金支出范围试点工作，失业保险基金扩大支出项目在职业介绍补贴和职业培训补贴两项基础上，又新增了职业技能鉴定补贴、社会保险补贴、岗位补贴、小额贷款担保基金和小额担保贷款贴息等五个支出项目，受益人群也由就业困难群体扩大到包括农村转移劳动力、离校未就业应届大学毕业生等城镇新增劳动力。2019 年 4 月国务院办公厅关于印发《降低社会保险费率综合方案》，继续阶段性降低失业保险，自 2019 年 5 月 1 日起，实施失业保险总费率1%的省，延长阶段性降低失业保险费率的期限至 2020 年 4 月 30 日。

这样，失业保险"保障生活、预防失业和促进就业"的"三位一体"功能体系逐步确立起来。不过，失业保险功能扩展的同时，原有的就业促进部门职能定位未加及时调整，造成失业保险和就业促进两制度之间交叠、失业保险主管部门和就业促进主管部门两部门之间职能交叉，给基层政府实施失业保险相关政策带来了很多问题。

二、失业保险与就业促进的制度交叠问题

失业保险的职能扩展到促进就业上，与就业促进制度发生交叠，在实践中，造成行政部门工作交叉。为了减轻地方政府财政压力，基层政府有动力压缩就业专项资金和扩大失业保险基金支出范围，造成中央财政主管部门和社会保障主管部门监管困难。

（一）失业保险和就业促进制度的区别

从职能部门的设置及其职能来看，在中央层面上，失业保险和就业促进的主管部门是分开的，人力资源和社会保障部下面分别设置失业保险司和就业促进司，两个职能部门之间的工作既有联系又有区别。失业保险主管部门的职责包括：制定失业保险事业发展规划和相关政策，建立失业预警机制，制定政策防止大规模失业等。就业促进主管部门的职责包括：制定政策引导劳动力流动，建设公共就业服务体系、规范公共就业服务信息管理，制定政策对就业困难群体提供就业援助等。可以看出，在中央层面上，两个主管部门之间的职责还是比较清晰的：失业保险政策重点在于预防失业和稳定就业，就业促进政策重点在于公共服务和促进就业。

从管理资金的属性来看，失业保险主管部门管理的是失业保险基金，由参保企业和个人按照规定费率缴费形成，属于社会资金；就业促进部门管理的是就业专项资金，属于公共财政资金。

表2-1 失业保险与就业促进制度的区别

	失业保险	就业促进
主管部门	失业保险司（处、科）	就业促进司（处、科）

续表

	失业保险	就业促进
功能定位	生活保障；预防失业；促进就业	公共就业服务；就业援助； 扶持特定群体就业
管理资金	失业保险基金	财政就业专项资金

资料来源：作者绘制。

（二）失业保险和就业促进制度的联系

2008 年实施的《就业促进法》第十五条规定，"县级以上人民政府应当根据就业状况和就业工作目标，在财政预算中安排就业专项资金用于促进就业工作。就业专项资金用于职业介绍、职业培训、公益性岗位、职业技能鉴定、特定就业政策和社会保险等的补贴，小额贷款担保基金和微利项目的小额担保贷款贴息，以及扶持公共就业服务等"；第十六条规定，"国家建立健全失业保险制度，依法确保失业人员的基本生活，并促进其实现就业"。但该法并没有在哪些属于就业专项资金用于促进就业项目、哪些属于失业保险基金用于促进就业项目上做出清晰规定。

不仅如此，《就业促进法》还规定应向就业困难群体提供就业援助，并在第五十二条对"就业困难群体"概念做了界定，即"就业困难人员是指因身体状况、技能水平、家庭因素、失去土地等原因难以实现就业，以及连续失业一定时间仍未能实现就业的人员"。可见，由就业专项资金提供的就业援助也包含了长期失业者，显然覆盖了失业保险的部分职能。

由此可见，《就业促进法》将促进就业的职能同时赋予了失业保险和就业促进制度，二者在促进就业扶持对象上存在交叠，其中就业促进制度的覆盖范围囊括了失业保险促进就业扶持对象的范围（见表2-2）。

表2-2　失业保险与就业促进制度的联系

	失业保险	就业促进
经费来源	财政拨付的办公经费	财政拨付的办公经费
受益群体	领取失业保险金的失业人员	包括参保失业人员在内的全体有 就业需求的劳动力

	失业保险	就业促进
资金使用范围	失业保险金等现金待遇；职业介绍和职业培训等实物待遇；试点省份扩大支出项目	职业介绍、职业培训、公益性岗位、职业技能鉴定、特定就业政策和社会保险等的补贴，小额贷款担保基金和微利项目的小额担保贷款贴息，以及扶持公共就业服务等

资料来源：作者绘制。

从制度覆盖人群来看，失业保险制度覆盖的是领取失业保险待遇期间的失业人员，就业促进制度覆盖的是全部有就业服务需求的劳动力，就业促进制度覆盖的群体涵盖了失业保险制度覆盖群体。

在资金使用上，失业保险基金和就业专项资金的支出项目高度重叠，地方政府有非常强烈的愿望要将失业保险基金用于促进就业的各个项目上。东部7个省份在扩大失业保险基金支出范围上已经先行一步，失业保险基金成为促进就业资金的重要来源，例如2012年，北京政府用于促进就业事业的全部支出中，失业保险基金和就业专项资金分别占比为74%和26%，上海的这一比例为60%和40%。[①]

（三）失业保险和就业促进制度交叠带来的问题

失业保险和就业促进的工作由不同部门主管，但两个职能部门之间在职责定位、工作任务、覆盖群体等方面又有很多交叉和重叠，这给实际工作带来很多困惑。

1. 无法清晰界定失业保险基金和就业专项资金的使用边界

财政部、人力资源和社会保障部《关于进一步加强就业专项资金管理有关问题的通知》（财社〔2011〕64号）规定，就业专项资金"用于职业介绍补贴、职业培训补贴（含劳动预备制培训生活费补贴）、职业技能鉴定补贴、社会保险补贴、公益性岗位补贴、就业见习补贴、特定就业政策补助、小额贷款担保基金和小额担保贷款贴息，以及扶持公共就业服务等"；人力资源和社会保障部《关于东部7省（市）扩大

---

① "东部7省（市）扩大失业保险基金支出范围试点政策评估"课题组提供。

失业保险基金支出范围试点有关问题的通知》（人社部发〔2012〕32号）规定，失业保险基金促进就业的支出项目"包括职业培训补贴、职业介绍补贴、职业技能鉴定补贴、社会保险补贴、岗位补贴、小额贷款担保基金、小额贷款担保贴息"。从概念的界定上很难区分两类资金的使用边界。因为中央没文件中为将两类资金的界限划分清晰，给地方政府在两类资金使用上带来困惑。

在人社部发〔2012〕32号文之前，试点地区失业保险基金扩大支出的范围更宽泛。例如，为解决应届大学毕业生找工作难的问题，一些试点地区用失业保险基金为毕业班大学生和刚毕业大学生提供见习岗位；再例如，一些地区看到公共实训在引导年轻人创业并带动就业方面作用突出，用失业保险基金支持建设公共实训基地并购置设备；等等。这些举措在实践中被证明在推动就业尤其是年轻人就业方面非常有效，但同时，因为超出了失业保险的职能范围而备受质疑，直到人社部发〔2012〕32号文出台后将上述支出项目取消。自2006年初东部7省（市）扩大失业保险基金支出范围试点以来，中央的政策时收时放，给地方政府制定下年工作计划带来很多不确定性。

2. 功能定位交叠加大部门之间的协调成本

在政策制定上，失业保险主管部门和就业促进主管部门之间存在职能交叉问题，因而在执行和落实上级下达的相关工作时，如果部门之间协调不好或信息沟通不畅，相互推诿、重复工作的现象都难以避免，不得不需要上级领导出面调解，加大了行政成本。

因为失业保险和就业促进制度功能定位的重叠，一些地区尤其是扩大失业保险基金支出范围试点省份各想其招，在文件规定的罅隙中寻找适合的执行空间。例如，浙江省将两类资金合并为"促进就业资金"，2012年促进就业总支出中失业保险基金支出占61.4%[①]。可以看出，一旦允许扩大失业保险基金支出范围，在地方政府的促进就业工作上，很容易会产生失业保险基金对就业专项资金的"挤出"。而一些基层政府会借机压缩本级财政对就业专项资金的拨付，并将财政就业专项资金用

---

① "东部7省（市）扩大失业保险基金支出范围试点政策评估"课题组提供。

作他途，这不利于中央政府对地方政府预算的监督。

三、失业保险功能定位和管理归属的建议

一是遵照《就业促进法》《社会保险法》和《失业保险条例》，明确失业保险"保障生活、预防失业和促进就业"的基本职能，由失业保险主管部门制定相关政策，社会保险经办机构负责具体经办业务，同级财政通过审核预算和管理财政专户予以监督。此外，通过降低费率、提供稳岗补贴等手段直接或间接减轻企业缴费负担，尤其是稳岗补贴可以实现降低企业缴费负担和鼓励企业减少裁员的双重功效。例如，湖北稳岗补贴占企业缴费额的40%①，对预防失业有很显著的成效；美国失业保险的弹性费率也是鼓励稳定岗位的重要手段。

二是明确失业保险基金和就业专项资金的使用边界，避免因部门职能重叠造成两类资金混用。一方面，失业保险为参保失业人员在规定期限内按照规定标准提供现金待遇，包括失业保险金、医疗补助金和丧葬抚恤金；对领取失业保险期间接受职业介绍和职业培训的失业人员和就业困难人员提供补助，补助金直接发放到服务机构；在经济不景气或企业经营困难时期，对保留工作的企业给予社会保险补贴和岗位补贴；对有创业意愿的失业人员、未就业人员提供小额贷款担保基金和小额担保贷款贴息，鼓励其自主创业和带动就业。另一方面，就业专项资金则重点用于就业服务平台建设、失业动态监测系统建设、公共实训基地建设等形成固定资产的项目，用于增加失业保险经办机构的办公经费等原本由地方财政解决的项目上，以便更好地提供就业服务。

三是将失业保险与其他险种合署经办，避免单独经办造成的资源浪费。由于失业保险受益人数不多且领取失业保险金的时间有限，一些地区不单设失业保险经办机构，由失业保险职能部门负责发放失业保险金，这种做法显然超出了行政部门的职责范围。建议将失业保险纳入合署经办体系，五大险种要实现统一征缴，由经办机构或其委托的社会服务机构发放待遇。

---

① 参见《湖北省实施用人单位稳定就业岗位补贴办法》（鄂人社发〔2012〕57号）。

四是合并失业保险和就业促进职能部门，提高促进就业的工作效率。即将原来就业促进部门的部分职能合并到失业保险职能部门中，将失业保险基金用于预防失业和促进就业各项工作中，将就业专项资金用于增强就业服务能力和改善就业服务条件等项目的支出，两类资金定位清晰，分账管理，有助于提高资金使用效率。这一点上，上海市人力资源和社会保障局下设的就业促进处（失业保险处）以及浙江省人力资源和社会保障厅下设的就业促进和失业保险处已经有比较成熟的做法。

第三节　城乡居民基本养老保险归属管理

我国城乡居民养老保险制度的建立遵循了"从农村到城市再到统一"的发展路径，2009年，《国务院关于开展新型农村社会养老保险试点的指导意见》（国发〔2009〕32号文）对农村居民参与社会养老保险进行了具体规定，其中包括缴费、待遇构成以及财政补贴等各方面内容，建立起社会统筹和个人账户相结合的"新农保"制度。2011年，国务院颁布《关于开展城镇居民社会养老保险试点的指导意见》（国发2011/18号文），首次建立起面向城镇居民的社会养老保险制度（即"城居保"），该制度在缴费、待遇和财政补贴方面采取了和新农保基本类似的框架体系，也为之后的制度统一埋下伏笔。在各地制度实际运行中，有些省份尝试对两种制度进行整合，如山东省在2013年实现了城乡居民养老保险制度并轨运行，而国家层面的制度整合的相关文件出台于2014年，在总结新农保和城居保试点的基础上，《国务院关于建立统一的城乡居民基本养老保险制度的意见》（国发〔2014〕8号文）要求将上述两项制度合并实施，在全国范围内建立统一的城乡居民基本养老保险制度。该制度依旧沿用了社会统筹与个人账户相结合的制度模式，筹资渠道包括个人缴费、集体补助和政府补贴三项，养老金待遇包括基础养老金和个人账户养老金两个方面，并鼓励个人多缴多得。具体而言，城乡居民基本养老保险制度在整合前后的规定如表 2-3 所示。

表 2-3　我国城乡居民基本养老保险制度整合前后的对比

	新农保	城居保	城乡居民基本养老保险
个人缴费档次	每年 100—500 元 5 个档次，根据农村居民人均纯收入变动进行调整	每年 100—1000 元 10 个档次，根据城镇居民人均可支配收入变动进行调整	每年 100—2000 元 12 个档次，根据城乡居民收入变动进行调整
财政补贴	每人每年不低于 30 元，对于选择较高档次缴费者，适当给予鼓励	每人每年不低于 30 元，对于选择较高档次缴费者，适当给予鼓励	每人每年不低于 30 元，选择 500 元以上缴费档次者，每人每年补贴不少于 60 元
缴费年限	15 年，制度实施时超过 45 岁者，60 岁减去实际年龄为应缴费年限，低于 45 岁者，应按年缴费，可补缴	15 年，制度实施时超过 45 岁者，60 岁减去实际年龄为应缴费年限，低于 45 岁者，应按年缴费，可补缴	15 年，制度实施时超过 45 岁者，60 岁减去实际年龄为应缴费年限，低于 45 岁者，应按年缴费，可补缴
待遇领取条件	满 60 周岁，符合缴费规定，未参加城镇职工养老保险的农村户籍老年人，制度实施时已满 60 周岁，可领取基本养老保险待遇，但其符合条件子女应当参保缴费	满 60 周岁，符合缴费规定，未参加职工养老保险的城镇居民	满 60 周岁，符合缴费规定，且未领取国家规定的基本养老保障待遇者
基础养老金	每人每月 55 元	每人每月 55 元	中央确定最低值，地方可根据实际情况适当提高
个人账户养老金	个人账户全部储存额除以 139	个人账户全部储存额除以 139	个人账户全部储存额除以 139

资料来源：《国务院关于开展新型农村社会养老保险试点的指导意见》（国发〔2009〕32 号文）、《国务院关于开展城镇居民社会养老保险试点的指导意见》（国发〔2011〕18 号文）、《国务院关于建立统一的城乡居民基本养老保险制度的意见》（国发〔2014〕8 号文），具体见人力资源和社会保障部网站。

城乡居民基本养老保险制度的建立无疑是我国社会保障制度的一大突破，它弥补了我国非就业人口正规养老保障制度长期缺位的空白，同时将社会保险制度由就业人口扩展至非就业人口，也为未来建立统一的养老保险制度奠定了基础。但在实际的制度运行中，城乡居民基本养老保险制度也暴露出不少问题，如基金管理、经办管理和待遇管理等方面，能否解决好这些问题关系到制度未来的长期发展。

一、在管理体制方面存在的问题

通过对现有制度的文献研究以及调研得到的认识，发现我国当前运行的城乡居民基本养老保险制度在管理体制方面存在以下问题。

（一）基金管理方面

基金管理体制方面的问题主要体现在两个方面：征缴管理以及统筹层次管理。

首先，在征缴管理方面，由于缴费激励性不足，居民往往选择较低的缴费档次。这一方面是由于财政补贴未能有效区分多缴费和少缴费的参保人，缴费 100 元者和缴费 400 元者得到的财政补贴都是 30 元，缴费 500 元者和缴费 2000 元者得到的财政补贴都是 60 元，即使是缴费最低档和缴费最高档之间，后者得到的财政补贴仅仅比前者多 30 元，对于后者，这种激励实在是微不足道，12 个缴费档次对应 2 个补贴档次在制度设计上过于简单。这种情况也反映在实际调研中，居民通常选择次低档缴费水平（通常规定只有残疾人或困难群体才能选择最低档缴费）。另一方面，制度覆盖面的迅速扩大也是造成这一现象的主要原因。自新农保和城居保实施以来，到目前为止，有些地区已经基本实现了两类制度的全覆盖，这其中不乏某些地区将制度覆盖面当作任务和政绩目标来完成，通常促使所辖城乡居民选择最低档次的缴费来实现覆盖面的扩大，却忽略了缴费的质量和可持续性。

其次，在统筹层次方面，当前城乡居民基本养老保险制度多实行县级统筹，统筹层次较低。通过调研我们发现，在有些地区，虽然有些险种已经实现了市级统筹或建立起省级调剂金制度，但城乡居民基本养老保险依然处于县级统筹的水平，这与制度始建时各地确立的统筹层次相关。从当前来看，由于制度依然处于扩面阶段，制度的基金结余水平还处于不断增长的态势，但从长远看却是不利的：一方面，基金结余分散在各区县，规模较小，投资渠道通常为银行存款，不利于制度的保值增值，制度支付风险加大；另一方面，随着城镇化进程以及人口流动的加快，再加上我国还没有建立起健全的城乡居民养老保险关系异地转移机制，这就给城乡居民在参保过程中带来诸多不便，断缴现象严重。更值得注意的是，统筹层次一旦确立下来，由于一些原因，通常具有惯性或路径依赖的特征，统筹层次很难再提高，也为将来建立统一的城乡养老保险制度设置了障碍。

（二）经办管理方面

在经办管理方面，不同于城镇职工基本养老保险通常以企业为参保单位的情况，城乡居民基本养老保险的参保人以个人为参保单位，通常较为零散。此外，负责居民基本养老保险的社保经办机构通常只到县级。于是，在制度实际运行中，参保人通常不直接面对经办机构，而是要经过村委会或街道来参保。在城市，参保人直接面对的是人力资源社会保障所（中心），在农村，参保人面对的是劳动保障协管员，通常由一个村的村支书或会计承担该职务，无论是社会保障所（中心），还是协管员，都属于社保基层平台的范畴。在具体运行过程中，基层平台依然存在不少问题，直接影响城乡居民养老保险制度的实施。

首先，基层平台建设不完备，经办机构不健全。当前的人力资源社会保障所（中心）和协管员都不属于社保经办机构序列，所或中心一般由乡镇或街道管辖，正式工作人员一般身兼多职。面对快速发展的养老保险制度，相关负责人介绍，有些基层平台职能不明确，有些区县未能树立起"工作重心下移、服务下沉"的理念，部分地区依然把服务职能当作"权力"，不愿下放给基层，导致基层平台服务职能履行不到位，不足以支撑业务发展的需要。

其次，基层平台工作人员数量短缺，人员素质不能适应所承担的工作。随着城乡居民基本养老保险覆盖面的不断扩大，基层经办人员数量短缺的问题也越来越严重，调研中，我们无法得到具体的经办人员数，但直观来看，每个社保所（中心）的经办人员大约为5人左右。另外，如上所述，基层经办人员的来源较为多样化，并非专职的社保经办人员，与专业化、规范化、信息化和精细化的高标准业务要求不相适应，成为提高经办服务效率的短板，正如调研中相关负责人讲到的"有时服务下沉了，但基层干不了"。

（三）待遇管理方面

在待遇管理方面，城乡居民基本养老保险制度定位较为模糊。该养老金待遇包括两个方面：基础养老金和个人账户养老金，使得城乡居民基本养老保险既具有非缴费型制度的性质又具有保险制度的特征。但无论是基础养老金部分，还是个人账户养老金部分，仍存在一些争议。

一方面，对于制度实施时已满60周岁的老年人，将无偿得到基础养老金，另外，对于不满60周岁者，只要满足缴费条件，无论缴费多少，依然能够领取基础养老金。这对于保障老年人生活起到了一定作用，但城市和农村居民待遇一致的规定通常受到大家的诟病，不少城市居民反映：一个月六七十元，去一趟菜市场就没有了。对于城市居民来说，城乡居民基础养老金的象征意义更大于其实际意义。

另一方面，城乡居民基本养老保险中的个人账户部分很明显是保险制度，但由于缴费激励性不足且缴费水平较低，直接导致该部分养老金的待遇水平较低，即使加上基础养老金部分，也不足以支撑居民的正常消费水平。以当前山东省的制度为例，如果个人选择每年300元的缴费档次[1]，再加上财政补贴30元，每年计入个人账户的缴费为330元，假如从2014年开始缴费至2028年，缴费满15年，从2029年开始领取养老金，如果个人账户的累积按照银行一年期定期存款利率为记账利率[2]，那么个人可领取的个人账户养老金大致为44元。在基础养老金方面，从2009年到2014年间，山东省基础养老金待遇从55元增加到75元，按照每5年增加20元的速度计算，到2029年大约为135元，那么个人可领取的养老金总额为179元。在个人消费支出方面，在城市，按照过去10年城镇居民人均消费支出增长水平测算，到2029年，山东省城镇居民月人均消费水平大致为8052.6元，居民养老金占城镇人均

---

[1] 300元也是我们在调研中发现的、普遍被城乡居民选择的缴费档次。

[2] 从2008年10月30日至今，银行一年期存款利率共调整过10次，以这10次数据的平均值2.96%作为计算个人账户养老金累积额的记账利率，具体的调整数据见中国人民银行网站：http://www.pbc.gov.cn/publish/zhengcehuobisi/631/2012/20120706180100684952896/20120706180100684952896_ html。

消费水平的比重约为 1.9%，是相当低的水平①。

二、对城乡居民基本养老保险未来发展的建议

针对城乡居民基本养老保险制度中存在的问题，本书提出以下建议。

（一）提高制度统筹层次

此处所提到的提高统筹层次，并非是指有些险种建立起的县级或市级"调剂金"制度，而是在更高的管理层面实现基金的统收统支。一方面，提高统筹层次是建立城乡统一养老保险制度的需要。当前多数省份的城镇职工基本养老保险已经实现市级统筹或建立起省级调剂金制度，而城乡居民基本养老保险依然处于县级统筹的水平，虽然两类制度的框架体系类似，但统筹层次的差异仍将是未来建立统一制度的障碍。另一方面，提高统筹层次是实现养老保险基金保值增值的前提。正如调研中所发现的，城乡居民基本养老保险基金一般由县级社保部门经营管理，通常委托银行进行投资运营，投资收益率较低，而通过统筹层次的提高，可以将分散于各个县的小规模基金集中起来，并探索多渠道的投资运营机制，从而增加制度的支付能力。这对于仍在制度扩展期的城乡居民基本养老保险制度来说尤为重要。

（二）加强制度的缴费激励机制，合理确定基础养老金待遇

如前所述，缴费激励性不足并且基础养老金待遇过低是参保人诟病城乡居民基本养老保险制度的主要原因。对此，一方面，在制度设计中，城乡居民基本养老保险制度应该更加细致、明确地划分财政对不同缴费档次的补贴激励，在财力允许的条件下，进一步提高制度的缴费补贴力度，增加补贴档次，真正做到多缴多补，对于缴费较高者财政应该有所倾斜。另一方面，在确定待遇时，要改善当前城乡"一刀切"的做法，应合理区分不同地区的生活水平，以地区基本生活成本为发放基

---

① 山东省城镇居民人均消费水平的数据见山东省统计局网站。由于网站中提供的最新数据只到 2012 年，过去 10 年城镇居民人均消费支出增长水平是根据 2003—2012 年的数据得出。农村居民人均消费水平数据较少，此处不一一计算。在计算个人账户养老金时，账户利息按照银行一年期存款利息过去十次调整的平均水平计算。

础养老金的依据，真正发挥基础养老金在保障贫困老年人生活方面的实际作用。

（三）完善经办服务体系建设。

面对城乡居民基本养老保险制度当前面临的经办问题，最重要的是加强社保经办基层平台的建设。一方面，面对基层平台当前人员复杂且专业性不强的问题，首先要加强镇（乡）、村两级社保经办人员的队伍建设，并真正纳入到社保经办队伍序列中，加强对基层经办人员的培训，提高社保业务"下沉"的能力。基层平台应该加强与上级社保经办部门的联系，从而建立起有效的沟通合作机制。另一方面，提升基层平台的硬件能力并加强信息化建设，按照人力资源和社会保障部提出的"规范社保""数字社保""阳光社保"和"贴心社保"的要求，优化经办工作流程，规范工作流程标准，真正让参保人享受到高效、便捷的服务。

（四）以城乡养老保险为契机，建立缴费型和非缴费型养老金制度的分工协作体系

城乡居民基本养老保险是综合了缴费型和非缴费型养老金的制度，虽然从当前制度设计上来看，仍存在着某些细节上的不足，但却提供了一种较为合理的养老保障框架：财政支持的基础养老金+保险型的个人账户养老金，在兼顾公平的基础上又考虑到效率，既保障老年人的基本生活需求又满足参保人更高的生活目标。一方面，财政对于基础养老金的补贴仍有上升的空间，从国际比较的角度看，2013年，我国财政对城乡居民基本养老保险的补贴占GDP的比重大约为0.2%左右[1]，而在OECD国家，财政对非缴费型制度补贴的GDP占比通常为6%—7%[2]，与之相比，我国仍有较大的上升空间，对于实现基础养老金的最低保障作用较为有利。另一方面，通过完善制度设计，强化个人账户养老金的激励机制，多缴多得，真正发挥保险型支柱的养老保障作用。

---

① 财政补贴数据见财政部网站：《2013年全国公共财政支出决算表》，GDP数据见国家统计局网站。

② OECD, Social Expenditure-Aggregated Data: Public Expenditure on Old-age and Survivors Cash Benefits, in % GDP, stats. oecd. org/Index. aspx? DataSetCode=SOCX_ AGG.

第四节 机关事业单位养老保险归属管理

当前我国机关事业单位养老保险基本上沿袭了新中国成立初期的制度架构。1955年国务院颁布《国家机关工作人员退休处理暂行办法》等文件，规定男女退休年龄界定为60岁和55岁，待遇为本人工资的50%—80%，其中本人工资包括退休时的标准工资加退休后居住地点的物价津贴。1958年国务院颁布《关于工人、职员退休处理的暂行规定（草案）》将企业和机关事业单位的养老保险制度统一起来：退休金为本人工资的40%—70%。1978年104号文将所有的工作人员分为干部和工人身份，并为两类身份建立了不同的养老保险制度，《国务院关于安置老弱病残干部的暂行办法》和《国务院关于工人退休、退职的暂行办法》标志着企业和机关事业单位养老保险制度开始分别运行，但从整体上看，两类制度的结构基本类似，退休待遇都包括退休金和补贴，只是在部分细节上略有区别。直到1995年，国务院《关于深化企业职工养老保险制度改革的通知》确定了城镇职工养老保险实行社会统筹和个人账户相结合的实施方案，而机关事业单位养老保险方面没有任何变动，标志着企业和机关事业单位养老保险正式分裂为两大制度。之后，事业单位养老保险一直尝试进行改革，特别是2008年在上海、浙江等5省市进行的统账结合试点改革，但改革并未取得实质性成效。各地区尝试进行机关事业单位养老保险的缴费改革，但基本上都没有对原制度进行大的变动，五花八门的试点为之后的进一步改革提供了经验，但也为以后的统一设置不少困难。2015年，国务院印发《关于机关事业单位工作人员养老保险制度改革的决定》，决定从2014年10月1日起对机关事业单位工作人员养老保险制度进行改革，实行社会统筹与个人账户相结合的基本养老保险制度，由单位和个人共同缴费，同时改革退休费计发办法。总结我国当前机关事业单位养老保险的现状，可用十个字概括：地区差异大，碎片化严重。这种特点也能体现在制度的管理中。

一、管理体制的现状及问题

从当前看，我国的机关事业单位养老保险制度改革仍处于探索期，各地试点层出不穷，从整体上看，虽然制度改革明确了缴费制度，但在待遇计发上依然延续了传统的离退休制度，这种做法严重偏离了改革初衷，也导致管理体制方面的种种问题。

（一）在基金管理方面

由于没有统一的政策指导，各地基本上是根据本地区的实际情况摸索进行，缴费的对象和规则各不相同，且制度管理基本处于县市级统筹层次，不利于基金的管理运行，也为之后的进一步改革设置了障碍。基金管理方面的问题主要体现为以下几个方面：

首先是养老保险的覆盖范围较为混乱，在制度改革中，由于国家没有统一的规定，各地处于自发探索的阶段，覆盖对象不尽一致：有的地区是将所有机关事业单位纳入改革中，有的是将事业单位覆盖其中，还有的是将差额拨款和自收自支事业单位或只将自收自支事业单位纳入新制度中，等等。特别是仅仅针对事业单位的养老保险改革引起了新的不公平，也成为影响2008年改革试点顺利推进的阻力之一。

其次是征缴管理方面的问题，主要体现为各地缴费的费基差别较大，由此导致费率也各不相同。在我们的调研中发现，即使在同一地级市，有的区县缴费率在20%—30%之间，还有的区县缴费率在30%—40%之间，其主要原因是缴费基数不统一。一方面，各地在确定养老保险缴费比例时，是根据当地的经济状况，财政负担能力，生活水平，在职人员数和退休人员数等因素计算出来的，具有明显的"地方特色"，因此呈现较大的差异。另一方面，这种情况也与公务员的工资构成相关，大体上讲，公务员每月的收入包括工资和地区性补贴两大部分，工资又包括职务工资、级别工资、基础工资等，补贴包括物价福利补贴、住房补贴和医疗补贴等。在计算退休金费基时，有的县市以公务员的全部收入为费基，因此费率较低，有的县市以全部工资或部分工资为费基，导致费率较高。不仅如此，在研究文献时发现，机关事业单位缴费还存在另一种情况：单基数和双基数。所谓单基数，即以在职人员的工资总额为缴费基数；双基数是以在职人员工资总额和离退休人员工资总额之和为缴费基数，在退休人员多的单位，缴费基数大，缴纳的保险费也多，相反，在退休人员少的单位，缴纳的保险费也少。这种"双轨制"表明，机关事业单位养老保险并未真正做到社会保障管理的"社会化"要求，离退休人员养老依然属于单位的职责。

最后是统筹层次过低的问题。当前的机关事业单位养老保险改革基本上是以市县为单位向前推进，统筹单位多为区县，仍依赖财政"分灶吃饭"的现状。制度的资金来源除了个人缴费外，单位缴费的资金来源为财政资金，在经济欠发达、财政困难的区县，很难保证缴费能够按时足额到位，基金收入不能保证每年的支出，拖欠离退休人员的退休金成为常态。不仅如此，从基金收支看，多数省份基本上维持在收支平衡的状态，基金结余规模小，且这些结余通常分散在各区县中，基金投资管理体制基本不存在，基金运行效率低下，同时也加大基金被挤占挪用的风险，根本谈不上抵御人口老龄化风险的能力。从各市县推行的情况看，制度改革被分散在市县，政策规定不统一，制度运行的惯性也为未来建立统一的机关事业单位养老保险增加了难度。

（二）在待遇管理方面

待遇管理方面的问题主要体现在以下三方面：

第一，待遇与缴费不相关。在我们的调研中，经办人员反映的最大问题是改革后的机关事业单位养老保险没有将待遇和缴费挂钩。在各地制度运行中，单位缴费和个人缴费都进入统筹账户，实行统收统支，在待遇计发上仍然未能突破原来的离退休制度：退休前工资的百分比加地区生活补贴。在各地的实践中，退休金计发办法也是多种多样，有的是几类工资之和的百分比加上全额地区性补贴，有的是几类工资加上地区性补贴之和的百分比，有的是全额的基础工资加上职务工资和级别工资的百分比，再加上部分的地区性补贴，等等。其中，工资百分比的大小取决于工作年限等因素，补贴多少主要根据地区财政支付能力决定，不同地区差异较大。也就是说，机关事业单位工作人员的养老保险缴费和待遇之间没有任何联系，缴多缴少一样，违背了社会保险权利和义务相结合的原则，在职人员的缴费积极性遭到严重削弱。

第二，制度与财政的关系模糊，对财政造成较大的压力。在当前的机关事业单位养老保险制度中，财政承担的责任除了缴费外，最重要的是还承担着支付退休金的最终兜底责任，在有些财政困难的地区，基金支付缺口已经比较大，给财政带来较大压力。之所以出现这种情况，是与当前制度设计密不可分的。一方面，由于制度的待遇和缴费不相关，也就使得基金的支出和收入缺乏联系，当退休人员较多时，必然导致收不抵支的问题，财政兜底不可避免；另一方面，有的地区在设计缴费率时遵循的原则是"以支定收，略有结余"，从原则上讲可以实现收支平衡，但由于缴费的主要部分来自地方财政，养老保险制度在很大程度上属于一个地区的内部事务，当财政发生困难时可以拖缴和欠缴，但无论如何，支付退休金的最终责任依然在财政。

第三，部分地区发放退休金的职责依然在单位，养老保险的"社会化"属性不明显。当前机关事业单位养老保险的保险费征缴和待遇支付存在两种情况："全额征缴、全额拨付"和"差额征缴、差额拨付"。所谓的"全额征缴、全额拨付"是指，保险经办机构每年将单位应该缴纳的保险费进行全额征收，同时也将单位每年应该支付的退休金待遇全额拨付给单位；"差额征缴、差额拨付"是指保险经办机构首先计算单位每年应支付的退休金待遇和应缴纳的保险费之间的差额，之后将差额补贴给单位。也就是说，无论采取哪种方式，发放退休金的责任主体仍是单位，违背了养老金社会化发放的属性，给单位带来额外负担。

二、在管理体制方面的建议

通过以上分析可以发现，当前大部分机关事业单位的养老保险制度依然延续了传统的退休制度，这种制度对于稳定机关事业单位的工作队伍，保障退休人员的生活起到了积极的作用。但随着社会的发展，这种制度的弊端也越来越明显，最主要的问题包括三方面：一是与企业职工养老保险制度差距过大，制度之间的不公平已日益引起社会的不安；二是与企业职工养老保险制度结构不同，阻碍了不同制度下劳动力的自由流动，不利于市场经济条件下进一步深化改革；三是给财政带来越来越沉重的负担。以上三方面问题导致我国的机关事业单位养老保险制度改革势在必行。从当前制度改革的进程看，制度不完善依然是最大的问题，从顶层设计的角度尽快推行统一的改革决策是关键，本书将从管理体制的角度提出若干建议。

（一）国家尽快出台统一的改革文件

如前所述，当前我国机关事业单位养老保险改革的现状是"地区差异大、碎片化严重"，这与缺乏统一的顶层改革指导文件相关。在没有统一政策的指导下，各地只能根据地区的实际情况摸索进行，且改革的实施单位是县级，直接的结果是五花八门的养老保险制度，且各地区的改革进程差距很大。实践证明，这种任由地区"摸着石头过河"的做法成本很高。目前，社会上对于机关事业单位的改革框架基本已经明了，建立统账结合的养老保险制度势在必行，在这种理念的指导下，国家应该尽快出台统一的改革文件，理顺规范各地的制度改革。若任由各地试点改革继续进行下去，制度实施的惯性将进一步加大未来统一改革的困难。

（二）养老保险制度和工资制度联动改革

如前所述，公务员的收入包括工资和补贴两大部分，因此，发放退休金时的参照对象亦应包括这两部分，再加上工资还包括几个部分，导致各地退休金计发办法多种多样，难以统一。因此，在未来改革中，我们必须首先厘清公务员的工资和收入构成，统一各地缴费基数，这是养老保险缴费和发放待遇的基础；其次，对于公务员补贴问题，补贴的多少主要依赖于地区的财政能力，若是将补贴计入到公务员的基本养老保险中，将会带来新的地区不公平问题。我们可以尝试通过建立职业年金制度来取代退休金补贴的做法，这样一来，公务员退休金待遇不会下降太多，改革阻力减少，更重要的是建立一种和城镇职工养老保险相同的制度框架，为以后的养老保险制度统一奠定基础。

（三）提高制度统筹层次

提高机关事业单位养老保险制度统筹层次是未来改革的必经之路。

一方面，提高统筹层次是养老保险大数法则的要求，只有扩大统筹范围，才能够更好地化解老年风险，更能体现养老保险制度的互济性；另一方面，提高统筹层次是保证退休人员得到保障的有效手段，当养老保险只是地区事务时，贫困地区退休人员的退休金通常得不到保证。只有提高统筹层次，养老保险基金才能在更大的统筹范围统一管理，统一调配使用，从而确保养老金的发放。此外，提高统筹层次还是实现养老保险基金保值增值的关键。只有将分散的基金集中起来才能实现投资经营的"规模效应"，也是未来应对人口老龄化的有效策略。

（四）厘清养老保险缴费和待遇之间的关系

从目前的制度安排来看，个人缴费更多地体现一种象征意义。个人缴或不缴一样，多缴或少缴一样，养老保险缴费的激励性发挥不出来，因此也就不能调动个人的积极性。在未来的改革中，权利和义务的统一是机关事业单位养老保险制度的起码要求，要建立养老保险缴费和待遇之间的密切联系，严格执行缴费决定待遇的保险原则，鼓励个人多缴多得，只有这样，参保人才能真正积极地参加养老保险制度，才能体现建立保险型制度的意义。

（五）厘清财政与养老保险之间的关系

在人口老龄化背景下，未来养老金支出必将大幅增加，而当前机关事业单位养老保险与财政说不清道不明的关系，势必导致未来制度对财政的依赖加大，财政支付压力大大增加。在未来的制度中，政府作为公务员和部分事业单位工作人员的雇主，财政必须承担起缴费义务，这也是各国社会养老保险制度的通行做法。但是对于财政的兜底责任，作者持不赞同的态度，一方面，在职工养老保险中，企业或雇主并不需要承担起兜底责任，类似地，政府作为雇主也无需承担起机关事业单位养老保险的兜底责任；另一方面，作为一项独立的保险制度，机关事业养老保险在运行过程中应当追求制度的自我平衡，并通过基金的保值增值来增强制度的支付能力。对于将来可能出现的支付缺口，我们可以建立养老储备基金来应对，其中可以包括财政转移支付，但这不同于当前财政和制度之间的密切联系。保持养老保险制度和财政之间的独立是构建制度—财政之间良好关系的基础，也是制度长期可持续发展的关键。

第三章　社会保险信息化管理

伴随着信息社会的来临，电子政务和信息化经办已经成为一种普遍趋势和潮流，成为国家管理社会经济事务不可或缺的技术手段。它在改变政府办公方式、企业管理方式、人们日常行为方式的同时，逐步内化为现代社会生活的一部分。作为国家电子政务的一个组成部分和改变社保经办管理服务的一种方式，社保信息化被纳入国家信息化的总体战略布局之中，加强社保信息化的建设多次出现在国家的发展战略规划中。从2002年《国家信息化领导小组关于我国电子政务建设的指导意见》将社会保障信息系统列为国家电子政务重点建设的十二个业务系统之一，到《2006—2020年国家信息化发展战略》提出加快全国社会保障信息系统建设，再到《人力资源和社会保障"十三五"发展规划纲要》继续将社会保障信息系统列为电子政务领域需要重点建设的信息系统，以及《国家电子政务"十三五"规划》继续把社保信息化作为加强保障和改善民生的应用平台列入重点建设规划项目，无不显示着国家对社保信息化建设的重视。为因应国家电子政务建设和社会保障事业发展的要求，以1998年制定的《劳动和社会保险管理信息系统建设规划要点》为标志，劳动保障部门开始了社保信息化的建设。

第一节　社会保险信息化建设的
历程、成就及问题

一、社会保险信息化建设的历程

随着我国社会保障事业的改革发展，社会保障的业务量自20世纪

90 年代中后期开始大幅度增加，迅速增长的资金额度和人员信息数量使得传统的手工操作和低水平的单机管理很难适应社会保障事业发展的需求。为适应社会保障事业发展和现代管理的需要，社保部门迈出了信息化建设的步伐。

在 1998 年组建劳动和社会保障部以前，虽然劳动管理信息系统已经于 1989 年开始建设，但由于缺乏统一的规划和指导，信息系统建设缺乏统一的标准规范，加之建设过程"分散管理、各自为政"，致使此时的信息系统根本无法适应社会保障事业发展的需要。

具有标志性意义的是 1998 年，为配合国企改革和"两个确保"的完成，满足信息技术飞速发展形势下劳动和社会保障工作的新要求，原劳动和社会保障部印发了《劳动和社会保险管理信息系统建设规划要点》（劳社部函〔1998〕138 号）的通知，第一次全面、系统地制定了社保信息化建设的规划，其中包括指导思想、系统架构、未来四年（1998—2002 年）的重点工作安排和配套措施（支撑条件）等，标志着社保信息系统建设开始全国统一规划，原劳动和社会保障部相继颁布了一批信息化建设的部颁标准和规范。

随着 2002 年出台的《国家信息化领导小组关于我国电子政务建设的指导意见》，将社会保障信息系统列为国家电子政务重点建设的十二个业务系统之一，原劳动和社会保障部立即启动了社保信息化的"金保工程"建设，由此我国社保信息化建设开始进入快速发展的轨道。

金保工程一期自 2002 年提出立项申请，2003 年获得国家整体立项批准，2004 年正式实施直到 2012 年通过国家验收，重点建设了支持社会保险业务经办的中央—省—市三级信息网络系统，目前基本建成了以信息网络互联、应用软件基本统一、数据资源集中管理为主要特征的、统一的社保信息技术支撑平台。

《"十二五"国家战略性新兴产业发展规划》把社保信息服务平台的建设列入信息惠民重大应用示范工程，并努力推进统一数据标准、可兼容的社保卡应用程序。《人力资源和社会保障"十二五"发展规划纲要》也把金保工程二期列入规划，目的是在不同类别的保险间实现统一的管理，跨地区实现对接，建立覆盖城乡的综合服务体系。在此背景下，以推进信息系统省级集中、实现社会保障一卡通为建设目标的全民社会保障信息化工程——金保工程二期于 2013 年启动立项工作，并进行了可行性论证。2016 年金保工程二期正式启动建设，其核心建设目标是：实现全国社会保障一卡通，大力推进基本公共服务均等化；实现精确管理与科学决策，显著提升信息资源开发利用能力。金保工程二期是我国政务信息化工程重点规划建设的"两网、五库、十五个重要信息系统"之一，也是人力资源和社会保障系统一项重要的基础性工程。对于推动人社事业发展，提升人社系统工作科学化、规范化水平，具有重要的支撑作用。另外，2016 年人力资源和社会保障部又正式印发了《人力资源社会保障部"互联网+人社"2020 行动计划的通知》将其作为"十三五"人力资源和社会保障信息化的行动纲领，全面部署人力资源和社会保障领域信息化发展计划；党的十九大提出，要"建立全国统一的社会保险服务平台"，要求集成各地经办服务能力，在中央层面搭建身份认证、线上服务/线上交易/信用体系、资金清算、监控指挥/异地就医监管等一系列信息化平台，对社会保险信息化指明了新的发展方向。

二、社会保险信息化建设取得的成就

自 1998 年社会保险信息化建设开始统一规划以来，经过多年筚路蓝缕的探索和发展，目前已经建成了以"软件基本统一、数据基本集中、网络基本互联互通"为特征的统一的社保信息技术支撑平台，为社会保险信息化服务的提供打下了良好的基础。

（一）软、硬件建设

以金保工程为依托，国家及各级社保机构的信息化建设已经累计投入 81 亿多元，目前硬件平台建设已经初步形成。

一是数据中心的建设已初具规模。全国 270 多个地级以上城市已经建立了不同程度的数据中心。借助统一的数据中心，基本实现了社会保险等业务数据的集中、统一管理。

二是全国网络连接架构初步形成。部省市主干网已覆盖到全部 32 个省级节点和 84.2% 的地市，19 个省实现了部省市三级网络贯通，城域网已经覆盖到 89.3%的社会保险经办机构和就业服务机构，近半数的地区已将网络延伸到了街道和社区。部省视频会议系统开通到全部省份，省市视频会议系统开通到 77.5%的地市。

三是社会保障卡建设取得巨大成就。社会保障卡作为持卡人享有人力资源和社会保障服务权益的电子凭证，具有电子凭证、信息记录、自助查询、就医结算服务、缴费和领取待遇功能。自 2009 年胡锦涛同志提出社会保障一卡通要求以来，截至 2018 年末，全国 31 个省份和新疆生产建设兵团均已发行全国统一的社会保障卡，覆盖所有地区。全国社会保障卡持卡人数为 12.27 亿人，社会保障卡普及率为 88%。① 全国大部分地市全面开通 102 项社会保障卡应用；截至 2019 年 9 月底，全国社保卡持卡人数达到 12.99 亿，普及率达 93.11%，第三代社保卡已在 24 个省份先行启动。人力资源和社会保障领域实现普遍用卡，其他领域的用卡规模和范围也日益扩大。2016 年开展跨省份异地就医持卡直接结算工作，省去了群众"跑腿、垫资"困难，实现异地就医"全国一卡通"，截至 2019 年 9 月，已累计结算 326.64 万人次。2018 年 4 月，在福建"数字中国建设峰会"上签发了首张电子社保卡，截至 2019 年 9 月底，全部地市均已开通电子社保卡申领服务，全国共签发 4500 余万张。社保卡的规模优势和应用优势得到社会认可。

四是全国统一开发的核心应用软件已经在相当一部分统筹地区部署实施。人力资源和社会保障部分别于 2000 年、2003 年、2009 年发布了社会保险管理信息系统核心平台一、二、三版，作为社会保障信息管理的核心业务软件，促进了信息系统的统一和业务流程的规范。许多地区通过实施统一应用软件，在信息化手段支撑下实现了"五险合一""一单征收""一站式服务"，使经办模式从分散走向集中，各项对公众的服务更加贴近、便捷。2019 年 9 月 15 日，国家社会保险公共服务平台正式上线，作为全国统一的社会保险公共服务的总门户，重点为参保人和参保单位提供全国性、跨地区的社会保险公共服务，首期开通了 8 类 18 项全国性统一服务，旨在探索形成全国一体化的公共服务供给模式，

---

① 数据来源于人力资源和社会保障部信息中心。

推动便民服务"一体化",提升全国整体建设效能。

(二)应用实效

数据联网工作取得较大进展。目前,各省级人力资源和社会保障部门全部实现了与部中央数据中心的联网,90%以上的地市实现了与省级数据中心的联网,城域网已经联接到92.5%的社会保险经办机构,并且延伸到街道、社区、乡镇和定点医疗服务机构。在各省市数据中心,各险种的基础业务数据已能实现共享。截至2013年底,部级数据中心已集中养老、医疗、工伤、生育等险种超过14.3亿人次的社会保险个人权益信息。

在联网监测方面,目前已经形成五险监测数据的按月上报机制,通过对各险种业务数据的采集上报、质量检查、报表统计、查询分析等功能,为检验社会保险政策实施效果提供了数据分析支撑,为基金监管、宏观决策等应用提供了坚实的数据基础。截至6月底,城镇职工、城乡居民养老保险共涵盖7.7亿参保人员数据。与此同时,随着联网监测上报的数据资源日趋丰富,为社会保险的宏观决策提供了数据依据,初步支持了社会保障科学决策体系的形成。

在跨地区服务方面,为适应人员流动的需求,自2010年人力资源和社会保障部陆续启动了社会保险的跨地区业务系统建设,建立了地区间业务协作的电子工作平台,取得了较好的效果。主要表现在:一是省内异地就医平台建设取得显著成效。目前27个省份建立了省内异地就医结算系统,同时上海、海南、广州、重庆等地区也已经开始积极探索了跨省异地就医结算。二是社保关系转移系统已广泛应用。目前30个省份的310个地市实现城镇职工养老保险关系转移系统入网,2013年全年办理47.7万笔业务。56个地市实现流动人员医疗保险关系转移系统入网,2013年全年办理2.4万笔业务。三是基于系统手段的重复待遇核查工作取得实效。2013年累计查询4862万人次,比对出疑似重复待遇人员52.9万人次。四是利用异地退管系统开展跨地区协助认证进入常态,为异地居住的养老保险待遇领取人提供了便利的途径。2013年13个省份累计认证了24.2万异地居住退休人员,2014年已进一步拓展到21个省份。

同时,各地的12333、政府网站等电子服务渠道也得到了进一步发展。例如,2018年全国12333电话咨询服务来电总量为1.34亿次。

三、社会保险信息化建设存在的问题

从我国社保信息化建设的历程和成就来看，经过十几年的建设，我国社保信息化在软、硬件的设施建设上取得了显著成就，全国网络架构已基本形成，所发挥的作用也日益明显。但是，社保信息化建设的核心任务是通过不同地区、不同层级经办机构的互联互通，实现资源的整合和共享、提高经办管理的效率和质量，以至于为民众提供最大可能方便的服务。故此，信息系统的互联互通是信息化及其功能发挥的关键。但从当前我国社保信息化的运行状况来看，却存在以下问题，阻碍着信息系统的互联互通，也阻碍着社保经办的信息需求。

（一）信息平台分散建设，不能互联互通

由于历史的原因，我国各省市，甚至是地级市社保部门在进行信息系统建设时大多采用了各地自行筹资、自行规划、自行建设的模式，产生了各地社会保障信息系统分散建设、厂商多、版本多、标准不一致的普遍现象，这种状况在各调研省份普遍存在。如山东省共有省市两级18个数据中心；陕西存在人社系统金保工程和地税系统金税工程两套系统，即便在人社系统内部，也同其他省市一样存在建设规范标准不统一、经办系统各自为政的情况；北京市虽然不存在各级分别设立社保系统的情况，但依然存在医疗和其他四险分别设立两套系统的局面；广西也是典型的省市两级系统分别开发。

以上这种社保信息平台分别建设的局面，自然造成了各系统之间技术上不能兼容，信息上不能互通共享。即便在当前数据向省级统一集中的要求下，也最多只能做到数据的集中，很难做到经办服务的互联互通，更不用说在全国范围内实现业务经办的互联互通。

（二）信息系统标准不统一，无法互联互通

由于信息平台的分散建设，导致在建设过程中各省份建设标准不一致，即便在一个省份内也存在多个厂商承建、多个版本运行，自然也就导致了建设标准不一致，无法实现互联互通的难题。如广西厅级的信息系统是自主开发，而各地市则是按照部里统一标准进行开发，不论是自主开发还是按照部里统一标准进行开发，自行建设、各自招标都不可能

实现信息系统标准的统一，互联互通存在困难也就在所难免。虽然广西提出了数据集中、网络互联互通的目标要求，但是标准不统一的信息系统，实质上不可能实现应用系统的互联互通，虽然有七个市按照社会保障管理信息系统核心平台三版的要求做到了互联互通，也只停留在数据的互联互通上，远没有达到目标要求的"化学融合"。

再以信息化程度比较高的北京市为例，在社保系统不仅存在信息中心的金保工程和社会保险经办的两套操作系统，而且在社会保险经办系统内部也存在两个分立的经办系统，一个是仅供医疗保险使用，另一个是其他"四险"共用，这两套系统分属于不同的公司来建设运行。虽然北京市按照"同人、同城、同库"的目标共享一个底层数据库，但是不同机构、不同版本系统的建设，也导致信息系统实质上无法做到互联互通，更不用说和外省市的对接，这在养老保险关系的转移接续上表现得尤为突出，由于和外省市系统标准的不一致，甚至有的转移接续手续还是依靠手工操作，大部分转移时间需要半年以上。

（三）各险种设置的分立、分割，不利于互联互通

由于历史的原因，我国社会保险制度在建立初期，多数采取县级统筹模式，各个险种的建立早晚也不一致，往往是各险种单设经办机构，分散办公，各经办机构之间没有隶属关系。以河南省为例，绝大多数地市都是各险种单设经办机构，分散办公，不仅各经办机构之间没有隶属关系，而且同一险种经办机构在省、市、县、乡四级经办体系中，其管理体制也是不完善的，甚至机构名称都没有做到统一，有的称"XX 保险管理局"，有的称"XX 保险处"，有的称"XX 保险中心"，名称含糊不清，隶属层次不明。

其他省份大抵也是如此，如陕西省总结的社保经办管理体制的"四分五裂"：四分是体制分制、城乡分割、征缴分离、资源分散；五裂是管理割裂、制度割裂、机构割裂、基金割裂、信息割裂。面对险种分别设立的局面，与之相对应的是在建设信息系统过程中，各个险种都有自己的数据库，这些五花八门的数据库往往是标准不统一、数据不完善，既存在信息冗余，也存在信息孤岛，这在管理体制上严重阻碍着信息系统的互联互通。

第二节　信息化建设存在问题的原因分析

一、信息化管理体制存在的问题

社保信息化的本质目的是为社会保险经办管理进行服务，这就决定着信息化的建设要紧跟社保经办管理的需求，那么社会保险经办管理体制也就决定着信息化建设的管理体制，由此而论，社会保险管理体制就是社会保险信息化建设的组织保障和基础。换言之，社会保险管理体制决定着信息化建设的管理体制，同理，社会保险管理体制存在的问题也决定着信息化建设存在的问题。这一逻辑关系在调研中得到了充分的证实：经办机构的分立、分设严重影响着数据等信息资源的共通、共享；统筹层次的过低影响着信息标准难以做到集中统一；而业务和技术的分离则影响着信息系统建设的协调一致。由此可以证明，社会保险管理体制是制约我国社保信息化建设的最根本、最直接的原因。这种制约表现主要表现在以下几个方面。

（一）横向上各险种过于分立

我国社会保险经办机构多数是分险种设置的，一般在一个县（市、区）存在多个经办机构，而在一个经办机构可能又负责一个或几个社会保险险种，这就造成不仅各个省份的设置不一致，即便在一个省内经办机构的设置也不尽相同。以拥有 167 个县（市、区）的河南省为例，截至 2012 年共有县级社会养老经办机构 367 个（含多险合一、城居保和机关保），医疗生育保险机构 167 个，工伤保险经办机构 72 个（有的县没有单设工伤保险经办机构）。① 这是因为我国的社会保险机构大多成立于 20 世纪 80 年代末、90 年代初，当时全国没有统一的社会保

---

① 转引自郑秉文：《中国养老金发展报告 2013——社保经办服务体系改革》，经济管理出版社 2013 年版，第 128 页。

险制度，各地的社会保险政策也存在较大差异，各地往往是根据发展自身实际情况设置经办机构，这就造成了各地社保部门在险种和经办机构设置上的千差万别。

由于各个险种的分开经办，5 项保险的公共业务部分，包括参保登记、基数核定、缴费申报、基金征缴等都必须分别由各自的经办机构经办，造成同一项业务的多部门经办、多部门管理。与此相对应，社会保险信息系统在建设初期也多是采用了各地自行筹资、自行规划、自行建设的模式，形成了分险种各自开发的局面，导致参保人员的基本信息、单位信息、缴费信息等，皆因险种不同而不同，造成信息数据互不相通、互不共享，结果是既存在信息冗余，也存在信息不足和质量上的参差不平。

（二）纵向上统筹层次过低

社会保险统筹层次低在我国是不争的事实，尽管《社会保险法》已经明确规定："基本养老保险基金逐步实行全国统筹，其他社会保险基金逐步实行省级统筹。"但事实是包括养老保险在内，大多仅仅实现了地市级统筹，过低的统筹层次是信息化统一规范建设的一大障碍。这是因为，社会保险统筹层次低意味着人权、事权、财权都在地方，而社保信息化要求全国统一规范地制定标准、建设平台，这样就形成了低统筹层次的社会保险管理模式与要求中央统一管理的信息化管理模式相矛盾的局面，其主因是权责不匹配，即从理论上中央要负责规划建设，而事实上权力都在地方，这种权责脱节的情况势必造成中央投入的动力不足，也给中央把投入责任推到地方找到了借口。据统计，金保工程一期启动十年全国总共投入已达 81 亿元，其中部本级仅仅投入 1.5 亿元，而且这 1.5 亿元还是电子政务项目基金。[①]

上述地方投入、地方建设的情势自然造成了目前这种信息平台建设诸侯割据的局面。而诸侯割据的后果是信息系统在地域之间、险种之间以及业务财务之间根本无法做到无缝衔接，导致大量信息孤岛存在。如在全国 26 个下发医疗保险统一业务指标的省份中，只有 14 个省市全部使用统一指标体系，占 54%，其中还有 4 个省份的统一指标使用率低于

---

① 数据来源于人力资源和社会保障部信息中心提供。

50%，2 个省份制定统一指标后没有实施。①

（三）平台建设上业务与技术相分离

在信息化管理体制上存在的另一个问题是业务使用和平台建设的分离。在金保工程一期建设之初，按照分工负责的原则，采取行政规划财务部门、信息中心、社会保险经办机构三家共同负责制。其中，行政规划财务部门负责项目牵头，信息中心负责建设，社会保险经办机构作为主要用户提出需求、参与建设并最终应用。在金保工程实施过程中，2004 年起按照"资源集中管理"的要求②，以信息中心为主体，将社会保险经办机构的硬件资源、技术资源和数据资源进行了集中，由信息中心下属数据中心进行统一管理。在此情况下，很多省级经办机构信息部门仅能负责参与全省信息化建设的需求设计以及本级信息系统和数据的管理，而下属各地市的信息系统建设与数据管理则完全由同级信息中心进行指导。

这种只有"物理整合"而没有"化学整合"的模式出现的问题是造成了业务和技术相脱节，不利于经办机构梳理自身业务开展系统建设与应用。比如信息数据的集中，只是将分散在经办机构的数据设备集中到数据中心机房进行管理，而没有对各险种共享的人员、单位数据进行融合，从而无法实现各险种间参保人员和单位信息共享。同时，技术人员长期脱离实际业务，一味采取调研考察的形式来从经办系统提取需求，势必难以准确把握业务经办的实际情况和发展方向，也不利于经办机构提升信息系统的应用水平。

二、信息化资金投入体制存在的问题

资金投入一直是我国信息化建设所面临的一大难题。主要表现在一

---

① 参见孟昭喜：《总结经验创新思路，将数据质量管理工作不断推向深入》，2010 年10 月。

② 《关于进一步加快实施金保工程的意见》（劳社部函〔2004〕262 号），提出"地级以上劳动保障部门要积极争取当地政府和有关部门的支持，在 2005 年前全部建立信息化综合管理机构，对现有的技术人员、设备等实行统一管理"；2005 年 1 月，劳动和社会保障部信息中心下发《关于印发〈2005 年金保工程建设工作要点〉的通知》（劳社信息函〔2005〕1 号），提出要"加大整合力度，将分散在各部门的硬件资源、技术资源部和数据资源统一管理"。

是中央投入不足，二是地方投入不平衡，三是存在重复投入现象。而这三种问题又带来信息建设的两大矛盾：一方面是理论上要求统一规划、统一建设和地方投入所导致的分散建设的矛盾；另一方面是建设与运维资金不足与重复建设、资金浪费的矛盾。这其中的内在逻辑关系是：中央投入不足导致地方自筹资金投入，由于权责的关系，地方投入必然导致地方自行规划、设计、建设，难以与中央统一规划建设的要求保持一致。与此同时，各地经济发展水平不一致也导致各地投入资金多少不均衡，资金投入多少又导致各地信息化水平发展的不一致，各地发展不平衡必然导致各地难以互联互通和信息共享。

（一）在现实层面，中央投入明显不足

且不论金保工程一期在全国总投入 81 亿元中中央只占可怜的 1.5 亿元这个总体数据。就调研情况来看，中央投入明显不足的事实，各省份都有反应：陕西省认为信息化建设关键在资金，如果国家能够大力投入资金，信息平台建设存在的问题很容易得到解决，在省级对金保工程一期投入的 7000 多万元里，部里只给两三百万元，资金根本不够用，希望金保工程二期国家现行拨付资金。广西认为国家对金保工程的投入太少，导致基层经办机构的设备、人员和技术都很薄弱，工作人员缺乏相关知识储备以及学习和培训的渠道。因为缺少经费，广西只能培训部分经办人员，乡镇一级几乎没有机会参加培训。山东省弥补资金投入不足的方式是充分利用失业保险金扩大支出的机会支持平台建设。[①] 北京信息化建设的资金来源一部分是养老保险扩面征缴的提成款。

中央投入不足的局面，逼迫地方不得不多方化缘，甚至一些财政确实困难的地方不得不寻求第三方的支持，比如银行。这种建设资金的筹集方式，必然导致地方政府干预本地社会保险信息系统建设，其结果：一是软件可能会由本地企业开发，而不是部里指定的软件公司；二是硬件配置标准、数据接口标准、数据传递方式可能会与部里的规定不一致。因而建立统一的覆盖全国的社会保险信息系统就难以实现，全国联

---

① 资料来源于山东省社会保险事业局提供的调研汇报材料《山东省社会保险经办管理服务工作基本情况介绍》。

网也可能会因此落空。况且系统建成后的运行维护经费也是一笔巨大的开支，个别地方由于缺乏资金，建设系统的必要设备上不了，已建系统由于运行费用得不到保证，已经建成的信息平台被迫中断。比如甘肃就是这样，由于缺乏资金的投入，信息化建设的进度一致排在最后，有的地方甚至还是手工操作。因此信息化建设，没有一个固定的、统一的投入机制是不行的。

（二）在理论层面，中央缺乏统一投入的规划

按照原劳动和社会保障部的要求，社会保险信息系统的建设必须统一领导、统一规划、统一标准、统一软件，使用劳动和社会保障部门开发的社会保险管理信息系统核心平台，并且要逐步实现全国联网。在2002年中央办公厅、国务院办公厅转发《国家信息化领导小组关于我国电子政务建设指导意见》的通知（中办发〔2002〕17号）规定："中央电子政务系统建设资金，从中央预算内基本建设资金安排，中央电子政务系统建成之后的运行经费，由财政部有关部门在预算中予以安排。地方政务系统的建设资金和运行费用由地方政府负担。"

事实情况是，中办发〔2002〕17号文件虽然明确了社会保险信息系统建设资金和运行费用的开支渠道，但并没有作量上的规定，因而在社会保险信息系统建设过程中，资金很难得到及时足额保障。这说明在信息化投入方面，中央虽然出台了政策划定了财政支持的大致框架，但是由于缺乏明确具体的规划。在实际工作中，很多地方只能靠向财政申请的简单办法解决，如果得不到财政的足够支持，信息化建设有可能被迫中断。

（三）在结构层面，重复投入和资金浪费严重

除了建设和运行资金的严重不足，社保信息化建设还存在重复建设、资金浪费的问题。由于机构体制的原因，一些机构仅仅从所负责的养老保险或医疗保险业务出发进行系统的规划、设计和建设，而没有充分考虑社会保险业务发展一体化的要求，人为地将业务系统割裂、封闭，建立互不相通互不相联的单一险种网络。有的地方养老保险信息系统的设备已经能够满足医疗保险信息化的需要，但由于机构分设，在启动医疗保险制度改革时又购置设备建立医疗保险信息系统；有的地方养老保险信息系统的设备已经老化，而新建的医疗保险信息系统设备完全可以满足接管养老保险信息系统的需要，仍然是由于机构分设，使得社会保险经办机构不得不更新养老保险信息系统设备。这些都导致在社会保险信息系统建设资金不足的情况下，重复建设、浪费严重。分系统建设的结果是分系统运行，这又人为增加了系统的运行成本，通讯费用和维护费用成倍增加。

比如北京目前信息系统投入虽然巨大，达到每年投入 1 亿多元（其中包括一次性投入和运维费），但是目前的信息系统建设和实际需求比仍差距很大，主要问题是全国没有统一的信息经办系统，全部是各省市自建信息系统，造成费用上没少投入，但效率上却是严重落后。因此北京社保经办部门建议，应加大信息系统的统一和标准化制定，可以借鉴海关、税务甚至是银行业的统一信息化建设，这样的信息化投入将会达到一本万利的功效。

三、信息化系统建设体制存在的问题

尽管我国信息化建设存在的诸多问题是由于社会保险统筹层次过低和中央投入严重不足造成的，但作为信息平台的一个关键环节，建设体制也存在众多的问题。

（一）政策的原则性和地域的差别性存在复杂矛盾

社会保险政策制定者在制定政策过程中，一方面出于对各地情况差异的考虑，很多政策只作了原则性规定，甚至不作规定，由各地根据本地情况制定，因而出现很多政策"空白"；另一方面由于对情况欠全面考虑，很多统一的政策并不统一，二义性的政策较多。调查发现，很多由国家制定的统一政策，由于各地在执行过程中对政策理解的不同，出现很多不必要的差异，导致事实上的政策不统一。作为经办管理体制的衍生，信息化建设也面临同样的问题并产生了严重的后果。

一方面，各类信息系统在地域之间、险种之间以及业务财务之间无法做到无缝衔接，存在大量信息孤岛。比如 26 个下发医疗保险统一业务指标的省份中，只有 14 个省市全部使用统一指标体系，占 54%。其中 4 个省份的统一指标使用率低于 50%，2 个省份制定统一指标后没有实施；

另一方面，各地统一软件使用程度也较低。17 个省份养老保险有全省统一软件，占 64%，但只有 11 个省份全部使用统一软件。15 个省市医疗保险有全省统一软件，占 54%，但只有 6 个省份的统一软件使用率达到 100%。以上也是省内信息系统对接和数据共享困难的重要原因①。

（二）各省份自行招标和分散建设存在诸多问题

由于社会保险管理体制和资金投入体制的原因，在信息化建设过程中往往是各险种、各级社保经办机构各行其是，独自招标，独立地建立各自的信息管理系统，各地的信息化建设主要是由招标企业来完成。虽然人力资源和社会保障部多次颁发文件，要求信息化建设要统一标准，但这种自行招标、分散建设的形式，事实上在目前的投入体制下很难做到统一建设。

以社会保障卡为例：社会保障卡虽然制定了一整套 IC 卡、终端和应用的规范及安全要求，但各地在社会保障卡的卡基质量、卡面样式、应用流程、应用接口等方面依然是各种各样与存在标准的差异。这是因为不同的卡商、系统开发商、系统集成商和具体的开发人员，对于行业规划、业务需求、标准规范的理解往往存在各种各样的差异，导致实际结果和建设目标的偏差。这些都给"一卡通"的信息共享、卡片的共用带来了很多的障碍。

（三）业务需求和信息平台建设的分离存在严重后果

信息化建设中业务和技术的分离是根据金保工程"资源集中管理"的要求②，以信息中心为主体，将社会保险经办机构的硬件资源、技术

---

① 参见孟昭喜：《总结经验创新思路，将数据质量管理工作不断推向深入》，2010 年 10 月。

② 2004 年 11 月原劳动和社会保障部信息化领导小组下发了《关于进一步加快实施金保工程的意见》（劳社部函〔2004〕262 号），提出"地级以上劳动保障部门要积极争取当地政府和有关部门的支持，在 2005 年底前全部建立信息化综合管理机构，对现有的技术人员、设备等实行统一管理"的要求；2005 年 1 月，部信息中心下发《关于印发〈2005 年金保工程建设工作要点〉的通知》（劳社信息函〔2005〕1 号）文件，提出要"加大资源整合力度，将分散在各部门的硬件资源、技术资源和数据资源统一管理"；2005 年 5 月，结合金保工程示范城市建设的要求下发了《关于做好劳动保障数据中心建设有关问题的通知》（劳社厅函〔2005〕162 号），要求在全国省、市级地区建设劳动保障数据中心，对劳动保障各项业务进行整合、集中，同时还提出物理集中和人员集中的要求，即硬件设备物力集中、劳动保障各业务部门中从事信息化工作的技术人员集中统一管理。

资源和数据资源进行了集中，由信息中心下属数据中心进行统一管理。在集中管理之前，全国共有 26 个省份的经办机构拥有业务资源数据库、29 个省份和新疆生产建设兵团（以下简称兵团）的经办机构拥有自己的信息部门和技术队伍，自行维护应用业务信息系统。进行集中管理后，全国地市一级经办机构陆续将设备、数据，部分地区还将技术人员向信息中心进行了集中，并取消了本单位信息部门的设置。

信息系统的业务和技术分离以后，对信息系统的建设带来了诸多的不利影响，主要是造成了信息系统建设和信息应用的脱节，违反了信息数据使用和管理相融合的自然规律，更不利于信息安全的权责对应关系。这是因为经办机构是信息系统的最终用户，承担着使用系统，提高经办工作效率的任务。这种业务和技术分离的管理方式一方面导致经办人员够不着数据，当经办需要数据时，往往无法及时有效地接触到数据。另一方面技术人员由于脱离业务导致对业务的生疏，不利于管理数据，致使数据质量下降，这在调研省份均有反应。更有甚者，由于部分省份的信息系统的运维工作由 IT 公司来管理，导致信息数据的保密安全问题严重违反了《社会保险法》第八十一条关于参保单位和个人信息保密方面的规定。经办机构将业务和技术的分离给社会保险信息化工作带来的不利影响，形象地概括为："需求上不去，资金下不来，数据够不着，运维跟不上。"

第三节　典型国家社保信息系统一体化建设的经验借鉴

一、以社会保障卡为载体的美国社保信息化管理体制

从美国建立社会保障制度伊始，就把社会保障卡作为参保人信息的档案记录，这样做的目的是为方便社会保障工作的开展和管理。但是制度建立初期到 20 世纪 50 年代，对参保人权益信息的记录和管理也是停

留在纸质文档上。随着 20 世纪六七十年代信息技术的发轫，在 IBM 公司的配合下，美国政府把以主机为核心的计算机系统应用到社会保障的经办管理上，开始建立以社会保障号为核心的大型信息数据库，尽管当时的业务流程设计得并不成熟，比如由社保申请人将个人信息填写在表格上，然后再由社保基层经办人员把这些纸质信息录入计算机系统。到 20 世纪 80 年代已建成覆盖全国的计算机信息网络，IT 系统自此成为美国社会保障署日常工作的基石。进入 20 世纪 90 年代，随着互联网技术的发展和网络应用的日益增多，促使克林顿政府开始建设"国家信息高速公路"，网络化办公成为这一阶段的特征，社保经办也开始进入了网络在线办理时代。

美国虽然是个联邦制国家，州一级的权力很大，但在社会保障领域，社保号和社保卡的发放和办理，养老、遗属和伤残保险都由联邦层面的社会保障署统一垂直管理。社保署原为健康与人力资源部的一个下属单位，但出于加强行政管理的考虑，1995 年独立出来，直接对国会负责，目前在全国各地设立了大约 1300 个当地办事处，负责社会保障的经办服务管理工作。

美国的社保信息系统高度集中，主机设在巴尔的摩社会保障署总部。巴尔的摩的计算机服务器保存着几乎所有美国人的人口统计、工资和收益信息资料，每天进行超过 7500 万次交易，该数据中心被称为"国家计算机中心（NCC）"。由于"国家计算机中心"从 1979 年建设至今已有几十年的历史，面临着基础设备老化和处理能力不足的问题。为了满足信息日益增长的需求，保持社会保障总署先进的信息化水平，美国国会 2009 财年拨款 5 亿美元用于建立一个新的"国家支持中心（National Support Center）"，来替代"国家计算机中心"。该支持中建成后社会保障总署将把国家计算机中心的所有信息技术服务转移至国家支持中心。①

美国社保信息化建设对我国的启示是：第一，经办管理及其组织架

---

① SSA FY2014 Budget Justification, pp. 104-105。美国社会保障总署官网，见 http://www.ssa.gov/budget/FY14Files/2014AE.pdf。

构随信息技术的发展而变化。从发展历程来看，美国的社保信息化建设经历了信息管理、在线办理、垂直管理和水平整合的不同发展阶段，每一个阶段都是跟随着信息技术的发展而发展，说明社会生产力的变化会促使组织结构的变革，也即信息技术这个生产力促进着社保信息化管理这个生产关系的变革。第二，政府的高度重视。同样是从美国社保信息化发展历程来看，每一个重要发展或变革阶段都能看到政府的影子，显示出政府的大力支持，比如在信息技术应用之初，社保部门是最先和最大规模应用计算机系统的机构。[①] 这显示出美国政府总是能因应信息技术的变化，加大信息技术的投入，推动信息技术应用到社会建设领域，以此推动政府组织机构的变革，适应社会的发展和民众的需求。第三，社保信息化的垂直管理、水平整合。虽然美国在建立社会保障制度之初就实行了垂直管理的方式，但是养老和医疗经办机构的分别设立，各自负责民众退休待遇和疾病保险有关的公共服务，在信息时代也面临着信息随人走、异地服务和便捷办理的需求和矛盾。面对这种需求，美国政府充分利用了互联网和移动互联技术对社保经办进行了整合，将以前待遇申请、权益支付、缴费、信息变更、投诉等的分别处理，整合为一个窗口受理的一站式服务。与此同时，将养老、医疗和缴费等信息建立一个共享数据库，供各经办机构共同使用。第四，在信息化建设上善于借助外部力量。美国社保信息化的两个关键阶段，都是借助外部力量参与而建设成功的。一次是在社保信息化建设之初，在 IBM 公司直接参与了计算机系统的建立；最近一次是对原来的"国家计算机中心"进行升级改造，美国政府投入巨资外包给著名的国防武器承包商洛克希德·马丁公司负责建设，以建成新的名为"国家支持中心"信息系统，用来适应信息数据增多、信息流动加剧和信息安全的需要。

二、以一站式服务为特色的澳大利亚社保信息化管理体制

1997 年成立的中央联络中心（Centrelink，以下简称"中联中心"）

---

① 杨燕绥：《社会保险经办机构能力建设研究》，中国劳动社会保障出版社 2011 年版，第 247 页。

是澳大利亚联邦政府的一个政府机构，是公共事业部（Human Services portfolio）的六大机构之一，主要从事社会保障等公共服务的协调与提供，是政府社会保障金发放审核机构，它亦是澳大利亚公民接触最多、最大的政府部门，是有 20 个政府代理机构的管理服务部门，在全国大大小小共有 1000 多个服务点。作为政府和百姓之间的服务与沟通桥梁，其突出特点是服务流程：将信息通信技术作为提供服务、流程、信息和处理事务的实际基础，公民只需面对一个窗口、一个工作人员，就可获得全程的和持续的服务；同时各服务网点以相同的程序、规则、法律、政策和工作方式对待客户。

澳大利亚的社保信息网络在建设初期，亦是由各部门或机构各自开发、独自建设自己的系统，在技术标准、规范方面很不统一，导致三级政府之间、政府部门之间的各种系统不兼容，信息资源共享难，给协同办公造成技术障碍。因此，政府逐步意识到标准化是电子政府建设的技术基础，在 1997 年 9 月 24 日颁布《1997 联邦服务递送机构法案》之后，澳大利亚成立了"中联中心"，这被当时首相霍华德认为是服务递送领域 50 年来最大的一次改革。"中联中心"的服务方式主要有四种类型：一是面对面的服务，二是利用电话服务，三是网络在线服务，四是通过信件服务。"中联中心"的服务对象包括退休人员、家庭、单亲父母、失业人员、残障人员、护理人员、寡妇、农民、学生、青少年、土著居民、移民等。"中联中心"坚持以用户为中心，目标是无论用户何时到"中联中心"，用户不需要知道"中联中心"的内部组织结构或者"中联中心"提供的详细服务信息，只要告知自己面临的具体境况，"中联中心"就会根据用户的境况将他们有权获得的所有服务提供给他们，用户只管接受服务，其他一切复杂的处理过程都由"中联中心"完成。

从澳大利亚"中联中心"的组织架构、服务方式和演变历程来看，我们可以吸取的有益经验是：第一，社会保障事务的统一化管理是其成功的根本。"中联中心"所经办的业务起初属于民政部门，也是分散管理，分属于不同的经办机构，只是在成立"中联中心"之后才统一管理。第二，经办服务的一站式办理最大程度低方便了服务对象。因为

"中联中心"的服务对象多是社会的弱势群体，故此在提供服务的方式上特别以用户为中心，比如给新近移民提供语言服务。为达到上述目的，"中联中心"在服务流程整合过程中采用了一个基于用户人生事件的服务递送模型——"人生事件模型"，利用人生事件模型，用户只需描述他们所处的境况，"中联中心"就能为他们提供满足其需求的个性化服务。第三，利用信息技术优化服务流程是实现便民服务的关键。信息化的最重要特点是互联互通，即用户无论在何时、何地、以何种方式都能够获得一致的服务。澳大利亚"中联中心"的做法是通过标准化、规范化的管理将联邦、州、地方的服务机构、服务方式及相关资源进行互联互通、信息共享、业务协同，服务对象只需将其所处境况告诉"中联中心"，"中联中心"就能根据用户的情况，通过后台处理，集成化地将服务提供给用户。

三、利用新技术改变传统服务方式的法国医疗保险信息化管理体制

法国负责医疗保险经办管理的是全国医疗保险管理局（CNAMTS），全国共分为国家、大区、省和地方基层四级医疗管理网络，根据层级不同分别负责不同的经办管理业务。法国医疗保险经办机构的经费来源主要是从医疗保险费、各种社会保障税以及其他税收中列支，并计算在当年医疗保险的总支出里面。其中，日常管理及经办支出占总支出的比例保持稳定，维持在4%左右，其中人员支出占日常管理支出的60%，占总支出的2.1%左右。

法国医疗保险经办管理的突出特征是利用新技术改变传统的服务方式，主要内容包括：一是多网点服务。全法共设有5500个医疗保险接待点，形成了一个庞大而密集的服务网络，绝大多数参保人都能在自己的住处附件找到医疗保险接待点。二是电话服务。2007年专门开通了24小时医疗保障服务号码"3646"，拨打该号即可查询医疗保险的相关政策和进行咨询，也可申请具体业务的办理。三是网上服务。在建设各地门户网站的同时，为了方便参保人、简化服务手续、更好地满足参保者的需求，整个医疗保障系统设立了统一的门户网站，参保人可利用网

站查找住处附近的诊所、医院、医生的联系方式、服务内容及收费标准等信息。四是刷卡报销（医保卡）。法国早在 1998 年就建立了医保卡，第一代社保卡仅记录了参保人员的医疗保障号码。2007 年推出了第二代医保卡，包含了更多新技术，增强了安全性，扩大了信息储量（包含更多服务和行政信息）。根据规划，法国第三代医保卡还将搭载参保人员的指纹记录功能，实现对参保人员身份的标识和认证。目前，通过使用医保卡，参保人员就医的相关费用在一周内即可报销。

法国医疗保险经办管理方式给我们的启示是：第一，以信息化为基础的经办服务多样化。从法国医疗保险的经办实践来看，其开展业务的手段明显多样化，但其有一个突出特点是尽量利用信息技术，采用非现场办公的形式，受理业务、传递信息，以有效分散业务前台的办事压力。第二，从医疗基金中列支经办费用。从法国医疗保险经办机构的经费状况来看，采取的是从基金收入中列支的办法。比如医疗保险管理局每年经办管理成本和人员支出占全国医疗保险基金总支出的 4% 左右。第三，医保卡功能的多样化。法国从 1998 年建立医保卡以来，不断加载医保业务功能，最大限度地增加了服务功能，例如增加了参保人员家庭医生紧急情况下的联系方式、增加了盲文标识和参保人员的照片等功能。

第四节　我国社保信息化管理体制改革的政策建议

目前，随着我国社会保险工作的逐步深入，各类保险业务量不断加大。而且，随着社会的发展，人员流动、跨区域业务办理需求不断增加，面对如此规模庞大而且持续增长的资金量和信息量，要求我国社会保险信息化平台建设必须与时俱进，适应社会保险事业快速发展的需要。对此，笔者认为我国社会保险信息化建设已到彻底改革的时候，要尽快结束目前各自为营、分散实施、诸侯割据的碎片化局面，从影响社保信息化的根本因素——社会保险的管理体制、信息化建设的投入体制和信息化平台的建设体制入手，在全国范围内统一开发信息系统和制定统一标准，尽早建成全国统一标准的、一体化的信息系统。

一、在思想认识上，重视信息化对社保经办带来的革命性变化

如同生产关系要适应生产力的发展，社会保险信息化建设也要适应信息社会的发展。随着我国社会保障事业进入高速发展时期，社会保障相关信息量急剧增加、数据更新日益频繁，这给社会保障信息化工作提出了更高的要求。但是，当前我国社会保障信息化建设可以说尚处于初级阶段，社会保障信息化程度非常低、信息系统分散建设导致信息孤岛现象普遍存在、互联互通和信息共享无法实现，这种状况已经无法满足社会保障事业迅速发展的需要。所以，重新认识社会保障信息化的重要性，重新思考社会保障信息化的重要意义尤为重要。

第一，社保信息化是信息革命的必然结果。众所周知，在信息化革命带动下，每个行业都在发生基因突变。在我们目之所及的地方，几乎所有行业都在发生悄悄的变化，有的行业因变革而浴火重生，有的行业因未及时变革而逐步消亡。可以说是谁实现了信息化，谁就掌握了未来。总结起来，因应信息社会的变革主要是两点，一是信息技术的应用，二是组织结构的变革。联系到社保信息化就是，如果说金保工程一期主要变革是数据库和信息平台的建设，目的是利用信息平台支持社保的经办管理，那么金保工程二期的变革或者是未来的社保信息化变革就不能是这么简单的事情了，可以预见的是它在将信息技术内化为工作特征的同时，还将在组织结构上改变社保经办服务体系、管理手段等，从而带来工作流程、业务办理方式的变革。否则，社保的经办服务管理一定不能适应信息社会的发展。

第二，社保信息化是社保发展的必然趋势。从国际经验看，社会保障系统记录的个人信息是最全面、最细致、最准确的，社会保障系统与银行、税务、治安等系统联网，可以为整个经济的管理提供支持。而我

国的社保信息又由于人口基数大、社会经济正经历急剧变革的特点，信息具有量大复杂且急剧增加、数据更新频繁的特征。不要说传统的手工操作和单机管理等方式已经不能适应社会保障事业迅猛发展的需要，即便是目前以数据集中和互联互通为目标的建设也难以适应信息时代发展的要求。故此，社保信息化建设的步伐要迈得更大些。因为它不仅是我国社会保障事业发展的内在要求，更是对于提高宏观决策水平、加强社保基金监督、适应人员频繁流动和统筹层次逐步提高的需要。例如美国在信息时代发展的两个关键时期，都投入巨资建设社保信息数据中心，一个是 20 世纪 70 年代末期建设的"国家计算机中心"，另一个是新建设的"国家支持中心"。这说明，因应时代的发展而变革是社保发展的必然趋势。

第三，社保信息化是改变公共服务方式的必然选择。社会保障是民生的关键，亦是社会建设的重要领域，而如何尽快地将民生需要递送到民众手中，是社保经办管理需要重点考虑的问题。纵览发达国家的社保经办经验，无不利用信息时代信息化的优势来解决和转变公共服务的方式。比如澳大利亚因应信息社会到来成立的"中联中心"，把过去提供公共服务的分散办理改为了"一站式"照单全收，从根本上改变了公共服务递送的方式，最大程度地保障了公共服务快捷而又人性化的传递。我国要想从根本上解决参保人员基数增大、异地迁徙增多以及数据交换增强的问题，必须借助信息化这一新的经办服务方式，利用信息技术对社保经办管理的组织架构、业务流程重塑再造，以保障民众服务的需求。

可以说，面对当前我国碎片化的信息系统，不是要不要改革的问题，而是必须改革的问题，也就是目前的社会经济发展形势在倒逼着社保信息化的改革。因为如果过去说信息化是提高社会保险经办服务管理效率和质量的一种手段和工具，那么今天可以说信息化就是社会保障事业发展的基础平台，是社会保障事业发展的内在要求，离开信息化就无法实现社会保险业务的经办，也不可能实现构建覆盖城乡居民的社会保障体系的目标。

二、在社会保险管理体制上，加快推进体制改革

从前文对社保信息化存在问题的原因分析中我们得知，社保信息碎片化的根本原因在于我国社会保险管理体制存在的诸多问题：一是社会保险的属地化管理制约了社保信息化建设的资金投入；二是社会保险险种的分设管理既造成了信息化的重复建设，也导致了信息数据的分割；三是信息平台与经办机构的分离，致使经办业务与信息技术脱节，导致信息数据利用效率低下。基于此，我们认为推进社保信息化的改革首先应改革社会保险现有的管理体制：

第一，成立具有行政管理职能的社会保险局。在社会保险经办实践中，多地反映社会保险经办管理机构的弱势地位严重影响了经办管理的效率。究其原因，作为参公管理的社保经办机构，无论在行政级别上，还是在行政职能上，都无法与其所承办的业务内涵相适应。故此，笔者建议中央要统筹、长远规划，建立具有行政管理职能的社会保险局。一方面，由于之前我国包括社会保险在内的经济、社会改革，都是缺乏顶层设计的"摸着石头过河"式改革，这种改革方式造成险种分设、机构不一的局面不足为奇，这是当时的国情。但是，我国经济社会发展到今天，经济条件和社会机构都已经发生了深刻的变革，尤其是社会流动加剧，包括城乡流动、地域流动、职业流动等，致使社会保险关系的转移接续日益复杂并且量大，这就要求中央一定要做好顶层设计，尽快建立统一、整合的社会保险管理新格局。另一方面，社会保险属于强制性保险，理应赋予行政管理权力。由于社保经办机构缺乏强制性法律保障的权限，在之前的社保经办管理中遇到不少执行方面的瓶颈，这在各地调研中均有反应。比如由于缺乏执法权，经办机构遇到社会保险费的征缴、社保欺诈的惩罚时，必须依靠劳动监察部门配合，但是由于法律衔接上存在空白，屡屡出现两个部门配合不力的局面，导致一些社保违法行为得不到有效处理，严重影响了相关部门的整体形象。

第二，整合五险，建立统一、垂直的管理体制。在前文分析中我们得知，我国社保信息碎片化的直接原因是统筹层次低和险种分设的问题，尤其是统筹层次低的问题。所以笔者大胆建议，在成立具有行政管

理职能的社会保险局基础之上，再整合五险使之统一管理，继而实行从中央到地方的垂直管理。从理论上讲，实行五险的统一管理好像争议不大，大家都知道统一管理的益处以及分散管理的弊端，但是在社会保险的属地管理和垂直管理上争议的声音却很大。的确，属地管理或是垂直管理都有其利弊，但是笔者认为社会政策要依据社会结构的变化而调整。如果说之前的属地管理是基于当时人员流动很少的单位制社会特征而制定的，但在当前人口流动频繁的社会状态下，社会保险最合适的管理方式应该是垂直管理。这在国际上有许多有益经验可以借鉴，比如澳大利亚"中联中心"的成立，就是基于过去社会服务分散递送的效率不彰，在新形势下利用信息技术的优势，整合各个社会保障服务部门，形成统一、垂直管理的"中联中心"，不仅提高了服务效率，还促进了社会服务的人性化。

第三，建立独立的社会保险信息技术平台。自从金保工程启动以来，社会保险的信息管理主要由当时成立的信息中心来承担，根据这么多年的运营情况来看，社会保险信息的业务经办和信息技术平台的分离对社保经办工作造成了很多障碍。一方面，当经办人员需要数据时，往往不能及时得到数据的传输和反馈。另一方面，技术人员管理数据一般对数据不熟悉，导致数据质量的生成质量不够理想，更有一些地方由于平台的运维是由 IT 公司来承担，还会造成信息数据的外泄。所以，建立独立的社会保险信息技术平台是有必要的。比如美国的"国家计算机中心"和"国家支持中心"都是专门的社会保障信息技术平台。当然，这个独立的平台不是封闭的平台，而是能够与人力资源和社会保障的其他数据及时互联互通的平台，也是能够与人口计生、工商税务、福利救助、公安户籍等互联互通的平台。

三、在资金投入上，改地方分散投入为国家统一投入

造成我国信息平台分散建设，各地信息标准不统一，不能实现有效的互联互通和信息资源共享的一个根本原因是国家统一投入的缺失。在此情况下中央政府把信息化建设投入的责任强行推到地方，但是与此同时也把信息平台建设的权力让渡给了地方，自然地就形成了目前信息化

建设诸侯割据的局面。客观地说，这种局面是社会保险的属地化管理造成的，而社会保险的属地化的管理又是当时计划经济时代人是固化的社会结构的产物，所以在社会保险各险种起步时，基本都是县级统筹，即"一县一策、一县一经办模式和一县一账表卡册"，也就是说全国有2000多个县，也就有2000多个基金管理单位。虽然说社保信息化建设的资金投入不是以县为单位，但是较低的社会保险统筹层次直接决定了信息化建设资金投入的低层次性和分散化。

基于此种原因，笔者认为要借鉴社保信息化建设先进国家的经验，为确保信息化建设和维护资金的稳定来源，国家应该自上而下启动一揽子信息化建设规划，把其列为一项专门工程，项目进行专项建设，资金进行专门投入。具体而言，在信息化建设上，国家采取一次性投入的方式，美国的两次信息化建设都是如此，最近一次更是斥资5亿多美元用于信息化设备的更新；在信息平台的运行维护上采取在社会保险基金中列支的方式，法国医疗保险的信息化建设采取的就是这种资金支持途径。

采取这种资金统一投入的方式，既是国际先进国家的经验做法，更重要的是我国信息化建设屡次面临资金投入困境的现实要求。虽然中办发〔2002〕17号文件明确规定了社会保险信息化建设和运行的资金投入渠道，但是没有明确各级政府应该投入的具体数量，导致各地信息化建设投入不一。在中央投入不足的情况下，只能依靠各地自己去化缘，导致富裕的省份投入就多些，信息化建设相应就成熟一些，而欠发达地区的投入就严重欠缺，许多县级经办机构甚至还停留在手工操作阶段，这就造成了信息化建设地域之间的不平衡，从而影响了信息数据的互联互通。即便在经济发达省市，也经常面临不能保证及时投入的困境，在资金投入上经常依靠银行、依靠企业，这也直接造成了信息安全的问题，此类问题在山东和北京的调研中都有反应。

与此同时，信息化建设资金的中央统一投入，也有利于信息化建设的统一规划和信息标准的统一。按照"权责对应"的逻辑，中央投入资金当然决定着中央有权进行统一规划和标准的制定，而不是目前仅限于建设方案和标准的指导，并且信息的标准化和统一化是互联互通的关键。此外，统一投入还可以避免目前普遍存在的重复建设和资金浪费的现象，把有限的资金用在关键地方。

四、在信息系统建设上，改地方分散建设为国家统一建设

信息的标准化是信息系统平台建设普遍遵守的规律，因为只有标准统一的信息系统，才能最大限度地发挥互联互通的作用。但是由于我国社会保险信息化在建设中存在分散投资、分散建设的问题，并且在建设中缺乏全国统一的规划标准，导致标准不统一的问题成为社保信息化建设中一个十分突出的问题。笔者一直认为，什么样的社会结构决定什么样的社会政策，而不同的社会政策则需要不同的管理方式。社保信息平台建设亦是如此。面对当前社会流动加剧，人口流动频繁，信息数据日益庞大，信息数据的交流日益复杂而频繁的新的社会形态下，分散而标准不统一的信息系统建设再也不能适应新形势的发展要求了，这就需要建设一套标准统一的社会保险信息系统，而实现此目标则要求在未来的信息化建设上做到统一规划设计、统一标准规范、统一建设使用。

要想做到信息系统建设的"三统一"，要求在信息化建设上必须做好顶层设计，彻底摒弃过去由中央出台指导标准，各地再根据自身实际进行改造，同时在建设上各自分别外包给不同公司实施的混乱建设局面；要求信息平台核心数据库及核心应用系统由中央统一组织开发，按照"三统一"的原则进行部署实施和推广应用。在建设中要规范所有工作程序，使用统一的数据标准和技术标准，从根本上建成全国统一的社会保险信息管理网络平台，确保社保信息资源从源头到应用始终符合标准统一和互联互通的要求。

总之，造成我国社保信息化建设混乱局面的根本原因是社会保险管理体制的混乱，这种混乱在横向上表现为各险种分立、机构分设，在纵向上表现为统筹层次太低无法做到统一管理。而这种各自为政的分散管理直接决定着信息化投入无法实现统一，在国家层面缺失统一投入的情况下，中央政府把投资的包袱甩给了各级社保部门，相应地也把信息化建设的权力下放到了各省份甚至是各地市，各地自行建设信息平台自然导致信息系统的诸侯割据，进而导致信息系统无法互联互通和共享。针

对上述分析，笔者认为要想从根本上解决信息化建设存在的问题，必须在充分认识社保信息化建设重要意义的基础上，下决心改革目前的社会保险经办管理体制，从分散、属地管理变为统一、垂直管理，只有这样才能做到社保信息化建设的统一体制管理、统一资金投入、统一建设使用，最终消灭信息孤岛，实现社保信息的互联互通和信息共享，为我国社会保险事业的发展当好助推器。

第四章 社会保障社会化服务管理

党的十八大强调，要加强和创新社会管理，改进政府提供公共服务方式。新一届政府明确提出在公共服务领域更多让利于社会力量，加大政府购买服务力度，并将其作为进一步转变政府职能、改善公共服务的重大举措。社会保障作为重要的公共服务之一，目前面临经办服务供给能力严重不足，难以满足日益增加且多样化的服务需求。李克强总理指出，增加服务供给，满足社会需求，必须把政府的作用与市场和社会的力量结合起来，凡适合市场、社会组织承担的，都可以通过委托、承包、采购等方式交给市场和社会组织承担，这样既能加快解决公共服务产品短缺问题，又能形成公共服务发展新机制，对企业、老百姓和政府，都是"惠而不费"的好事①。党的十八大报告和总理讲话实际上强调的是公私合作（Public-Private Partnership，PPP）在社会保障服务提供中的重要作用，为社会保障社会化服务管理改革发展指明了方向。

第一节 社会保障社会化服务管理的兴起

一、社会保障服务社会化兴起的原因

第二次世界大战后，无论是资本主义福利国家还是社会主义国家的

---

① 新华网，2013年7月31日，见 http://news. xinhuanet. com/fortune/2013-07/31/c_125097535. htm。

国家（企业）保障制度，都强调政府包揽社会保障事务，社会保障财政兜底甚至直接纳入预算。社会保障国家化、行政化程度不断提高，而社会化程度有所下降。但20世纪80年代后，社会保障服务社会化，即政府、市场主体和社会组织合作提供服务再次兴起，原因有四个。

第一，经济增长缓慢、人口老龄化和财政支出压力下，要求优化资源配置实现服务效率最大化。石油危机引发的经济滞胀和人口老龄化程度不断加深，使许多发达国家出现严重的社会保障财务危机。由于政府对社会保障的过度干预，社会保障制度财务危机又导致政府财政不堪重负。社会主义国家的国家保障模式也遇到和资本主义国家类似的财政问题，甚至更加严重。由于大多数国家已经进入或开始进入老龄化社会，社会保障要承担更多的保障和服务，国家和政府不堪重负，必须构建多元化服务提供体系。在这种背景下，英国、美国和智利等国在不同的公共服务领域实行私有化，将原来政府承担的服务提供责任转移给社会，典型的是智利的养老金私有化改革。

第二，政府社会保障服务存在问题，而营利性或非营利性社会组织在提供服务方面优势显现。社会保障的国家化、行政化难免引发社会保障服务管理组织复杂化，人员臃肿，管理成本居高不下，且不利于形成以为公众中心的服务提供理念；使社会保障权力和责任过分集中于政府一身，无法发挥企业和社会组织的力量和比较优势，行政化的服务提供方式无法满足公众专业化、多样化的公共服务需求；社会保障国家化、行政化无法充分利用现代技术和专业服务方法提高服务效率。社会保障服务由政府还是由市场提供长期争论不休，福利国家时期过度强调市场失灵，当政府失灵出现时，必然出现要求提高市场在社会保障服务中作用的呼声。

第三，新公共管理理论、公共事务管理多中心主义及公共治理理论的影响。新公共管理理论和公共事务管理多中心主义强调竞争和绩效，具有市场导向和交易特征。公共治理的价值落脚点是利益相关者对一个特定共同体公共事务的共同参与和协同影响，具有参与主体的广泛性、多方合作性、风险责任的共担性，有利于社会活力和潜力的发挥和社会和谐。

第四，联合国、世界银行、OECD、亚洲开发银行等国际组织积极推进公共物品提供的 PPP 模式。这些国际组织通过大量的实证研究证明，组织良好的 PPP 可以吸引社会资本参与公共物品提供，降低财政负担，利用私人部门的技术优势、管理优势提升服务提供效率。

在这样的背景下，各国一方面在社会保障公共服务提供机构引入竞争和绩效管理；另一方面就是充分利用私人部门，建立规范、可靠、有效、公开的公共采购体制，将部分公共服务外包出去或通过政策优惠鼓励非营利机构、社区服务机构承担部分社会保障公共服务提供职能。这实际上就是将 PPP 模式引入社会保障服务的提供，实现社会保障服务的社会化。

二、公私合作（PPP）模式及其在社会保障服务提供中的应用

PPP 大规模引入社会保障等公共服务领域起始于 20 世纪 80 年代工业化国家的福利改革，尤其是里根和撒切尔政府的福利紧缩改革。改革的核心是紧缩公共部门支出，措施包括：将部分服务委托或外包给营利性私人部门，引入市场竞争机制克服官僚体系的缺陷，提高质量和效率，同时节省成本；培育非营利组织承接公共服务机构服务提供的能力。[①] 具体操作就是政府部门作为发包方，通过签订外包合同、代理合同和提供政策优惠或补贴等形式，将服务提供承包给符合资质条件的市场主体或社会组织，政府主要承担对公共物品或服务生产的质量和过程进行界定、监督、控制和评估。

PPP 模式在水利、交通、通讯、电力等公共物品提供中比较普遍，但在社会保障中的应用相对较晚。主要原因是：第一，社会保障的公共属性更强。水利、交通等成为公共物品主要是基于其经济上的非竞争性和非排他性带来的供给不足，社会保障的很多项目是基于公民权利建立的，虽然政府可以将具体服务项目外包出去，但仍应承担最终供给责任。政府购买仅仅是将公共服务的提供方式社会化，并不是将政府应承

---

① Johannes Jutting, "Public-Private-Partnership and Social Protection in Developing Countries: the Case of the Health Sector", Paper presented at the ILO workshop on "The Extension of Social Protection", 1999, p. 4.

担的责任社会化，只是政府不再作为公共服务的唯一提供者，而是更加注重与社会的合作，提供质量可靠、覆盖广泛的诸如养老服务、医疗服务等公共服务依旧是政府不可推卸的职责。第二，社会保障中的 PPP 模式更注重非营利社会组织和社区组织的参与。社会保障不仅仅是一个经济事务，更是一项社会事业。过度重视与营利性组织合作是私有化，如拉美国家的养老金改革。多数国家在社会保障社会化服务中越来越重视非营利性组织和社区的作用。第三，社会保障的 PPP 模式中，以模块外包为主，整体外包为辅。社会保障是与公众直接交往最多的公共服务，而且涉及个人隐私，在实践中多数国家根据经办业务模块和流程将部分业务外包出去，以实现公共目标与私人企业、社会组织在管理技术、专业化服务手段和服务设施方面的优势互补，涉及参保人基本信息的登记和申报业务则罕有外包。

三、将 PPP 模式引入社会保障社会化服务的必要性和可行性

理论上提升社会保障公共服务能力主要有两个途径：一是加大对公共经办机构的人力、物力、财力支持以及采用信息化与先进技术优化治理结构提高服务效率；二是服务社会化，将部分业务外包给市场主体或社会组织。

近年来第一种途径已经在我国得到了极大的发展，但仍无法满足公众对于高效、便捷、快速服务的需要。社会保险经办机构①的数量由2000 年的 4787 个增加到 2013 年的 8363 个，同期编制人员由 7. 11 万人增加到 15. 98 万人，实有人员由 7. 49 万人增加到 17. 43 万人。近年来，尤其是 2009 年后，国家对经办机构的财政支持力度也不断加大。2012年全国经办机构总预算 132. 37 亿元，比上年增长 16. 81%，实际总支出148. 11 亿元，增长 12. 77%。与 2010 年相比，商品和服务、基本建设、人员和其他四项经费支出分别增长了 19. 1 倍、16. 1 倍、19. 2 倍和 16. 8

---

① 这里的经办机构包括职工养老保险（含多险合一）、医疗保险（含医疗、工伤、生育险合一）、工伤保险、新型农村社会养老保险、城镇居民社会养老保险和机关事业单位养老保险经办机构，不包括失业保险和新型农村合作医疗经办机构。

倍。在硬件上，经过 2010 年以来的快速推进，以各级社会保障经办机构为主干、以社区社会保障工作平台为基础的社会保障管理服务组织体系和服务网络基本形成。以金保工程为核心的信息化建设以及经办机构的内部治理和能力建设快速进展。[1]

　　然而，服务能力仍然无法满足社会保障事业的发展。1993 年以来，中国社会保险制度参保人数增加远超过经办机构能力建设的速度。截至 2013 年底，城镇职工五险合计参保 11.2 亿人次，城乡居民基本养老保险参保 4.98 亿人次，城镇居民基本医疗保险参保 2.96 亿人次，新农合参加 8.02 亿人次，而经办服务人员受编制和财力的原因增长相对较慢，导致人均服务负荷比过高。[2] 2013 年，我国养老保险经办人均负荷是美国的老、遗、残保险制度（OASDI）的 2.81 倍。[3] 经办人员的超负荷工作必然影响"精细化管理"政策的落实，此外管理技术、专业化服务手段不足也制约服务质量的提升。

表 4-1　2000—2013 年养老、医疗、工伤、居保、
机保五险参保人次与工作人员对比

年度	工作人员（个）	参保人次（万）	人均负荷（个）	工作人员增长率（%）	参保人次增长率（%）	人均负荷增长率（%）
2000	74945	20663	2757			
2001	85056	24073	2830	13.5	16.5	2.7
2002	98071	25949	2646	15.3	7.8	-6.5
2003	104494	27851	2665	6.5	7.3	0.7
2004	112675	32524	2887	7.8	16.8	8.3
2005	116445	37028	3180	3.3	13.8	10.2
2006	124736	51225	4107	7.1	38.3	29.1
2007	129085	62397	4834	3.5	21.8	17.7

----

[1]　人力资源和社会保障部社会保险事业管理中心提供。

[2]　人力资源和社会保障部：《2013 年度人力资源和社会保障事业发展统计公报》；新型农村合作医疗保险数据来源于国家统计局在线数据库（http://data.stats.gov.cn/workspace/index? m=hgnd）。

[3]　郑秉文主编：《中国养老金发展报告 2013——社保经办服务体系改革》，经济管理出版社 2013 年版。注：美国是 2012 年数据。

年度	工作人员（个）	参保人次（万）	人均负荷（个）	工作人员增长率（%）	参保人次增长率（%）	人均负荷增长率（%）
2008	133043	76371	5740	3.1	22.4	18.8
2009	140656	89445	6359	5.7	17.1	10.8
2010	150376	97444	6480	6.9	8.9	1.9
2011	161824	139966	8649	7.6	43.6	33.5
2012	172177	166876	9692	6.4	19.2	12.1
2013	177430	175351	9883	3.1	5.1	2

资料来源：人力资源和社会保障部社会保险事业管理中心提供。

在这种背景下，进一步提高社会保障公共服务的社会化程度，实现服务供给主体和方式多元化成为克服政府提供能力不足困境的重要措施。党的十八大后，我国将社会保障公共服务的社会化上升到政府从全能型政府向有限政府转变的高度，从管制型政府向服务型政府转变，政府的主要职能也正在从经济调控和市场监管向社会管理和公共服务转变。

从营利性主体提供服务的可行性上看，市场主体具有接包社会保险经办相关业务的动力和能力。首先，社会养老保险巨大的基金收支规模是吸引商业银行、保险公司、基金管理公司等市场主体积极参与社会保险服务提供的基础。这些从补充养老保险企业年金的市场服务提供情况可见一斑。2017 年末全国有 8.04 万户企业建立了企业年金，比上年增长 5.4%。参加职工人数为 2331 万人，比上年增长 0.3%。年末企业年金基金累计结存 12880 亿元。[①] 2017 年，全年五项社会保险（含城乡居民基本养老保险）基金收入合计 67154 亿元，比上年增长 10257 亿元。[②] 基本社会保险庞大的业务规模无疑对市场主体有极大的吸引力。其次，银行、保险公司、基金管理公司等市场主体已经在提供企业年金、新农合业务、基本养老保险代理收缴、基本养老保险代理支付、基金专户管理等领域与社保机构开展了业务合作多年，其专业实力、网点

① 人力资源和社会保障部：《2017 年度人力资源和社会保障事业发展统计公报》。

② 人力资源和社会保障部：《2017 年度人力资源和社会保障事业发展统计公报》。

分布、业务经验等优势已经显现。

从非营利性主体提供服务的可行性上看，社会组织发展已具规模。截至 2018 年底，全国共有社会组织 81.7 万个，其中社会团体类 366234 个，基金会 7034 个，民办非企业单位 44.4 万个。① 可以加强指导、扶持培育使其成为社会保障服务重要的提供者。

此外，从《政府采购法》实施至今，政府采购步入规范化、法制化的发展时期。尤其是 2014 年新一届政府积极推动政府加大公共服务购买，各地开始积极研究出台具体实施办法和指导目录，为社会保障服务提供社会化进一步发展注入新的动力。

第二节　社会保障社会化服务管理 PPP 模式运行机制和国外实践案例

一、PPP 模式治理参与伙伴及其优势和风险分析

PPP 是指政府、营利性企业和非营利性组织基于某个项目而形成的相互合作关系的形式。其他相关的名词还包括私人部门参与（PSP）和私有化。尽管三个名词有时被混用，但实际上存在一定的差异。

PPP 模式通过一定的合作机制由私人部门提供公共服务，但承认政府在确保服务质量和效率上负有最终责任。成功的 PPP 项目需要将任务、责任和风险在公共与私人部门之间最优分配。PPP 模式强调利用公共与私人部门的分工合作和优势互补，伙伴关系的合作结构要使任务分配给最适合承担的组织，风险转移给最擅长管理的组织，从而实现成本最小化，提高服务绩效。通过这种合作形式，合作各方可以实现共赢，达到比预期单独行动更有利的结果。PSP 强调将服务提供责任转移

---

① 民政部：《2018 年社会服务发展统计公报》，见 http：//www.chinanpo.gov.cn/2201/66026/yjzlkindex.html。

给私人部门，但不注重私人合作伙伴的机会和利益，在 20 世纪 90 年代后期，由于受到社会的反对而日趋式微。① 私有化则是将公共服务提供责任、任务和风险几乎完全转移给私人部门，政府只负责监管和规范。

PPP 模式强调优势互补和合作共赢以及社会保障服务业务环节较多的特点决定了参与的私人伙伴应具有多样性。包括政府社会保障经办部门、营利性组织、非营利性组织。其中，非营利性组织又包括以成员为基础的组织（Member-Based Organizations，MBOs）、以社区为基础的组织（Community-Based Organizations，CBOs）。从制度角度看，政府、市场和社会组织建立合作关系和遵守承诺的激励机制不同、在社会保障服务提供中的优势不同，通过政府指导的多方合作可以实现优势互补，才能满足参保人多样化的需求（见表4-2）。

表4-2　社会保障服务提供者特征和优势

	政府	营利性组织	非营利性组织
服务提供组织	社会保障经办机构	银行、保险、邮政、基金管理公司、信息技术公司、会计师事务所、律师事务所、咨询公司、私立医疗机构等	MBOs：各种协会、互助组织；CBOs：社区、农村自治组织；其他：教会、自愿者
组织方式	自上而下	公司治理	多数是自下而上
激励因素	履行法律法规规定职能，完成任务	利润、社会责任	互惠，自利，自愿，互助
优势领域	PPP 战略规划，任务、责任、风险分配	专业技术、服务网路和设施	面对面终端服务
适合承担的业务	登记、缴费申报、资格待遇审核、监督、评估等	代收缴费、待遇支付、稽核、基金管理、账户管理、信息技术支持等	咨询、宣传、待遇支付、代收、监督和反欺诈

资料来源：Johannes Jütting, "Social Security Systems in Low Income Countries：Concepts, Constraints and the Need for Cooperation", *International Social Security Review*, Vol.53, Issue 4, December 2000；Asian Development Bank, *Public-Private Partnership Handbook*, ADB online Publishing, 2008；等等。作者根据上述文献总结。

---

① Asian Development Bank, *Public-Private Partnership Handbook*, ADB online Publishing, 2008, p. 2, http：//www.adb.org/sites/default/files/pub/2008/Public-Private-Partnership.pdf.

PPP 模式在公共服务部门的广泛应用不仅源于公共部门、营利性组织和非营利性组织在社会化保障服务提供中具有不同的优势，也由于不同部门应对风险能力在不同服务环节存在差异。社会保险本质上也是保险，存在道德风险、逆选择、共同变量风险（即违反大数定律），以及服务成本和效率、质量、公平性和可及性方面的不及风险。有学者从理论上总结了不同服务提供主体在医疗保险中应对各类风险能力差异，但对其他社会保险和社会保障也适用（见表 4-3）。结合表 4-2 和表 5-3 可以看出，公共部门通过强制参保可以有效应对逆向选择并分散共同变量风险，这决定了参保登记、缴费申报、资格待遇审核是其核心服务环节，不宜转移给私人部门，只有如此才能实现全覆盖。营利性私人部门的管理、技术以及服务网络优势可以有效降低成本、提高服务的效率和质量，可以承担代收缴费、待遇给付以及相关专业技术服务，克服公共部门提供时的高成本、低质量、低效率。非营利性私人部门的基层网络优势能有效降低道德风险，可以将日常监督和反欺诈业务环节服务外包给他们。总之，理论上除公共部门的核心业务外都可以以外包或委托等形式转移给私人部门，具体选择营利性还是非营利性私人部门取决于当局对服务质量、成本和效率与服务可及性和公平性目标的权衡。

表 4-3　社会保障服务提供中不同部门应对风险能力差异

	道德风险	逆向选择	共同变量风险	成本和效率	服务质量	服务可及公平性
公共部门	--	+++	+++	--	-	++
营利性私人部门	+	--	++	++	+++	---
非营利性私人部门	++	-	?	+/-	+/-	++

资料来源：Johannes Jütting, "Socialsecurity Systems in Low Income Countries: Concepts, Constraints and the Need for Cooperation", *International Social Security Review*, Vol. 53, Issue 4, December 2000, p. 10.

二、PPP 模式合作方式和建立程序及成功合作的措施

前面论述的 PPP 模式具有的实现公共部门和各种私人部门在提供

社会保障服务中优势互补的特性只是理论上的可能性。实践上还要设计和选择合适的合作方式、科学的合作执行程序和严格的监管制度才能将可能转变为现实。

（一）合作方式

在社会保障服务提供中公私合作主要采取以下几种：合同外包、特许经营、私人融资倡议以及其他方式。

合同外包（Contractingout）是为精简机构、提高公共资金的利用效率、利用私人部门的专业化服务和技术，公共部门与私人合作伙伴签订服务合同、管理合同、建造合同、维护合同和装备合同以及租赁合同，将自身承担的部分公共服务提供业务转移给私人部门。

特许经营（Concession）在社会保障服务领域有两种形式。第一，公立医院、康复保健机构的建设和维护。在保持公有产权的基础上，由私人部门负责新投资、运营和维护，私人部门从运营收益中获得补偿。这种特许经营以英国的私人融资倡议（Private Financing Initiatives）为典型。第二，医保定点医院和定点药店特许经营。社会保障机构将特许经营权直接授予特许经营申请者，获得特许经营权的被特许者按照特许经营合同设立特许点，开展经营活动。

公私投资伙伴关系（Public-Private Investment Partnerships）是在私人融资倡议基础上发展起来的一种特殊的特许经营方式。公私投资伙伴关系中私人部门不仅参与公共医疗保健服务设施的投资、运营、维护，而且参与临床医疗和照料服务提供。

其他方式包括免费进入和私有化。免费进入主要指非营利性组织、社区部门自愿参与社会保障公共服务提供，政府给予一定的政策优惠。私有化就是将社会保障服务的提供业务完全转移给私人部门，政府主要承担监管服务质量和效率责任，并通过金融财政手段激励影响私人部门行为。

（二）合作关系建立

PPP 模式是政府主导的公私合作，在合作关系建立过程中起关键作用。从程序上看，社会保障服务与其他公共物品和服务的 PPP 合作基本相同（见图 4-1）。主要包括三步：

第一，战略规划准备。公共社会保障部门必须在国内外专家团队的

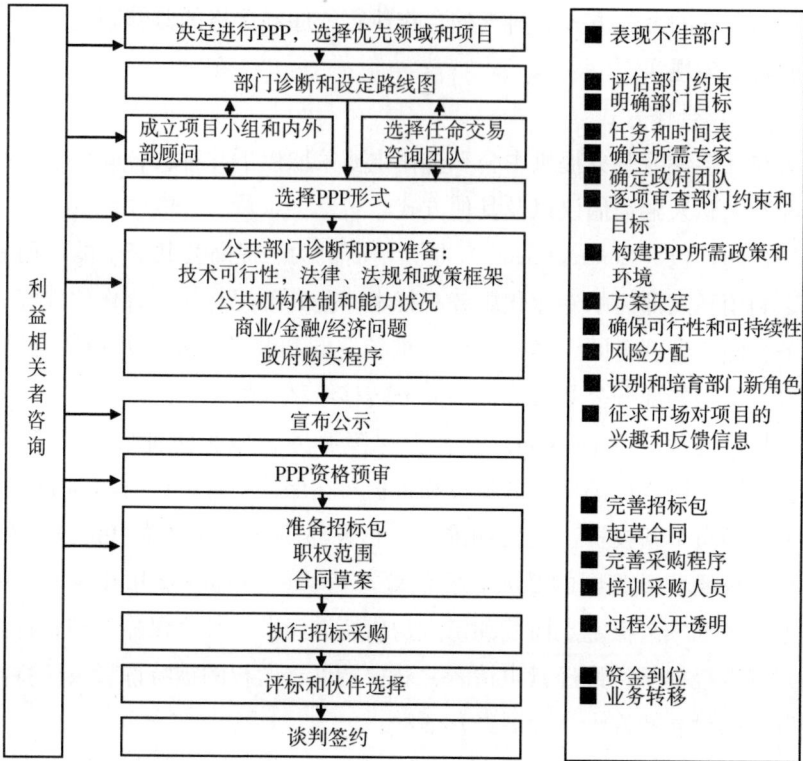

图 4-1 PPP 伙伴关系建立程序

资料来源：Asian Development Bank，*Public-Private Partnership Handbook*，ADB online Publishing，2008，p. 13.

帮助下，根据业务程序和现实提供能力确定可以转移给私人部门提供的服务领域和项目；进行任务分解，从战略上分析将业务转移给私人部门的收益和风险；选择适合的 PPP 模式。

第二，技术和政策分析。既包括对国家法律法规政策的分析，也包括对公共社会保障机构自身能力和服务提供效率、质量的评估，还要对通过 PPP 模式将服务提供转移到私人部门后的具体商业、金融、经济的分析，以及购买服务方式选择和执行准备。

第三，招标和签约。按照政府采购法律法规，制定和完善招标条件，然后和中标私人机构谈判建立伙伴关系细节并签约。

（三）合作成功的因素

国外有专家（Irina A. Nikolic 和 HaraldMaikisch，2006）研究了医疗保障服务领域 PPP 模式的经验教训，分析了促使这些经验在一定程度上可以推广到其他社会保障服务提供中的要素。第一，需要签约前期细致的规划、技术分析、全过程与利益相关者进行对话、及时向相关专家和专业机构咨询、保证招标过程的透明性和竞争性；第二，在执行 PPP 合同时要注重合作的战略性，在与利益相关者及时沟通的基础上，允许及时根据执行情况做出调整；第三，明确 PPP 合作的目标和标准，建立完善的内部和外部监督机制，监督和审计发现问题要及时总结并做出相应调整和改进（见表4-4）。

表 4-4　PPP 模式成功的要素

准　　备	执　　行	监督和调整
▶确保充足的法律和财政能力 ▶基于实情评估对比建议方案和其他方案 ▶建立一个专责的小组、顾问委员会和/或接近决策当局的项目管理办公室 ▶审查和鉴定项目目标和审查标准 ▶评估风险并制定风险缓解计划 ▶准备透明和有效的招投标程序 ▶制定有效的监督和评估框架	▶选择合作伙伴 ▶签约并解决可能的风险 ▶根据情况相应调整合同的司法审查和审计能力 ▶制定详细的质量和性能标准和目标 ▶确保所有的利益相关者在项目执行时全面及时沟通 ▶实施变革管理沟通策略 ▶试点阶段允许根据需求及时调整	▶确保持续监督，预先设定标准和目标 ●内部（公共部门现场监督和报告） ●外部（授权有资格权威机构，审计） ▶调整项目任何可能部分，包括反馈监督结果并吸收经验教训、所有关键利益相关者认为必须调整的部分 ▶根据经验教训构建公私合作/伙伴关系专门知识库

资料来源：Irina A. Nikolic and Harald Maikisch，"Public-Private Partnerships and Collaboration in the Health Sector"，The World Bank，2006，p. 8.

三、国外案例

2004 年，国际社会保障协会（ISSA）和埃森哲公司（Accenture）对 36 个国家的 67 个机构的问卷调查研究发现，89% 的社保机构至少已将一个以上的职能外包出去。75%以上的社保机构将信息技术的开发应用外包；约70%的机构将信息技术维护外包，约50%的机构表示它们至少已经将一些服务项目外包出去，比如医疗保健服务、失业咨询以及其他由单位提供的服务项目①。

（一）合同外包或委托

公共社会保障经办部门根据服务需求、自身能力将部分业务转移给社会合作伙伴是西方国家的普遍做法。

第一，通过签订战略合作合同委托金融机构代收社会保险费、代发待遇，充分利用这些机构的专业化和服务网点优势。例如，2004年希腊社会保障经办机构（IKA）将约一半的客户联系职能和大量的服务提供业务外包出去，发放养老金所需要的时间从5个月缩短到2个月，并使不遵缴比例降低了10%②。

第二，将技术要求较高的业务外包。例如，"服务加拿大"成立之初就将"新合作伙伴关系方法（New Partnership Approach）"作为提升公共服务质量和效率的重要途径。"新合作伙伴关系方法"，加强了与传统上被排斥在政府项目之外的私人部门建立合作关系。如培育与IBM、埃森哲、凯捷和加拿大CGI集团的伙伴关系，购买这些公司的技术和管理咨询。"服务加拿大"的负责人Flumian指出，"购买多家国内外私人公司的技术和服务一方面是利用其在不同领域的专业技术，另一方面是保证政府采购不会受制于单一供应商"。为此，"服务加拿大"采取超常规措施有意识地培育私人合作伙伴，对任何私人机构提供的解决方案都不提所有权要求，其合作哲学是"购买、再利用而非创造"。实践证明这些策略是说服四家公司参与"服务加拿大"的远景、目标和战略规划的关键③。

---

① Jane Linder, Richard Wheeler and Tim Wiley, "Technical Commission onAdministrativeManagement, Organization and Methods", International Social Security Associationand Accenture, 2004, pp. 4-7.

② Jane Linder, Richard Wheeler and Tim Wiley, "Technical Commission onAdministrativeManagement, Organization and Methods", International Social Security Associationand Accenture, 2004, p. 3.

③ Kwang Cheak Tan, "Service Canada-A New Paradigm in Government Service Delivery", Kennedy School of Government Case Study, Harvard University, Cambridge, Mass, 2007, p. 4.

第三，增强竞争而考虑引入新机构提供部分社会保障服务。例如，澳大利亚邮政公司正在争取以信托形式承接社会保障的待遇支付业务。澳大利亚的社会保障待遇支付主要由政府人类服务部（DHS）下属的"中联"（Centerlink）、医疗保健中心（MedicareAustralia）、儿童供养中心（ChildSupport）、联邦康复服务中心（CRS）提供服务。2014 年 2 月，澳大利亚邮政公司向政府提出承接政府社会保障待遇支付服务的建议，向人类服务部提供收入保障支付服务。建议包括将社会服务部的 1000 多个服务网点与邮政公司 4400 多个零售网点物理整合，邮政公司以信托形式提供第三方服务；除发展战略和政策制定外，人类服务部将待遇发放相关服务提供职能转移给邮政公司；将 334 个中央链接服务中心、126 个康复中心和 139 个常设医疗保险办公室整合为 334 个超级服务中心（Supercenters）以提供社会保障和邮政服务；建议预期需要 15 亿—20 亿澳元的一次性投资，将具备每年提供 10 亿—12 亿澳元待遇发放相关服务。建议预计整合方案可以减少 9000 名工作人员（社会服务部 5000 名，澳大利亚邮政公司 4000 名），节约 7 亿澳元成本。[①] 虽然澳大利亚邮政的建议未被采纳，但反映了社会对为建立"一站式服务"体系应对公共服务提供机构竞争不足的关注。

（二）特许经营

特许经营常用于医院建设维护和社会健康保护领域。典型的方式是起源于英国并被澳大利亚、加拿大等国借鉴的私人融资计划。仅 2011 年英国卫生部与私人财团签订 123 个私人融资计划合同，新增投资高达 159 亿英镑。[②] 在发展中国家，特许经营主要有农村和非正规就业部门的社会保障服务提供，更强调非营利性组织的作用。例如，2002 年一个非政府组织（国际发展与研究中心），在坦桑尼亚的 Mbozi 地区发起了一个由公共卫生行政当局及社区卫生基金（CHFs）和众多互助微保险组织（SMHISs）、私人非营利性照料机构、一家可可销售公司、一家

---

① http：//www.ncoa.gov.au/report/appendix-vol-2/10-22-outsourcing-of-the-government-payments-system. html.

② Mark Hellowell，"The Role of Public-Private Partnerships in Health Systems is Getting Stronger"，*Commonwealth Health Partnerships 2012*，p. 71.

私人基金、一个艾滋病控制非政府组织建立的公私合作关系，目的是解决农村和非正规就业人员社会卫生保护覆盖率低的问题。其中，建立在农村地区的互助微保险组织起关键的纽带作用，利用自身管理网络优势收集保险费，并将社区卫生基金支付的服务费给付给基层服务提供机构。这实际上是社区卫生基金对微保险组织的特许经营。该模式不仅提高了对农村的社会卫生保护覆盖率，而且服务成本与绩效也好于公共部门直接提供。因此，在 Mbozi 地区发展迅速，2003—2011 年互助微保险组织由 4 家上升到 30 家，覆盖参保人数从 721 人增加到 13643 人。目前 Mbozi 地区经验正向其坦桑尼亚其他地区推广①。

（三）公私投资伙伴关系

公私投资伙伴关系在传统私人融资计划中加入临床医疗服务而形成。根据全球健康集团（The Global Health Group）的报告，2009 年有 14 个国家至少有一个地区的医院建设和医疗保健服务实行公私投资伙伴关系。该报告指出，医疗保健是劳动密集行业，80%—90%支出用于临床及其附属服务。原则上，公私投资伙伴关系将临床服务与基础设施建设整合，将会为私人部门参与服务提供和提升服务质量与效率创造更大空间。② 1997 年，西班牙瓦伦西亚政府与 UTE-Ribera 财团签订第一个公私投资伙伴关系合作协议，为阿尔西拉（Alzira）地区 25 万居民及外来居民提供三级医疗保健服务，后来被称为"阿尔西拉模式"。该模式中，私人合作伙伴由保险公司（UTE-Ribera）、医疗银行（Ribera Health）和建筑公司（Lubasa）财团组建，负责向一家大学医院提供病床、急诊和诊疗等基础设施，并提供从初级诊疗到大型手术的所有临床医疗和保健服务，利润封顶线为 7.5%。合同期限 15 年，可延期到 20 年，建设资金 6100 万欧元，合同执行期间投资 6800 万欧元。2009 年的一项调查显示该大学医院在运营成本、服务质量、顾客满意度、医生

① Bruno Galland, Josselin Guillebert and Alain Letourmy, "A Public/Private Partnership Experiment in the Area of Social Health Protection in Tanzania", Field Actions Science Reports [Online], Special Issue 8, 2012, pp. 2-3.

② Mark Hellowell, "The Role of Public-Private Partnerships in Health Systems is Getting Stronger", Commonwealth Health Partnerships 2012, p. 71.

收入和技术水平上均高于公立医院。①

（四）私有化

私有化实践的典型是拉美国家的养老金私有化改革。从服务提供的角度看，拉美国家将养老金从征缴到待遇给付业务都转移给私人基金管理公司，社会保障公共管理机构只负责政策制定、服务监管和部分待遇担保。私有化也是一种社会保障社会化服务，但由于公共社会保障机构几乎不提供服务，市场化过度带来遵缴率不断下降和贫困率不断上升的问题。2008 年以后拉美各国政府不得不再次国有化或建立团结养老金等基础性养老保障支柱。

第三节　我国社会保障社会化服务管理发展状况

我国社会保障制度管理长期实行属地化和经办机构业务指导原则，社会化服务也呈现按险种和按服务流程两个探索路径。按险种推进的实践包括：（1）养老金银行发放，退休人员移交社区管理；（2）医疗、工伤、生育保险的医疗和药品"定点"服务。服务流程推进的实践包括：（1）委托金融机构代收代扣社会保险费；（2）邮政的权益单和收缴发票寄送；（3）购买专业服务；（4）基金管理委托运营；（5）支付审核外包；（6）打包外包；（7）其他，如宣传、咨询等。

一、按险种推进社会化服务实践

（一）养老保险待遇发放和退休人员社会化管理

我国社会保障社会化管理服务工作起始于养老保险待遇社会化发放

---

① Neelam Sekhri, Richard Feachem, and Angela Ni, "Public-Private Integrated Partnerships Demonstrate the Potential To Improve Health Care Access, Quality, And Efficiency", *Health Affairs* 30, No. 8, (2011), p. 1501.

和退休人员社区管理。1999 年，为进一步贯彻《中共中央、国务院关于切实做好国有企业下岗职工基本生活保障和再就业工作的通知》（中发〔1998〕1 号）精神，推动养老金社会化发放工作的全面开展，提高管理服务水平，原劳动和社会保障部与中国农业银行、中国银行、国家邮政局建立待遇发放委托代理关系。养老金待遇社会化发放充分发挥邮政部门和银行营业网点数量多、遍布城乡，贴近百姓生活的优势和特点，极大地提高了养老金本地和异地发放工作的效率，受到了企业和离退休人员的欢迎。随后，养老金的社会化发放成为经办机构委托最为普遍的现象。

退休人员社区管理工作同时启动。2000 年，《国务院关于完善城镇社会保障体系试点的方案》要求，从 2001 年起各地要积极推进企业退休人员纳入社区管理工作，力争 3 年左右时间基本完成。2003 年 9 月，中央又下发《中共中央办公厅、国务院办公厅转发劳动和社会保障部等部门〈关于积极推进企业退休人员社会化管理服务工作的意见〉的通知》，更具体全面地对企业退休人员社会化管理服务提出了明确要求。至此，企业退休人员社会化管理服务的制度框架已基本建立起来。截至 2014 年底，纳入社区管理的企业退休人数达到 6038 万人，占企业退休人员总数的 80.2%，比上年提高 1.1 个百分点。

表 4-5　我国养老金发放和退休人员社区管理情况

年份	社会化发放人数（万人）	纳入社区管理的企业退休人数（万人）	纳入社区管理的企业退休人数占企业退休人员总数的比例（%）
2014	8093.2	6038	80.2
2013	7201.0	5620	79.1
2012	6865.9	5328	78.3
2011	5367	4725	77.3
2010	5805.8	4344	76.2
2009	5303.3	3879	75.2
2008	4829.1	3461	73.2
2007	4535.8	3136	71.2

年份	社会化发放人数（万人）	纳入社区管理的企业退休人数（万人）	纳入社区管理的企业退休人数占企业退休人员总数的比例（%）
2006	4232	2832.8	68.8
2005	4000.7	2655.2	68.3

资料来源：历年《中国劳动统计年鉴》和《2013年度人力资源和社会保障事业发展统计公报》。

（二）医疗保险、工伤保险、生育保险服务社会化管理

由于医疗、护理、康复都是高度专业化的服务，终端服务必须由医疗机构提供，经办机构承担服务总购买者角色，因此医疗保险、工伤保险、生育保险服务天然具有社会化特征。但经办机构作为服务购买者面临两个特殊难题：信息不对称和道德风险，医患合谋的现象比较普遍，从而推高医疗成本。从1994年国务院组织实施"两江试点"（江西省九江市、江苏省镇江市）到现在，基于建立健全科学合理的费用控制机制，合理利用各方面资源，确实保障基本医疗，维护参保人合法权益的目标，完善改进医疗保险就医、基金结算和监督管理方式的探索不断进行。其核心是对医疗保险服务提供社会合作伙伴的管理。

在实现定点医疗机构和定点药店管理条件下，个人账户资金只能在两类定点机构使用，门诊和住院只有在定点医院或经定点医院转诊才能报销。社会保险经办机构通过与医疗和药品服务提供者签订长期合作协议，通过长期受益和准入竞标竞争，使医疗服务提供者主动减少与患者合谋，从而降低信息不对称和道德风险引起的"第三方"支付压力。

1998年国务院下发《国务院关于建立城镇职工基本医疗保险制度的决定》（国发〔1998〕44号）文件后，原劳动和社会保障部先后制定了《城镇职工基本医疗保险定点零售药店管理暂行办法》和《城镇职工基本医疗保险定点医疗机构管理暂行办法》，并且发布《关于印发城镇职工基本医疗保险定点医疗机构和定点零售药店服务协议文本的通知》对"两个定点"服务合同范式及签订要求等进行统一规范。各地参照范本，逐步形成规范的医疗保险服务合同化管理制度。

截至2013年底，全国定点医疗机构达11.2万家，较上一年减少

9398 家，下降 7.74%，2010 年以来首次出现负增长；全国定点零售药店 16.8 万家，较上一年增加 10.7%，较 2010 年增加 52657 家，增长 45.7%。① 医疗保险购买服务提供的市场伙伴关系基本形成，但主要是公立医疗机构伙伴。据 2012 年定点医疗机构专项调查结果，全国定点医疗机构中仅有 2.1 万家非公立医疗机构，占比仅为 12%。②

在定点医疗机构签约管理的基础上，人社部还会同卫生部等部委通过制定《国家基本医疗保险药物目录》，既要控制过度用药，又要满足参保人员的治疗需要。该目录经过多次修改，增加了药品种类，药品结构不断优化，2009 年版在保持参保人员用药政策相对稳定连续的基础上，根据临床医药科技进步与参保人员用药需求变化，适当扩大了用药范围和提高了用药水平，而且还扩展到工伤保险和生育保险。

此外，医疗保险机构还通过门诊审核、住院审核、结算方式的改进、总额控制等办法强化对医疗机构的监督。2012 年，人社部、财政部、卫生部联合下发《关于开展基本医疗保险付费总额控制的意见》（人社部发〔2012〕70 号），按照"结合基金收支预算管理加强总额控制，并以此为基础，结合门诊统筹的开展探索按人头付费，结合住院、门诊大病的保障探索按病种付费"的改革方向，用两年左右的时间，在所有统筹地区范围内开展总额控制工作。2013 年，26 个省级人社部门转发上级关于医疗保险基金收支预算管理和总额控制的意见和规程；11 个省级人社部门制定了本地的相应文件。全国 776 个统筹区中 639 个（占 82%）开展了医疗保险基金预算管理工作。已实施总额控制定点医疗机构 25867 家（占 34.2%），统筹基金向已实施定总额控制的定点医疗机构支付 1633 亿元（占 61%）。③

二、按服务流程推进社会化服务实践

社会保障服务涉及面广，经办环节多、专业性强，一般会借助社会力量来办理相关的业务。从全国实践看，几乎涉及除参保登记和缴费审

---

① 《2013 年全国社会保险情况》，人力资源和社会保障部网站。
② 人力资源和社会保障部社会保险事业管理中心提供。
③ 人力资源和社会保障部社会保险事业管理中心提供。

核外的所有业务环节。

（一）委托金融机构代收代扣社会保险费

早在 1999 年部分省份就开始委托银行、邮政储蓄、信用社等金融机构代收社会保险费。近年来，随着社会保障"扩面征缴"工作的推进，社会保险费委托代收代扣实践不断增多。2013 年，北京市与北京银行、邮政储蓄银行、工商银行等 12 家金融机构签署《北京市社会保险费银行缴费协议》。从当年 9 月起，用人单位可通过签订合作协议银行的千余家对公业务网点，选择批量代扣、柜面缴费、网银缴费的方式缴纳基本养老、失业、生育、工伤和基本医疗保险费。[1] 安徽马鞍山等地与多家商业银行签订协议委托其代扣代收灵活就业人员社会保险费[2]。从各地实践看，委托金融机构代收代扣社会保险费业务呈现以下特点：第一，从与独家或少数几家签订协议到与主要金融机构都签署协议，增加了服务提供的竞争性，网点成倍增加有利于提高服务质量和效率；第二，覆盖服务对象扩展，从面向企业扩展到灵活就业人员和个人参保人员，有利于"扩面征缴"工作的推进；第三，专业化、信息化水平提高，方便参保单位和个人按时、准确、足额缴纳社会保险费。

（二）购买专业服务

社会保险的稽核是防止基金跑冒滴漏的重要手段，但稽核工作不仅需要对企业的单位人数和工资单进行审核，而且需要对企业的资产负债表、损益表进行审核，是一项高度专业化的工作。虽然近年来社会保险经办机构稽核类专业人员有所增加，但远远无法满足业务的需求。2013 年，全国社会保险系统稽核人仅有 14814 名，即使经办人员全员稽核，在参保人员与工作人员比达 1∶9883 的高负荷下也很难寄予厚望。[3] 在这种背景下，一些地方政府和社保经办部门采取多种形式与会计师事务所展开合作。一种形式是社保经办部门委托会计师事务所参与稽核工作。例如，苏州市 2013 年度社会保险缴费基数申报稽核工作中，市社保中心随机抽查市区 1300 多家单位，委托有资质的会计师事务所，对

---

① http：//bj. bendibao. com/bjsi/2013817/114002. shtm.

② http：//www. massi. gov. cn/news/1203/18/12031203150482591 8481. html.

③ 人力资源和社会保障部社会保险事业管理中心提供。

各单位申报的缴费基数和人数进行专项稽查，稽查内容主要是 2012 年度职工人员和工资性收入。① 另一种形式是政府购买会计师事务所稽核服务。例如，2012 年，广西区政府通过政府采购方式委托会计（审计）师事务所核查 57 家参保单位，广西信桂和会计师事务所有限公司以 51300 元中标。② 2013 年委托会计师事务所对 400 多家企业进行社会保险缴费稽核。③

医疗保险的支付审核也是一个专业技术要求较高的业务。社保经办部门一般自管，但受到人力和技术水平限制，效果不尽人意。例如，2006 年洛阳市将医疗保险病历初审业务、异地结算业务、工伤保险异地协查认定业务委托商业保险公司办理，利用商业保险专业精算优势、用人机制灵活、全国联保联赔等特点，有效解决了社保经办人员不足与覆盖面不断扩大以及服务能力和技术不足的矛盾。④

社会保障服务技术性要求很高的金保工程开发与维护服务和信息化建设，也是由地方政府面向社会招标。金保工程各地的开发商不同，功能相同，但服务和管理有一定差异。

（三）基金管理委托运营

我国社会保险基金管理主要按照 1999 年财政部、原劳动和社会保障部联合发布的《社会保险基金财务制度》规定用于购买国家发行的特种定向债券和其他种类的国家债券。这种基金运营方式使基本社会保险基金面临贬值压力，尤其是做实试点不断增多，账户积累金额不断增加的情况下。为此，2005 年 11 月，原劳动和社会保障部、财政部联合颁布《关于扩大做实企业职工基本养老保险个人账户试点有关问题的通知》规定，做实个人账户的中央财政补助部分，省级政府可委托全国社会保障基金理事会投资运营，并承诺一定收益率；中央财政补助以外的个人账户基金由地方管理。2006 年 12 月 20 日全国社保基金理事会与天津、山西等 9 个做实个人账户的试点省份人民政府签署了委托投

---

① http：//jsnews. jschina. com. cn/system/2013/05/30/017451840. shtml.

② http：//www. ccgp. gov. cn/cggg/dfbx/zbgg/201206/t20120629_ 2197958. shtml.

③ 广西调研数据。

④ http：//www. henan. gov. cn/zwgk/system/2013/12/16/010441420. shtml.

资合同。截至 2018 年底，受托个人账户权益总额为亿元 1321.33 亿元，其中，累计投资收益 459.81 亿元。[①]

（四）待遇支付审核外包

待遇支付审核是社保经办的核心业务，外包实践主要集中在医疗保险领域，典型是新型农村合作医疗的"新乡模式"。2004 年，新乡市政府与中国人寿新乡分公司达成协议，将新农合经办业务中专业性高、人力投入最大的费用审核报销业务委托给中国人寿，政府按保费一定比例作为管理经费另外支付给中国人寿。为提供经办服务，中国人寿新乡分公司成立新农合结算服务中心，为中心配置专业的工作人员，具体负责新乡市定点医疗机构的新农合相关案件处理，在 12 个县以及其所属支公司成立服务中心，在 157 个乡镇设立定点医疗机构服务站，每个站配备两名服务人员，由中国人寿和新乡卫生部门管理，公司为这些工作人员每月补助 200 元。

委托商业保险公司经办基本医疗保障，直接利用保险公司的服务网点和管理平台，减轻了政府增设经办机构、增加人员编制的压力，降低了经办管理成本。商业保险公司充分发挥专业化、信息化的优势，改善结算报销工作流程，缩短了报销时间。以新乡市为例，从中国人寿新乡分公司 2003 年经办新农合至今，费用报销时间从过去的 7—10 天缩短为现在的 30 分钟。目前，中国人寿新乡分公司的经办服务从新农合经办扩展到城镇居民医保。[②]

（五）委托邮政的权益单和收缴发票寄送

2010 年《社会保险法》规定："社会保险经办机构应当及时、完整、准确地记录参加社会保险的个人缴费和用人单位为其缴费，以及享受社会保险待遇等个人权益记录，定期将个人权益记录单免费寄送本人。"为此，人力资源和社会保障部加强与中国邮政集团公司合作，为广大参保人提供个人权益记录单等各类账单的寄递服务。

几年来，社保和邮政部门探索出很多经验。在北京、苏州等地，实

---

①　全国社保基金理事会网站，见 http：//www.ssf.gov.cn/cwsj/stgl/201406/t20140627_6066.html。

②　http：//www.xiangrikui.com/shehuibaoxian/yiliaobaoxian/20120510/219147.html.

现了权益记录单的"五险合一"寄递，即将养老保险、医疗保险、失业保险、工伤保险和生育保险五种社会保险的个人权益记录单合并寄递；江苏、山东等省的多个地市实现了城镇职工养老险、医疗保险、新农保等多种个人权益记录单的寄递；新疆、内蒙古的全区，山东、辽宁、福建、四川等省的部分地市实行挂号寄递，得到了参保人的高度认可。根据中国邮政集团公司提供的数据，2013 年，除天津、宁夏未启动外，全国共 29 个省（区、市）寄递了 10021 万件，取得了初步成果。但委托邮局寄递工作仍存在较多问题。第一，寄递比例低。以职工养老保险为例，3 亿参保人员，仅邮寄 9000 万人的权益记录单，寄送比例仅占 30%。第二，地区不平衡。2013 年上海寄递 2562 万件、广东1417 万件、浙江 954 万件、北京 789 万件、江苏 756 万件、山东 617 万件，以上 6 省市寄递量占全国的 71%，其余 25 省（区、市）寄递量仅占全国 29%。①

（六）业务打包外包

业务打包外包是将经办服务的多项业务组合起来由商业保险公司或其他市场主体提供。典型是被称为"湛江模式"中的大额补充医疗保险服务。在湛江大额补充医疗保险中，政府不是向保险公司支付管理和服务费，而是把城乡居民医疗保险费个人缴费的 15% 作为保险费交给商业保险公司，购买除参保登记和征缴业务外的所有大额补充医疗保险服务。这实际上是一种再保险，即经办部门将大部分业务打包外包给保险公司。②

（七）政策咨询、宣传业务外包或委托

社会保障政策性强，咨询和宣传是重要的业务之一。目前多数地方由经办机构通过网络、12333 专线、APP 等形式直接提供。但受业务量大、人员不足制约服务质量有待提高。2013 年，北京市对 12333 服务热线全面升级改造，并将原来的自管方式转为咨询服务外包管理方式，成为全国人力社保系统首个电话咨询服务外包管理的 12333 热线。③

---

① http://news.gmw.cn/2014-03/20/content_ 10724104.htm.

② http://www.yicai.com/news/2010/04/336577.html.

③ http://bjrb.bjd.com.cn/html/2013-04/01/content_ 60778.htm.

第四节　主要成就及存在问题

一、主要成就

我国的社会保障社会化服务管理与社会保障制度改革同时展开，十几年来为我国社会保障制度的发展乃至经济体制改革与发展做出重大贡献。

第一，为社会保险制度全覆盖做出重大贡献。我国养老保障社会化服务管理是从城镇职工养老保险的社会化发放和退休人员社区管理开始探索，养老保险社会化取得的成功经验，一方面逐步向医疗保险、失业保险、工伤保险、生育保险推广，另一方面向城乡居民社会养老保险制度推广。梳理我国社会保障社会化过程可以发现，新险种往往在老险种的基础上不断探索增加新的社会合作伙伴及合作机制，这反过来又促进了老险种的进一步社会化。这种社会化程度的深入和合作机制的完善是实现在经办人员和经费增加远低于参保人数增加情况下社会保险制度全覆盖的重要原因。尤其是在城乡居保、新农合发展过程中表现得尤为明显。

第二，一定程度上实现公私司部门优势互补。社会保障社会化服务管理的最终目标是实现政府公共经办与市场主体和社会组织在服务提供中的优势互补，为参保人提供专业化的方便、快捷的服务。十几年来，市场主体和社会组织已经较深程度进入社会保障服务领域，其技术优势、专业优势和服务网点优势已经逐步显现。尤其是在待遇支付、基金运营管理、医疗保险待遇审核等服务环节以及参保人员社区管理服务方面，市场主体和社会组织积累了一定经验，为更深层次、更广领域参与社会保障服务提供奠定了基础。

第三，明确了未来发展方向。2012年以来政府不断加大社会保障服务社会化的推进力度，并将其作为政府转型的重要方面。2012年

《政府工作报告》提出了加强社保服务能力建设，有条件的地方可对各类社保经办机构进行整合归并，有些服务可委托银行、商业保险机构代办的要求。2012 年 5 月 28 日，温家宝总理在京交会开幕式上的演讲中强调，对属于基本公共服务范畴的社会保险等，坚持在政府负责的前提下，注重发挥市场机制作用，鼓励社会力量参与。2013 年 9 月 30 日国务院公布《国务院办公厅关于政府向社会力量购买服务的指导意见》，将社会保障服务社会化作为重要推进项目，向社会购买社会保障服务的购买主体、承接主体、购买内容、购买机制、基金管理、绩效管理顶层设计更加明确。

二、存在的问题

（一）行政管理体制方面的问题：政府责任主体分散，政府购买无法形成规模经济

根据政府采购理论，公私合作中公共机构级别越高，承担的保障项目越多，覆盖参保对象越多，在公私合作中谈判的优势也就越大；公共机构级别越高，越能从更大范围选择提供服务的市场主体和社会组织，提高政府购买社会服务的竞争性和发挥政府购买的规模经济优势。从社会保障业务看，虽然各类险种和项目存在一定差异，但在经办流程中存在很多共同的环节，由统一的级别更高的经办机构负责集中购买更有利于节省成本、提高效率，也更方便参保人。

然而，目前我国的社会保障经办体系，机构设置上基本按照行政管理体制设置并划分职能，行政管理以属地化管理为主。这制约了社会化服务政府责任主体的统一和公私合作层级的提高。从前面实践案例可以看出两条明显的社会化服务路径：第一，行政分割，尤其是新农合、失业与其他险种。第二，地区分割，这与我国社会保险统筹层次低，及其引致的属地化管理有关。两类分割的根本原因是行政管理体制不顺，对社会保障社会化服务的影响表现为公私合作提供服务基本是地方政府分项目与市场主体和社会组织建立合作关系，合作层级低，成本无法有效控制，优势无法充分发挥。例如，在一些大病医疗统筹外包给商业保险公司的案例中，都是地市级政府及同级经办机构与保险公司谈判签约。

虽然实践探索取得显著成效，但费率偏高、报销比例偏低现象也受到批评。设想如果提高到全国层面签约，从大数定律上看也会降低保费或提高待遇。

（二）经办机构方面的问题：公私合作领域和边界不清，公共治理结构不完善

社会保障尤其是基本保障必须坚持政府主导下的服务提供社会化，这是符合我国国情的理性选择。从社会化服务视角看，政府主导就是公共社会保障经办机构主导。由于目前我国社会保障体制虽然机构上实现管办分离，但运行方式仍是行政主导；实际发包的主要是省级以下经办机构，缺乏按照标准 PPP 模式标准操作的人力、物力和技术。我国社会保障公私合作案例基本都是行政推动型，在合同订立前往往缺乏科学的战略规划和服务工作任务、风险、利益比较和论证，很难厘清公私合作的领域和各方的边界。在执行过程很少体现出市场化公私合作和多中心治理特征，尤其是在公私合作关系建立和执行过程中缺少利益相关者质询、专家咨询和有效的外部监督。

（三）公私合作机制方面：激励机制设计不合理，长效合作机制尚未形成

目前我国社会保障服务提供的公私合作案例中，公共经办机构很大程度上是行政或业务压力下选择服务外包，市场营利性主体很大程度上是基于潜在盈利机会而积极参与的。合作双方都对招标、合同管理和监督方式及激励机制缺乏足够的技术分析和谈判沟通。当双方合作遇到困难时，尤其是在责任主体是省级以下政府或经办机构、服务提供主体是企业的分支机构情况下，长效合作机制很难建立。我国半官方社区居委会和自上而下的社会团体虽然参与了服务提供，尤其是在退休人员社区管理方面发挥了重要作用，但主要是基于行政命令进行的，目前尚未形成规范的补贴制度。由于缺乏独立的自下而上的非营利社会组织，政府与非营利社会组织的公私合作机制并未形成。国外非营利性社会组织在社会保障服务社会化提供中表现出的服务可及性、灵活性、专业性优势在我国并没有充分显现。

第五节　完善我国社会保障社会化服务管理的政策建议

一、转变政府职能，完善社会保障社会化服务管理顶层设计

社会保障行政管理机构和公共经办机构管理体制不完善是服务提供社会化程度低的根源。只有中央政府合理的顶层设计才能消除我国社会保障服务领域省级以下政府及经办机构主导的格局。从国外经验看，成立真正相对独立于行政管理部门的公共服务提供机构，引入私人部门绩效管理机制是关键。如澳大利亚的中联、比利时的十字银行、荷兰的社保银行、加拿大的"服务加拿大"等都通过改革实现了公共服务机构明确的责任和类似私人部门的绩效管理机制，促使公共部门由公共行政管理转向公私合作和公共治理。政府作为社会保障服务社会化的主导者，要明确并向社会公布购买的服务项目、内容以及对承接主体的要求和绩效评价标准等信息，建立健全项目申报、预算编报、组织采购、项目监管、绩效评价的规范化流程。购买工作按照政府采购法采用公开招标、邀请招标、竞争性谈判、单一来源、询价等方式确定承接主体，严禁转包行为。社会保障行政管理部门或经办机构与中标机构签订合同，明确所购买服务的范围、标的、数量、质量要求，以及服务期限、资金支付方式、权利义务和违约责任等，按照合同要求支付资金，并加强对服务提供全过程的跟踪监管和对服务成果的检查验收。

二、提高公共经办机构社会化服务管理业务能力，推动公私合作发展

从国际经验看，公共经办机构作为社会化服务主导者和具体组织者需要从以下几个方面提升自身的能力：第一，经办机构基于社会需求、

自身提供能力以及市场主体和社会组织的优劣势分析，厘清哪些服务可以转移给市场主体，那些服务可以转移给社会组织，哪些服务必须自身提供。第二，明确社会保障服务提供最终责任者是政府，即使外包出去，公共经办机构也要承担公私合作的方式、程序、监管等内容的规划和设计，组织外部咨询与质询活动，不能搞成私有化（见图4-1、表4-4）。第三，明确政府主导必须尊重市场机制，在外包给营利性市场主体时应科学测算并比较公私提供的成本和收益，尽可能使风险、责任和合理利润平衡，外包给非营利性社会组织时也要科学设定补贴方式和补贴金额，公私合作条款修改要多方协商谈判决定。

三、完善公私合作机制，强化风险管理和利益相关者质询和监督

在国外社会保障部门一般是最大或第二大政府服务购买主体，具体执行机构是整合后的类企业化管理经办机构或中央与省（州）经办机构。购买主体的集中和上提是国际趋势，也是规模经济的要求，因此，我国一方面需要将险种共性业务整合提升到中央或省级层面，另一方面险种特殊业务也应提升到省级层面。

在明确采购主体后，经办机构应按照《中华人民共和国政府采购法》和《国务院办公厅关于政府向社会力量购买服务的指导意见》，明确购买内容并以市场化方法选择承接主体，既要强化资金管理，又要给予营利性主体合理利润和非营利性主体必要的补贴，建立公私合作长效机制。

从我国的实践看，风险管理和利益相关者咨询工作非常薄弱，需要尽快成立社会化保障公私合作内部和外部专业监管组织，还要尽快建立社会保障专业委员和社会代表广泛参与并进行信息公开，形成"社会保障社会参与"的治理结构和全过程主动风险管理机制。

下　篇

社会保险主要项目管理

第五章 城镇职工基本养老保险管理

在可能导致劳动者丧失劳动能力的风险中，老年是最为独特的一种——绝大多数人终将面临因年老而丧失劳动能力的时刻，因而，作为社会保险最重要险种之一，养老保险制度的道德风险问题较其他险种而言是最低的。在这个制度中，参保者关心的往往是缴费与待遇，以及法定退休年龄的变化。前者相当于成本与收益，而法定退休年龄往往对生产活动产生直接的影响——因为它意味着劳动和闲暇的最终划分。

对于养老保险制度而言，其面临的问题可以分成三个层次：第一个层次是在构建制度之前考虑的，需要保障哪些群体的制度？第二个层次是为拟保障群体构建什么样的制度？第三个层次是这个制度在实际执行过程中的管理，反思制度运行是否实现第一和第二层次的目标。通常，将国家为实施社会保障事业而规定的从中央到地方的各种社会保障管理机构、管理原则和运行机制的总和，称为社会保障管理体制。[①] 世界各国的社会保障管理体制因政治、经济与文化等因素有很大差异，根据政府介入的程度，可以分为政府管理、自治管理与民间管理等模式；按照集权程度，可以分为集中管理、分散管理、集散结合管理等模式。

从养老保险制度管理模式的角度来看，中国城镇职工养老保险制度在不同的历史时期，其内容和管理方式是完全不同的。构成养老保险管理的几个要素，如监督管理，在前期并没有形成独立的系统。本章将简要分析城镇职工养老保险管理的基本内容，然后重点分析城镇职工养老保险管理的存在的问题，并提出相应的政策建议。首先，从历史上城镇

---

① 郑功成主编：《社会保障学》，中国劳动社会保障出版社 2005 年版，第 244—249 页。

职工养老保险制度的演化谈起，分析不同时期的制度以及管理变迁的原因所在。

第一节 城镇职工养老保险制度的
演变与管理变迁

一、职工养老保险制度的源起

1951 年，政务院颁布《中华人民共和国劳动保险条例》（以下简称《劳动保险条例》），中国城镇职工劳动保险制度正式建立，此后在 1953 年和 1956 年对《劳动保险条例》进行了两次修订。从本质上看，当时建立的社会保障制度是借鉴苏联"国家保险"模式的"国家/企业保险"制度模式，以国家为实施和管理主体，国家与企业共同负担费用，由此形成国家和企业一体的社会保障模式。[①]

该模式的特点主要有三个：一是覆盖范围大。1956 年享受劳动保险待遇的职工人数相当于当年国营、公私合营、私营企业职工总数的 94%[②]；二是保障全面。劳动保险制度是对低工资的补充，它提供了"从摇篮到坟墓"的保障；三是企业依附国家，国家承担无限责任。在"国家/企业保险"模式下，企业缴费表面上是制度的资金来源，但在计划经济体制下，企业不过是国家执行各项政策的载体，实质上国家为企业的生存、发展及社会保障承担无限责任。

在管理上，新生的城镇企业职工养老保险制度，采用了工会管理的方式，国家统筹和企业保险相结合。《劳动保险条例》规定：企业缴纳劳动保险金的 30% 由中华全国总工会管理，其余 70% 由企业基层工会

---

① 马杰、郑秉文：《计划经济条件下新中国社会保障制度的再评价》，《马克思主义研究》2005 年第 1 期。

② 严忠勤：《当代中国的职工工资福利和社会保险》，中国社会科学出版社 1987 年版，第 307 页。

管理，在企业内部使用。在政策制定方面，则是由当时的劳动部负责。

1966 年底，劳动部遭到严重冲击，工会系统几乎瘫痪，养老保险管理机构已无法履行职能。在此情况下，1969 年财政部颁发《关于国营企业财务工作中几项制度的改革意见（草案）》，规定"国营企业一律停止提取劳动保险金"，"企业退休职工、长期病号工资和其他劳保开支，改在营业外列支"。中国的"国家/企业保险"模式退化成"企业保险"，劳动保险制度由此转化为企业内部事务，并一直延续到 20 世纪 90 年代中期。以企业自治为主的养老保险管理方式，也随着这一规定持续下来。

二、职工养老保险制度的恢复

"文化大革命"结束后，面对十余年间 200 余万人无法正常退休的局面[①]，1978 年，国务院颁布了《国务院关于安置老弱病残干部的暂行办法》和《国务院关于工人退休、退职的暂行办法》（国发〔1978〕第 104 号文件），养老保险制度得到恢复。在这一次调整中，将 1958 年统一的退休制度再次分成工人退休制度和干部退休制度两部分，这种制度分立至今未能统一。恢复后的传统养老保险制度，在改革开放后的效果却不太理想。究其原因，主要在于经济体制改革冲击了原有社保制度赖以生存的体制基础，单一的"国家/企业保险"制度，阻碍了当时正在进行的经济体制改革，不利于生产力的进一步发展。

在养老保险管理方面，党的十一届三中全会以后，工会陆续重建，1979 年国家劳动局设置了福利保险局，社会保障的管理机构逐步恢复。到 1982 年劳动人事部成立，社会保障工作具备了组织条件。但是，1978 年恢复的养老保险制度还是"国家/企业保险"制度，并未恢复工会统筹管理形式，在管理上依旧是企业自治的。

三、统账结合的职工养老保险制度确立

1992 年，邓小平南方谈话和党的十四大召开，中国的改革开放和

---

① 严忠勤：《当代中国的职工工资福利和社会保险》，中国社会科学出版社 1987 年版，第 324 页。

现代化建设事业进入一个新阶段，也为社会保障事业的发展指明了方向。1993 年，党的十四届三中全会通过了《中共中央关于建立社会主义市场经济若干问题的决定》，明确提出"城镇职工养老保险和医疗保险金由单位和个人共同负担，实行社会统筹和个人账户相结合"及"建立统一的社会保障管理机构"的目标。在这些制度建设原则性框架指导下，中国正式建立了统账结合的基本养老保险制度。

具体的制度建设通过两个文件体现。1995 年《国务院关于深化企业职工养老保险制度改革的通知》，提出了"社会统筹与个人账户相结合"的实施方案。国务院对实行统账结合的具体做法提出了两个方案，供各省、自治区和直辖市选择。但在制度运行过程中，由此形成了城镇职工养老保险制度的多种方案并存的局面。

为解决养老保险制度多种方案并存的碎片化局面，1997 年《国务院关于建立统一的企业职工基本养老保险制度的决定》（以下简称《决定》）国务院颁布，标志着我国统账结合的企业职工基本养老保险制度正式确立。该模式设计的目的是：社会统筹部分实现社会互济，体现养老保险制度的再分配特征；个人账户部分则通过自我保障，体现养老保险制度的激励效应。这一制度设计的初衷，是将公平和效率结合起来。

新建立的统账结合的城镇企业职工基本养老保险制度的管理方式，是遵照党的十四届三中全会提出的要"建立统一的社会保障管理机构"原则所确定的。1997 年的《决定》中明确，"社会保障管理机构主要行使行政管理职能"，并提出"社会保障行政管理和社会保险基金经营要分开"；"社会保险基金经办机构在保证基金正常支付和安全性和流动性的前提下，可依法把社会保险基金主要用于购买国家债券，确保社会保险基金的保值增值"。这也是养老保险财务管理的源头。

此后，管理方式进一步细化。1997 年《决定》提出，"抓紧制定企业职工养老保险基金管理条例，加强对养老保险基金的管理"。主要目标是：基本养老保险基金实行收支两条线管理，保证专款专用，严禁挤占挪用和挥霍浪费。具体的规定包括："基金结余额除预留相当于 2 个月的支付费用外，应全部购买国家债券和存入专户，严格禁止投入其他金融和经营性事业。"此外，当时还提出："要建立健全社会保险基金监督机构，财政、审计部门要依法加强监督，确保基金的安全。"现行基本养老保险制度的监管体系，就是发端于彼时。

需要指出的是，尽管职工基本养老保险打破了"企业自保"的这一层次，但绝大多数省份只能达到县、市级统筹，统筹层次较低，养老保险制度承担风险的能力不容乐观。另外，1997年《决定》中的一些规定也为后来新问题的产生埋下了伏笔。如《决定》中规定了"视同缴费"与"过渡性养老金"概念，并规定过渡性养老金从养老保险基金中解决，这意味着目前工作的一代人缴纳的养老保险金，除了用于支付当前已退休人员的退休金之外，还要用于积累自身的养老金，即一代人要负担不止一代人养老，这也是后来出现的空账、退保问题的根源所在。

四、职工基本养老保险制度的发展

进入21世纪，中国的经济发展进入快车道，养老保险制度也随之进入了发展最快的阶段。在养老保险制度运行过程中，出现了一系列的问题，针对这些问题，养老保险制度做出了两大改变，但到目前为止，对这两个改变的争论远未停歇。

一是做实部分积累制的尝试。统账结合模式建立之初，没有明确隐性债务的解决途径，从而出现了个人账户"空账"问题——社会统筹使用了个人账户部分的资金，使得制度原定的部分积累制目标无法实现，新的制度在一定程度上变成了现收现付制度的延续。为解决这一问题，2000年国务院颁布《完善城镇社会保障体系试点方案》，将辽宁省确定为试点单位，探索将城镇企业职工基本养老保险的社会统筹部分与个人账户部分分账管理，也就是"做实个人账户"。随后试点地区逐渐增加，部分积累制开始逐步做实。但是，在工资增长率远超过养老保险基金投资收益率的情况下，"空账"还是"做实"的争论从未停歇。近年来，连"做实"的典范辽宁，也开始提出利用个人账户资金弥补统筹账户不足的要求，随着时间的推移，要求"做实"的声音越来越小了。

二是试图提高养老金制度的激励效应。2005年，国务院颁布《国务院关于完善企业职工基本养老保险制度的决定》，基础养老金待遇开始与缴费关联。文件中将统筹账户部分相对应的基础养老金部分调整为"退休时基础养老金以当地上年度在岗职工月平均工资和本人指数化月平均缴费工资的平均值为基数，缴费满 1 年发给 1%"，个人账户缴费率从原来的 11% 下降到 8%。总体来看中国养老金制度与缴费的关联程度提高，制度开始具备一定的激励效应。但是，在制度运行中出现的越来越多的退保、逃费、欠缴以及遵缴率下降的现象，说明制度的激励效应仍嫌不足。

在管理方面，最大的变化是覆盖范围扩大以及管理体系初步理顺。针对养老保险覆盖范围过窄的问题，1999 年国务院颁布《社会保险费征缴暂行条例》，将养老保险覆盖范围由国有企业、城镇集体企业扩大到了外商投资企业、城镇私营企业、城镇个体工商户，并于此后进一步扩展到灵活就业人员。此外，针对养老保险条块分割的情况，1998 年颁布的《关于实行企业职工基本养老保险省级统筹和行业统筹移交地方管理有关问题的通知》，将原 11 个行业养老保险统筹基金统一划归地方管理，这一举措理顺了长期存在的条块关系。养老金管理初步形成了行政管理、经办管理与监督管理分立的局面。

第二节　城镇职工养老保险管理的基本内容

一、行政管理

养老保险行政管理，是指行政部门依法行使对养老保险事务的管理权力，具体来说是由人力资源和社会保障部负责全国基本养老保险工作，地方各级人民政府人力资源和社会保障行政部门负责本行政区域的养老保险工作，由人力资源和社会保障行政部门会同其他部门共同制定相关政策。

人力资源和社会保障部系根据第十一届全国人民代表大会第一次会议批准的国务院机构改革方案和《国务院关于机构设置的通知》所组建。其承担的主要养老保险职责有：一是拟订发展规划、政策，起草法律法规草案，制定部门规章，并组织实施和监督检查。二是统筹建立覆盖城乡的社会保障体系。包括：统筹拟定城乡社会保险及其补充保险政策和标准，组织拟订全国统一的社会保险关系转续办法和基础养老金全国统筹办法，统筹拟订机关企事业单位基本养老保险政策并逐步提高基金统筹层次。三是会同有关部门拟订社会保险及其补充保险基金管理和监督制度，编制全国社会保险基金预决算草案，参与制定全国社会保障基金投资政策。①

在人力资源和社会保障部内设机构中，与养老保险制度相关的机构主要有三个：一是养老保险司。养老保险司负责统筹拟订机关企事业单位基本养老保险及其补充养老保险政策；拟订城镇居民养老保险政策、规划和标准；拟订养老保险基金管理办法；拟订养老保险基金预测预警制度；审核省级基本养老保险费率；并负责提高基金统筹层次。二是规划财务司。规划财务司负责拟订人力资源和社会保障事业发展规划和年度计划；承担编制全国社会保险基金预决算草案工作；参与拟订社会保障资金（基金）财务管理制度；承担有关信息规划和统计管理工作。三是社会保险基金监督司。基金监督司负责拟订社会保险及其补充保险基金监督制度、运营政策和运营机构资格标准；依法监督社会保险及其补充保险基金征缴、支付、管理和运营，并组织查处重大案件；参与拟订全国社会保障基金投资政策。②

除此之外，政策研究司与法规司和养老保险也有着业务关联。政策研究司负责组织、开展政策研究工作，承担重要文稿起草工作，协调专家咨询等工作；法规司负责起草相关法律法规草案和规章，并承担机关有关规范性文件的合法性审核工作。

在人力资源和社会保障部领导下，全国各地（省级）设立人力资

---

① 人力资源和社会保障部网站，见 http://www.mohrss.gov.cn/SYrlzyhshbzb/jgzn/。

② 人力资源和社会保障部网站，见 http://www.mohrss.gov.cn/SYrlzyhshbzb/jgzn/。

源和社会保障厅（局），各社会保障厅（局）的机构设置和部级相近。以北京市为例：北京市人力资源和社会保障局下设职工养老保险处、社会保险基金监督处、规划统计处和财务处。其中职工养老保险处的职责是：拟订本市机关企事业单位职工基本养老保险及补充养老保险政策和规划，并组织实施；拟订职工基本养老保险缴费费率、待遇项目、给付条件和标准及基本养老金、福利养老金调整政策；拟订职工养老保险基金管理办法；拟订职工养老保险基金预测预警制度。① 社会保险基金监督处的职责是：拟订本市社会保险及其补充保险基金监督制度、运营政策和运营机构资格标准；组织社会力量依法监督社会保险及其补充保险基金的征缴、支付、管理和运营；组织受理投诉举报，查处相关案件；监督审计社会保险经办机构及社会保险基金使用单位执行社会保险政策、国家财务会计制度情况；参与拟订本市社会保障基金投资政策；负责机关专项经费及所属单位审计工作。② 北京市人力资源和社会保障局还设立有研究室和法规处，包括规划处和财务处在内，这些机构的职能和部级相应机构相近。

二、经办管理

社会保险公共服务是服务型政府建设的重要内容。在 2014 年发布的《社会保险服务总则》（征求意见稿）中，明确提出社会保险服务是"由社会保险经办机构及社会保险服务相关机构向服务对象提供的参保登记、保费征缴、待遇给付等服务活动，包括窗口服务、电话服务、网上服务以及其他渠道的服务"。所谓社会保险经办机构，指的是"由社会保险行政部门设立的，承担基本养老保险、基本医疗保险、工伤保险、失业保险、生育保险等的运行管理、经办事务和社会服务职责的机构"。社会保险服务相关机构指的是"社会保险经办机构以外，由政府部门设立、指定、授权、委托或社会保险经办机构委托提供社会保险服

---

① 北京市人力资源和社会保障局网站，见 http://www.bjld.gov.cn/xxgk/jggk/jgzn/zncs/201001/t20100121_19032.htm。

② 北京市人力资源和社会保障局网站，见 http://www.bjld.gov.cn/xxgk/jggk/jgzn/zncs/201001/t20100121_19027.htm。

务的其他机构"①。现行社会保险经办服务体系的框架是社会保险经办机构在业务上（政策上）接受本级人力资源和社会保障行政部门领导，具体的社会保险服务组织体系由下列机构组成：

1——国家社会保险服务机构；

2——省级（自治区、直辖市）社会保险服务机构；

3——地级（自治州、市、区、盟）社会保险服务机构；

4——县级（自治县、市、区、旗）社会保险服务机构；

5——乡级（民族乡、镇、街道）社会保险服务机构；

6——社区/村社会保险服务机构。

以广西壮族自治区社会保险事业局为例，其职责大体可以分为以下几类：

一是社会保险业务经办相关业务。内容包括：组织制定全区社会保险经办工作的管理、技术和服务标准，并组织实施；负责全区社会保险参保登记、费用征缴、权益记录、社会保险待遇支付工作；参与制定全区中央财政社会保险转移支付资金分配方案；制定全区社会保险社会化管理服务规范，指导全区社会保险经办系统开展社会化管理服务工作。

二是业务管理。包括：编制汇总、上报全区及自治区本级社会保险基金预决算草案，组织实施社会保险基金预算；制定考核评价体系，建立谈判机制并监督实施，指导全区社会保险经办系统管理定点服务机构；拟订全区社会保险经办系统能力建设发展规划，制定全区社会保险经办机构岗位设置规范、工作人员任职资格、上岗标准、业务培训规划、业务素质考核规范和内部自律制度并指导实施；参与编制全区社会保险经办系统业务经费预算，提出业务经费预算分配计划。

三是专业指导与监督。制定全区社会保险基金统筹的具体实施办法，指导全区社会保险经办系统管理社会保险基金；负责社会保险精算工作，建立全区社会保险运行情况分析制度并指导实施；制定全区社会保险稽核、内部控制和信息披露制度并组织实施。拟订全区清理欠缴社会保险费计划，并指导实施。

---

① 《社会保险服务总则征求意见稿》，人力资源和社会保障部网站。

四是负责完成各种台账、报表及信息化工作。具体内容包括：拟订全区社会保险业务档案管理办法并组织实施；制定全区社会保险基金内部财务、会计、统计制度并组织实施；编制汇总、上报全区及自治区本级社会保险基金会计、统计报表。负责数据规范管理工作，组织全区联网数据上报，参与制定全区社会保险信息系统业务需求和业务指标体系；负责全区社会保险个人权益数据及数据中心的管理和维护；建立数据分析应用体系，指导全区社会保险经办系统开展分析应用工作；参与全区金保工程总体规划的制定与实施。①

需要指出的是，广西的养老保险经办服务体系自身带有浓厚的特色，其属于多险合一的经办模式。在少数省份，如陕西和吉林，采用的是养老保险垂直管理模式，二者之间有着一定的差异性。更普遍的情况是，各地采用多险分立的模式。从养老保险经办服务体系的国际情况看，社会保险经办管理模式可以划分为三类：政府直接主导的"统一式"经办模式，政府监督、社会自治组织管理的"自治式"经办模式和私人机构运营的"公司制"经办模式。② 当前中国养老保险制度中，城镇职工基本养老保险制度作为一种与工作相关联的制度，它的经办服务属于统一式。

从经办管理的发展角度来看，其历程与养老保险总体的管理发展阶段相似。在新中国成立后（1951—1969年），其由全国总工会及各级工会管理；在制度恢复以后（1978—1991年），改革开放后，其管理由企业负责；1993年《中共中央关于建立社会主义市场经济体制若干问题的决定》中提出"建立统一的社会保险管理机构"，将社会保险的行政管理与基金经营分开③。《中华人民共和国劳动法》颁布以后，各地设立了社会保险经办机构，开展相关社会保险的管理服务工作。④ 同年（1994年），劳动部成立社会保险事业管理局，负责指导各地经办管理工作。2000年，劳动和保障部社会保险事业管理中心（以下简称

---

① 广西壮族自治区社会保险事业局网站。

② 郑秉文主编：《中国养老金发展报告2013——社保经办服务体系改革》，经济管理出版社2013年版。

③ 详见1993年11月14日通过的《中共中央关于建立社会主义市场经济体制若干问题的决定》第二十八条。

④ 详见1995年1月1日正式实施的《中华人民共和国劳动法》第九章第七十四条。

"部社保中心")正式成立。这也标志着现行的社保经办服务体系框架基本形成。

三、监督管理

养老金制度在本质上是一种参保者个人在生命过程中配置资源的方式，劳动者在年轻时将部分收入以税、捐、费的形式交给养老保障经办机构，并在年老时从养老保障经办机构获取养老金供晚年生活使用。在这个过程中，除了普惠式国民年金制度外，与工作相关联的养老保险制度往往具有一定的资格条件要求，如缴费时间、缴费基准、退休年龄、养老金待遇等，这些资格要求是否严格得到执行，是制度监管必然的考察项目。而且，养老金制度往往具备一定的再分配效应，这种再分配效应或是来自养老金缴费与待遇之间的平衡——通过各种方式使得退休后收入差距小于退休前收入差距，或是来自财政的转移支付。因而，信息披露工作也是养老金监管制度的基本内容之一，目的在于使参保者了解制度的运行情况。

需要说明的是，在养老金制度诞生以来的很长时间里，只有基于现收现付制的养老金制度。因而，早期的监管多是围绕着养老保险职能进行的监管——也就是对养老金运营过程的监管，侧重于考察制度运行的合规性。自个人账户制度出现以来（20世纪80年代发源于智利），监管的重心开始逐步向基金监管方向转移。

尽管各国养老金制度不尽相同，但养老基金的规模都以不同的形式日渐增多。导致养老保险基金规模上升的原因有二：一是个人账户制度本身就会形成海量的资金积累；二是为了应对老龄化的威胁，在实践中出现了各种各样的主权养老基金等储备基金。在这样的情况下，国际社会保障协会（ISSA）认为，当前影响监管的主要因素包括：人口结构变化（老龄化）、制度变迁、欺诈、监管权力不足及信息技术创新的应用。[1]

---

[1] ISSA, *High Performance in Social Security Administration by Innovation*, *Change Management and Risk Management Summary of Findings* 2008-2010, World Social Security Forum 30th ISSA General Assembly, Cape town, 29 November-4 December, http://www.issa.int/Resursy/Conference-Reports/High-Performance-in-social-security-administration-by-innovation-change-management-and-risk-management.

ISSA 进一步提出了养老金监管的五个原则：责任明晰、公开透明、可预期、可参与及动态性。①

中国的养老保险制度监管，在劳动保险的年代里，由劳动行政部门承担着监管职责。1997 年，《国务院关于建立统一的基本养老保险制度的决定》中明确："基本养老保险基金实行收支两条线管理，要保证专款专用，全部用于职工养老保险，严禁挤占挪用和挥霍浪费"；"基金结余额，除预留两个月的支付费用外，应全部购买国家债券和存入专户，严禁投入其他金融和经营性事业"。此外，"要建立健全社会保险基金监督机构，财政、审计部门要依法加强监督，确保基金的安全"。这是统账结合的城镇职工基本养老保险制度基金监管的起点，其中关于财务制度以及投资方向的两条原则性规定，一直延续到今天。

1998 年，劳动和社会保障部设立了社会保险基金监督司，各地劳动和社会保障部门也设置了相应的基金监督机构，养老保险监督职能开始逐步走向专业化。基金监督司主要承担的任务通过历年来不同文件所体现：1999 年，《社会保险费征缴暂行条例》规定国务院劳动保障行政部门负责全国的社会保险费征缴管理和监督检查工作；2001 年《社会保险基金行政监督办法》规定由劳动保障行政部门对社保基金收入户、支出户、财政专户等社保基金收支与结余情况进行监督；2001 年《社会保险基金监督举报工作管理办法》规定县以上劳动保障部门负责受理和办理社保基金监督举报，包括当面举报和开设社保基金监督举报电话，并要求在全国形成监督网络。② 此外，《社会保险经办机构内部控制暂行办法》要求各级社会保险经办机构从组织机构、业务运行、基金财务、信息系统等方面加强内部控制建设；《社会保险基金要情报告制度》要求各级劳动保障部门要保障工作渠道畅通，重大要情及时上报。这初步构建了基本养老保险制度社会保障部门的行政监督、财务监

---

① ISSA, *Good Governance Guidelines for Social Security Institutions*, http：//www. issa. int/Resources/ISSA-Publications/Good-Governance-Guidelines-for-Social-Security-Institutions.

② 《社会保险基金监督举报工作管理办法》，人民网，见 http：//opinion. people. com. cn/GB/8213/49375/49383/3492676. html。

督、社会监督、内部自控四大监管体系。①

当前，人力资源和社会保障部共设部、省、市、县四级专兼职监督机构，人力资源和社会保障部负责总体部署全国社保基金监督工作，对各地监督工作进行业务指导，受理群众举报，直接查处重大案件等。省级以下各级监督机构负责本辖区内的社保基金监督工作，除按照人力资源和社会保障部的部署进行监督检查之外，还根据当地情况开展有针对性的检查活动。

基本养老保险制度确立后，不久即引入了财政部和审计署的财务监管职能。1999 年《社会保险费征缴暂行条例》规定："社会保险基金实行收支两条线管理，由财政部门依法进行监督，审计部门依法对社会保险基金的收支情况进行监督。"② 该规定是社会保险财务监管的起点。在此后的工作中，财政部负责拟订社会保障资金的财务管理制度，组织实施对社会保障资金使用的财政监督，主要是监督财政专户的运作情况，以及通过制定财务制度，规范财务管理行为，审核基金预算和决算等实现财务监管职能。审计署则通过审计来实现监督职能——审计国务院各部门管理的，以及受国务院委托由社会团体管理的社会保障基金财务收支情况。

除人力资源和社会保障部负责行政监管，财政部负责财政监督，审计署负责审计监督以外，还有纪委检察部门监管和规范社保基金的稽核、征缴、支付和管理行为。目前，我国已经初步形成以人力资源和社会保障部门行政监管为主，专门监督、法律监督以及人大监督、社会监督相结合的社会保险基金监管体系，各职能部门配合共同实施社会保险基金监督工作。总的来看，今天的社保基金监管工作，人力资源和社会保障、财政、审计、纪委检察等部门发挥着各自的监管职能。③

在新的监管重点——基金监督方面，还处于逐步完善的阶段。当前

---

① 《我国社会保险基金监督管理的基本情况和主要问题》，中国人大网，见 http：//www. npc. gov. cn/npc/zt/2008-12/23/content_ 1463600. htm。

② 《社会保险费征缴暂行条例》，中国政府网，见 http：//www. gov. cn/banshi/2005-08/04/content_ 20250. htm。

③ 《我国社会保险基金监督管理的基本情况和主要问题》，中国人大网，见 http：//www. npc. gov. cn/npc/zt/2008-12/23/content_ 1463600. htm。

基金监督的主要工作内容是对基金征缴、基金支出和基金结余情况的监督检查，主要由人力资源和社会保障部承担。具体来说，监督的项目有三：一是基金征缴监督。主要监督企业缴费行为，有无少报参保人数、少报工资总额、故意少缴或不缴费情况；经办机构征缴的保险费是否及时足额缴入收入户管理，有无入账不及时，或被挤占挪用情况；以及收入户资金是否按规定及时足额转入财政专户。二是基金支出监督。主要监督经办机构是否按规定的项目、范围和标准支出基金，有无多支、少支或不支，有无挪用支出户基金情况；以及受益人有无骗取保险金行为等。三是结余基金（财政专户基金）监督。主要是考察有无挤占挪用基金、动用基金的行为；另外，需要考察结余基金收益状况，是否合理安排存期以追求收益最大化，以及是否按规定及时足额拨入支出户等。①

在城镇职工基本养老保险制度建立以来，合规性是监管的重心——即重点监督是否存在各种违法违规行为。统计显示，1986—1997 年间，全国共清查出上百亿社会保险基金被违规使用；"十五"期间劳动和社会保障部接到挤占挪用基金举报案件 96 件；1998—2005 年，全国清理回收挤占挪用基金 160 余亿元。② 随着监督管理的发展，近年来社保基金违规情况有很大改观。

第三节 城镇职工基本养老保险 管理存在的主要问题

一、参保管理

参保管理一直是养老保险管理中的核心问题。从我国 1991 年开始

---

① 《社会保险基金监督的主要内容》，劳动和社会保障部网站，见 http：//www. molss. gov. cn/gb/ywzn/2006-02/28/content_ 108334. htm。

② 刘波：《中国社会保障基金政策执行中的问题与对策研究》，《河南师范大学学报（哲学社会科学版）》2010 年第 2 期。

尝试养老保险制度改革起，扩大基本养老保险制度的覆盖面一直都是养老保险管理工作的重中之重。在各级政府长期不间断的努力推动下，城镇职工基本养老保险覆盖人数长期以来都保持了快速增长。1991年，参保人数为6740.3万人，其中，在职职工为5653.7万人，退休人员从为1086.6万人；城镇就业人员基本养老保险参保比率只有32.37%。到2018年，参保人数已经达到41901.6万人，其中，在职职工有30104万人，退休人员为11797.7万人；城镇就业人员基本养老保险参保比率已达到69.33%。①

近些年来，参保人数的增长速度有些放缓，主要是因为制度覆盖的主要群体已经基本上都加入了。目前还没有参加职工基本养老保险的群体主要是小微企业就业人员以及灵活就业者。这些劳动者往往收入较低且工作不稳定，费用的强制征缴难度十分大，因而参保管理的难度也很大。这其中可能有一部分劳动者更适合加入城乡居民基本养老保险。

参保管理的另外一个重要的问题是统筹层次。新中国成立以来，最初构建的是全国统筹的劳动保险制度（利用各级工会管理），而在"文化大革命"开始之后，这种全国统筹的养老保险制度再也没有能恢复。不仅如此，全体劳动者还因为身份的不同，被拆分成了企业单位和机关事业单位养老金制度两大类。随着时间的推移，这两类制度之间的公平性问题日益为公众所关注。

20世纪90年代所构建的统账结合的企业职工基本养老保险制度，最初目标就包括逐步提高统筹层次，"要逐步由县级统筹向省或省授权的地区统筹过渡。待全国基本实现省级统筹后，原经国务院批准由有关部门和单位组织统筹的企业，参加所在地区的社会统筹"②。但直到今天，省级统筹也并未得到实现，提升统筹层次依旧是各界始终关心的问题之一。

---

① 根据国家统计局网站数据计算。

② 《国务院关于建立统一的企业职工基本养老保险制度的决定》，见 http://www.molss.gov.cn/gb/ywzn/2006-02/16/content_106876.htm。

二、费率与费基管理

由于城镇职工基本养老保险制度一开始实行的是县市统筹，各地情况差异很大，所以，该制度的缴费费率和费基一开始就难以统一。从1997年统账结合制度模式正式确立到2005年的修订，中央政府所规定的28%的总费率一直就只是一个参照标准。事实上，由于地方自由裁量设计制度，对于中国到底有多少种缴费率这个问题，几乎没人可以给出准确的回答。在各地实践中，有严格遵守28%缴费率标准的省份，如北京等地；也有向上调整缴费率的地方，如上海缴费率为29%；更有为数众多的地方下调了缴费率，如广东、江浙等地普遍缴费率低于20%。各地不仅缴费率不同，而且缴费基数也有所不同。鉴于此，国务院于2016年决定，从当年5月1日起，企业职工基本养老保险单位缴费比例超过20%的省（区、市），将单位缴费比例降至20%；单位缴费比例为20%且2015年底企业职工基本养老保险基金累计结余可支付月数高于9个月的省（区、市），可以阶段性将单位缴费比例降低至19%，降低费率的期限暂按两年执行。2019年，考虑到企业压力过大等因素，国务院再次决定，从2019年5月1日起将职工基本养老保险的单位缴费比例统一降至16%。

在缴费基数的确定上，北京、上海与天津等地采用了上一年度社会平均工资作为基数，而其他地方基本采用了上年度城镇单位在岗职工平均工资作为基数。显然，以城镇单位在岗职工平均工资作为基数，存在着超额缴费问题——城镇单位在岗职工的收入在所有城镇就业者中处于较高位置，这相当于让所有群体以高收入群体的收入为基准进行缴费。政策所规定的缴费基数60%下限，事实上仍高于低收入就业者的实际收入，在此情况下，低收入者因为制度设计的原因，部分被挡在了养老保险制度之外。为了缓解这一问题，部分地区采用下调缴费基准下限到40%的做法，使得中国的养老金制度缴费率问题更加复杂化了。2019年以来，国务院在降低缴费率的同时也进一步明确了费基的计算办法，以解决这种问题。

三、养老保险经办服务能力有待提升

由于养老保险经办服务机构受同级政府部门领导，这一现象导致了经办业务自身并不具备独立性，易受到地方政府的干预和制约。在中国当前的考核体系下，GDP 的衡量占据至关重要的作用，而对地方政府来说，增加 GDP 最容易的方式之一就是招商引资。在这种背景下，劳动者的社会保险权益易受到影响。此外，经办服务机构在当前制度下，还存在着严重的人员不足、经费不足以及场地设备等条件不足。

截至 2016 年底，全国社会保险经办机构实有工作人员 19.6 万人。2016 年，全国各地继续大力推进实施全民参保登记计划，在摸清底数基础上实现精确管理、精准扩面，五项保险参保人数均比上年有所增长。其中，基本养老保险参保人数为 88777 万人，基本医疗保险参保人数为 74392 万人（含人社部门负责管理的城乡统筹居民基本医疗保险的参保人数），工伤保险参保人数为 21889 万人，失业保险参保人数为 18089 万人，生育保险参保人数为 18451 万人。在基本养老金方面，从 1989 年到 2016 年末，全国年度领取养老金的离退休人员从 893.4 万人增加到 10103.4 万人。截至 2016 年底，全国共有 15270.3 万城乡居民领取了基本养老金，2016 年全国办理基本养老保险关系跨省份转移接续 200 万人次。从人员角度来看，社保经办机构每人年均服务上万人次，而且地区间服务水平严重不平衡，人员不足现象普遍存在。[①]

此外，在经费方面，也存在着严重的不足。1999 年颁发的《关于社会保险经办机构经费保障等问题的通知》，禁止经办机构从社会保险基金中提取任何费用，从那时起，社会保险经办机构所需经费全部需要财政支付。截止到 2015 年，全国社会保险经办机构共支出 198.94 亿元。其中，商品和服务 50.19 亿元，基本建设 4.35 亿元，人员经费 125.9 亿元，其他 18.5 亿元。[②]

从以上数据中可以发现，社会保险经办人员工资已经占到了全部支

---

① 数据由人力资源和社会保障部提供。

② 数据由人力资源和社会保障部提供。

出的 50% 以上，导致很多地方的社会保险经办机构缺乏必须的业务经费。需要说明的是，这些人员经费中，还包括地方上因为严重人员不足所临时聘请的人员支出。在对各地社会保险经办机构的实地调研中发现，社会保险经办机构的人员流动率超高，这和严重偏低的工资水平与超高的劳动强度是密不可分的。与世界上其他国家社会保险经办服务机构相比，我国社会保险经办人员以极少的经费开支，提供了社会保险服务工作。详情参见表 5-2。

表 5-2　全国社会保险经办机构经费使用情况

年份	实有人数（万人）	经费支出总额（亿元）	基金征缴额（亿元）	人均服务人次（万人次）	人均支出经费（万元/人）	经费支出占基金征缴额比例（%）
2010	150376	112.48	18823	0.65	7.48	0.60
2012	172177	148.11	28909	0.97	8.61	0.51
2014	178598	171.01	40439	1.02	9.55	0.42
2016	195869		53564	1.13		

资料来源：根据人力资源和社会保障部提供的数据计算。

四、养老保险管理信息化水平亟待提升

1999 年，我国开始推行电子政务，与之相关的社会保险信息化建设工程——"金保工程"，于 2002 年正式启动。到 2012 年末，金保工程一期建设全面完成。到 2017 年，人力资源和社会保障业务专网已经覆盖部本级和所有 32 个省级节点，全面实现部省市三级网络贯通，街道、乡镇基层服务机构联网率已超 97%[①]。在金保工程迅猛发展的同时，12333 咨询电话也取得了一定的发展。2016 年底，12333 实现了地市级全覆盖，全国 365 个地市级以上人社部门（含省本级）全部开通"12333"服务号码。2016 年全国 12333 来电总量为 10472 万次，其中接听总量为 8326 万次。接听总量中，人工接听量为 3873 万次，占

---

① 《人力资源社会保障部对十二届全国人大五次会议第 9030 号建议的答复》，见 http://www.mohrss.gov.cn/gkml/zhgl/jytabl/jydf/201711/t20171102_280555.html。

46.5%；自动语音量为 4453 万次，占 53.3%。[①]

但在以上信息化工作取得巨大成就的同时，在养老保险管理的信息化进程中依旧存在很多的问题。金保工程拨款数额相对于全国庞大的基层社保信息化任务而言，差距明显，更重要的是，现有的社保信息化进程缺乏有效的统一管理。无论是在信息采集、信息传递乃至于具体的软硬件建设方面，都缺乏统一的标准。采集什么数据，按照什么格式采集，如何交换数据都是现实存在的问题。

具体而言，软硬件以及数据采集交换等均缺乏相应的统一标准。如软件服务提供商，当前具备资质的中国社会保险信息化应用软件前台技术支持商有多家，各地自主采购、自主定制软件，造成的结果是各地虽然在名义上实现了信息化，但距离标准化还相去甚远。事实上，同一个省份的信息共享都存在着相当大的困难，因为无论软件还是系统均不相同，更不用提全国层面的数据统一收集处理。

乐观的消息是，信息标准化工作终于有了新的进展。颁布于 2009 年的《社会保险业务档案管理规定（试行）》，到 2014 年终于将新的《社会保险业务档案管理规定》提交国家标准委员会讨论，社会保险信息化在统一标准方面迈出了一大步。但是，必须指出的是，现在的管理规范只是相对统一了数据收集方面的一部分内容，而对于进一步的工作缺乏相应的规定。尤其是，缺乏整个国家层面的数据信息标准化规范。在人口老龄化日益加深的情况下，社会保险业务包括养老保险业务的进一步信息化工作，将是一项艰难的任务。

五、改进养老保险管理的建议

养老保险管理归根到底，是实现养老保险制度所设定任务目标所采取的各种措施的统称，其最终目的是为了实现"老有所养"的任务。因而，养老保险管理最大的制约因素正是制度设计本身。如果制度设计

---

① 《"12333"成为人社部门服务百姓重要窗口》，人力资源和社会保障部网站，见http：//www.mohrss.gov.cn/SYrlzyhshbzb/zhuanti/jinbaogongcheng/jbgcdianhuazixunfuwu/jbgcdhz-xfwgzdt/201707/t20170707_ 273655.html。

本身存在问题，再好的管理也无法弥补根源上的问题。因而，首先需要改进的是养老保险制度设计本身的缺陷。前文所提及的参保率问题以及统筹层次问题，归根到底是制度设计本身的缺陷，它是当前制度缺乏激励效应的体现，各地纷繁的缴费率进一步放大了制度设计的缺陷。而这些问题的解决，有待于进一步完善制度设计。

在制度设计存在着激励效应不足的情况下，在养老保险管理连投资机制尚未明确的情况下，现在的养老保险管理缺乏诸如投资监管等专业化内容是意料之中的事情。但是，养老保险的规范化以及专业化是当前进一步加强管理的基础工作。当人口日趋老化，当养老基金积累越来越多，养老保险制度本身面临着安全性、流动性和投资风险三大类问题，此外，因为信息不对称，还存在着委托代理风险。为了避免上述问题，当市场机制无法达成预定结果或者为了规范秩序、保护参保者的时候，养老保险管理需要发挥作用。这也是世界养老保险管理发展的特征，从职能型管理向市场化、专业化方向演化。对此，经合组织（OECD）的一些原则值得借鉴。2000年，OECD的私营养老金工作小组在发布了《私营养老金规范和监管的15个原则》，OECD提出，必须建立一定的监管机构，按照一定的投资准则，保证实现社保基金投资的两大准则：安全性和收益性。[1]

此外，还需要理顺养老保险管理体制。当前，中国的社会保险管理模式众多，其中之一是五险合一模式。到2012年底，全国有广东、天津12个省市建立了"五险合一"管理体制，与此同时，随着农村养老保险事业发展，江苏、山西等8个省份还陆续设立了农村养老保险经办机构。二是垂直管理模式。2000年11月，陕西省首先对各级养老保险经办机构实行省级垂直管理，"统一政策、统一费率、统一统筹项目、统一缴拨方式、统一调剂使用基金、经办机构统一垂直管理"[2]。到

---

① OECD, *the Fifteen Rules for Regulation on Supervision of Privater Pension Schemes*, http：//www. oecd. org/finance/private-pensions/2403207. pdf.

② 2000年5月，陕西省委组织部、省劳动和社会保障厅联合下发了《关于我省养老保险经办机构实行垂直管理有关问题的通知》（陕组通字〔2000〕29号），决定由陕西省社会保障局对各市地、县区养老保险经办机构实行垂直管理。

2012 年末，陕西、天津、吉林、黑龙江、上海、山东青岛、河南洛阳等地陆续加入社保经办机构垂直管理的行列。三是各险种分立的管理模式。理顺养老保险管理模式，是完善养老保险管理的前提所在。

第六章　城镇职工基本医疗保险管理

作为一项最复杂的社会保险制度，医疗保险制度具有其他险种不具备的特征。具体到我国的城镇职工基本医疗保险制度，相对于之后实施的新型农村合作医疗以及城镇居民基本医疗保险制度，由于实施时间长，有些制度特征已经定型，改革难度较大，且制度的独立性更强，因此在管理上更加具有挑战性和创新性。本章主要从基金管理、服务管理、费用管理和经办管理四个方面对城镇职工基本医疗保险制度的管理进行分析，找出其中存在的问题，以期对未来制度的发展提出一些建议。

第一节　城镇职工基本医疗保险经办管理

医疗保险经办管理是指社会（医疗）保险经办机构受政府行政部门委托，履行政府的医疗保险管理服务职能，具体承办医疗保险的基础性、技术性、事务性和服务性等方面工作的过程，是根据《社会保险法》以及相关配套法规的规定，落实各项医疗保险政策，反馈政策实施效果，为参保人提供参保、就医、待遇支付和权益记录等服务的过程。[①] 从医疗保险制度运行来看，经办管理是整个制度的核心，在一定程度上，经办管理的能力和水平决定了整个医疗保险制度的实施效果。不仅如此，由于医疗保险制度的特殊性，使得医疗保险经办管理工作更

---

① 胡晓义：《社会保险经办管理》，中国劳动社会保障出版社 2011 年版。

加特殊和复杂化。

一、我国医疗保险经办管理的内容以及存在的问题

《社会保险法》第九章对社会保险经办做出了原则性的规定，具体到医疗保险经办，胡晓义（2011）对医疗保险经办管理的内容进行了界定，其中包括参保单位和个人登记、缴费基数核定与费用征缴、信息采集与证件发放、参保人员待遇审核与支付、基金使用管理、定点医疗服务的监管以及为参保人员提供咨询服务等。结合医疗保险的职能，总结我国当前医疗保险经办的主要内容，可分为两大部分：个人/企业医疗保险登记、定点机构协议管理。其中，个人/企业医疗保险登记主要涉及医疗保险缴费方面的工作，属于经办机构的传统职能。医疗保险实行定点机构协议管理是大多数实行医疗保险制度国家所采取的管理手段之一，其核心做法是医保经办机构参与医疗机构的服务提供，并以双方协议的方式对医疗机构的服务人群、服务范围、服务内容、服务质量、医疗费用结算方法、医疗费用支付标准以及医疗费用审核与控制等内容做出规定，有些类似于美国的管理式医疗，其最终目标是在医疗服务机构之间引入竞争，降低医疗服务成本，减少供方的诱导消费，同时降低需方在医疗消费中的随意性和不可控性。在确定定点医疗机构时，我国主要遵循三个原则：方便参保人就医并利于管理；兼顾专科与综合、中医与西医，注意发挥社区卫生服务机构的作用；引入竞争机制，有利于促进医疗卫生资源的优化配置等。

经过十几年的发展，我国的医疗保险经办服务体系已经形成了从中央到地方较为完善的网络体系，经办规模不断扩大，待遇支付和结算能力持续增强，在医疗保险制度扩面和整合过程中发挥了不可替代的作用。具体到经办系统内部，无论是在个人/企业社会保险登记方面还是在定点机构协议管理方面，医保经办机构都取得了长足的发展，如医保卡为参保人就医提供了极大的方便，定点机构的相关规定在很大程度上约束了参保人的就医行为，在医疗保险控费方面起到积极作用等。但由于发展时间较短，再加上一些条件的限制，我国城镇职工基本医疗保险经办管理方面依然存在一些问题。

（一）在个人/企业医疗保险登记方面，医疗保险的经办管理和其他险种分离，不利于医保经办效率的提高

不可否认，医疗保险作为最复杂的社会保险险种，它具有其他险种不具备的特征，也增加了经办管理的困难，如医疗保险费用结算中的审核和费用控制，被称为是世界性难题。但仍有些经办工作是可以与其他险种合并进行的，如参保单位和个人登记、缴费基数核定与费用征缴、信息采集与证件发放等，这些基础性工作可以由共同的经办机构承担。在我们调研中发现，在已经实现"五险合一"的省份，通常在社会保险事业局（社保经办机构的通常叫法）下设置征缴、统筹管理等部门对所有的险种进行统筹管理，所有险种，包括城镇职工基本医疗保险在内的缴费、信息登记都在统一的征缴部门完成。而在有些还未实现"五险合一"的省份，医疗保险经办通常与其他险种的经办管理分离，在人力资源和社会保障行政管理部门下设置平行的医疗经办机构和其他四险的经办机构，两个机构两个信息系统，难以整合。这一方面增加了经办工作机构和人员编制；另一方面很多工作也是一种重复劳动，工作效率大大降低，大量的资源被分配到低效的工作中。

（二）在定点机构协议管理方面，仍存在一些问题有待改进

第一，定点机构准入资格过于宽泛，与委托购买医疗服务的要求差距较远。从根本上讲，医疗保险是在参保人的委托下由经办机构向医疗机构购买医疗服务的过程，在此过程中，经办机构应该从实现参保人利益最大化的角度出发，就所购买医疗服务的范围、价格、质量等内容，由经办机构和医疗机构反复谈判达成，并选择最符合条件的医疗机构，这时，经办机构应该是一个积极主动的服务谈判者和购买者。但在实际情况中，我国在确定定点医疗机构时，主要采取了根据一定条件"指定定点"的做法，将可以申请的医疗机构分为 6 大类，且这些机构需要符合区域规划和医疗机构评审标准，有健全的服务管理制度，严格执行价格政策和医疗保险政策等规定。愿意承担定点服务的医疗机构在申请成为定点机构时应当提供执业许可证、大型设备清单、机构上年度收支情况、门诊住院诊疗服务量等证明材料，然后由医疗保险部门指定有资格成为定点的医疗机构，成为定点，意味着可以从医保基金得到补

偿，定点机构"皆大欢喜"，未成为定点的医疗机构则要担心未来的生存发展。医保经办机构对于定点医疗机构缺乏必要的监督，只是一个医疗服务的被动付费者，如果单纯地依靠费用支付方式约束医疗机构的行为，通常不能实现服务费用和质量的兼顾。

第二，定点协议制度未能在构建分级诊疗体系方面发挥积极作用。根据相关规定，参保人员可以在一定范围内选择3—5家不同层次的医疗机构，其中至少应该包括1—2家基层医疗机构（包括一级医院以及各类卫生院、门诊部、诊所、卫生所、医务室和社区卫生服务机构）。这种定点机构划分或选择的本意应该是建立起参保人就医的分级诊疗体系，参保人在定点机构范围内就医时应首先选择基层医疗机构，之后才是二级或三级医院，但实际情况完全不是如此。参保人患病后直接去大医院就诊是大多数人的选择，这一方面是因为当前我国基层医疗机构的诊疗能力相对较弱，另一方面也是由医保制度的倾向性所决定的。以北京市城镇职工医疗保险制度报销标准为例，在门诊方面，在职人员在社区卫生服务机构就诊和非社区机构就诊，起付线以上费用的报销比例分别是90%和70%，退休人员（70周岁以下）分别是90%和85%，同时规定报销上限为20000元。也就是说，在缺乏强制性的分级诊疗规则下，当前定点协议管理中的相关规定不足以促使参保人首诊在社区，社区医疗机构的"守门人"职能完全发挥不出来。

（三）异地就医问题考验当前医保经办的信息化水平

简单来讲，异地就医是指参保人在医疗保险统筹范围之外的地方就医。在当前的医保统筹水平下，异地就医带来的问题较多，如异地就医者垫付医疗费用高，报销周期长，异地就医监管难度大等。造成以上问题的原因除了医疗保险制度统筹层次低外，医疗保险经办的水平有限也是其中一个重要原因。我们调研中发现，在当前统筹层次下，有些省份试图提高异地就医的结算效率，但通常受制于医保经办的信息化水平。一方面，全国甚至是全省缺乏统一的、可交流的医疗保险信息平台。虽然各地先后建立其医保信息管理系统，但标准不统一，各地区各行其是，参保人的信息仅仅存在于参保地的信息系统中，就医地无法得到相关信息，当需要进行异地就医结算时，甚至要通过人工的手段解决问题，结算效率大大降低，其根本原因在于缺乏信息系统的顶层设计。另一方面，各地医保经办的信息化发展水平差距较大，不利于地区间的沟通。当前各地医保信息化水平的高低主要依赖于财政支持程度，由此导致各地发展水平的参差不齐。有些地区已经完全实现医保经办的计算机操作，而有的地区仍然依赖人工解决，毫无疑问，这种发展水平的差距更是加剧了异地就医的难题。

二、医疗保险经办管理方面的建议

如前所述，经办管理是整个医疗保险制度的核心，关系到医疗保险制度的运行效率和未来发展，针对上述问题，本书提出以下建议：

（一）推动"五险合一"工作的进行，提高医保经办效率

在调研中发现，医保经办系统是人员工作负荷比最高以及专业人员较为缺乏的领域。鉴于此，从提高医保经办效率的角度出发，推动实现"五险合一"是较好的途径。通过"五险合一"，可以将一些基础性事务，如参保人的登记、费用征缴、信息采集和证件发放等工作释放出来，由统一的社保经办部门承担，此外，还可以空余出一定的人员编制用于专业性医保经办人员，从而提高整个医保制度的经办效率。

（二）通过建立谈判机制、招标等方式确定定点医疗机构

无论是从维护参保人的利益来看，还是从提高医保资金运行效率的角度出发，医保经办机构都不应该只是单纯的医疗服务付费者，而应该是积极主动的谈判者和购买者。一方面，医保经办机构应该从专业的角度出发，参与建设相关病种的标准化诊疗流程，并在核定医疗服务成本的基础上，对需要购买医疗服务的范围、价格、数量、质量等情况做出界定，在此基础上，可通过谈判、招标等方式筛选符合条件和预期的定点医疗机构，而非之前简单地指定定点机构；另一方面，医保经办机构应该建立定点医疗机构的监督和反馈机制，以患者满意度为核心评价指标，以医保基金使用效率为基础评价指标，来评判定点医院在医疗服务的提供质量和数量方面的综合能力，对于不符合要求的定点机构，在责令其整改的基础上，有权取消其定点的资格。

（三）从经办的角度促进社区医疗卫生服务机构的发展

从经办的角度出发，可以从两方面促进社区医疗卫生服务水平的提高：一方面，可以增加医保资金向社区机构倾斜的力度，通过建立一般诊疗费制度，加大医保资金对社区医疗机构就医补偿力度等措施引导参保人首诊进社区。另一方面，在定点机构协议管理方面，经办机构可以完全放开在社区医疗机构方面的限制，只要在统筹范围内，参保人可以到该地区任何一家社区医疗机构就医，而不受定点范围的限制，定点机构的选择可以只限于大的医疗机构。

（四）提高医保经办的信息化水平，逐步加强异地就医即时结算能力

诚然，医保统筹层次低是造成异地就医问题的主要原因，但在当前财政"分灶吃饭"以及地区经济发展水平差距较大的情况下，统筹层次低的问题将在相当长的一段时间内持续存在，不易发生改变，因此我们可在现有经办水平的前提下力求实现一定的改进，核心是信息化水平的提升。一方面，要从顶层设计上重视医保经办信息化水平的提高，在全国，至少是在省级范围内建立统一的信息化实施标准，从而扩大医保经办信息的交流范围。另一方面，加强异地就医结算能力是一个循序渐进的过程，以有些省份为例，通过建立省级统一的信息网络平台和结算平台，首先解决省内各地市到省会城市就医结算的问题，之后再逐步实现各地市之间就医的及时结算，这是我们未来医保经办发展中值得借鉴的做法。

第二节　医疗服务管理

作为我国医疗卫生体制的重要组成部分，医疗服务体系是整个医疗卫生体制改革的中心，特别是对于处在"第三方支付"位置的医疗保险制度，对医疗服务的有效管理构成医疗保险顺利运行的前提和基础。一般来讲，医疗服务的参与者包括三方：供方、需方和付费方。在医疗保险出现之前，医疗服务的需方也是医疗服务的付费方，而有了医疗保

险后，医疗服务的付费方成为医疗保险机构，即我们通常说的"第三方支付"。因此，可以将医疗服务管理分为对医疗服务供方的管理、对医疗服务需方的管理以及对医疗保险机构的管理。在医疗服务体系中，对医疗保险机构的管理主要涉及费用支付制度，将在本章的第三部分涉及，此处主要论述对医疗服务供需双方的管理。

作为一项特殊的商品，医疗服务具有自己的特征：第一，医疗服务的专业性。不同于其他服务行业，医疗服务提供者都需要经过多年的专业学习才可能取得从业资格，并且随着社会经济的发展，医疗服务越来越向高精尖技术发展，专业性越来越强。第二，医疗领域中的信息不对称。由于医疗服务行业的高度专业性和技术性，医疗服务供需双方处于严重的信息不对称状态，供方拥有处方权和治疗疾病的相关信息，而需方通常不了解这些信息，因此在医疗服务提供过程中处于劣势地位。第三，医疗服务效果的不确定性。疾病的复杂性和发展性、患者的个体差异性、治疗手段的多样性，甚至是医疗服务提供者之间的差异都决定了很难在医疗服务行业内形成统一或标准的常规操作管理制度，也使得医疗服务效果具有不确定性。除了以上三个特征外，随着医疗保险制度的介入，医疗服务体系又面临着新的挑战，如"第三方支付"使得医疗服务供需双方不再与医疗费用直接发生关系，医疗费用对双方的约束能力下降，更加促使供方诱导性消费以及需方过度消费。以上特点决定了医疗服务体系的复杂性，也使得对医疗服务供需双方的管理面临一些难题。

一、医疗服务供方管理中存在的问题

（一）医疗服务供方诱导需求

由于医疗服务供需双方的信息不对称，再加上医疗服务提供方的逐利动机，导致医疗服务供方诱导需求不可避免。在我国现阶段，诱导需求两个最明显的体现是过度检查和过度用药。

过度检查是指医疗服务供方在给患者治疗疾病的过程中提供了超过实际治疗需要的服务。在医疗服务提供过程中，由于医疗效果的不确定性，为了增加诊疗的确定性以及规避自身的风险，医院和医生通常建议患者做"高精尖"医疗设备的检查，甚至在疾病原因已经确认的情况下，仍要求通过设备检查做二次确认，特别是对于转诊的患者，转入医院通常不承认转出医院的检查结果，依然进行重复检查，有时，这些检查是没有必要的。有报道曾指出：医疗费用中增长最快的是检查费用，以每年20%以上的速度递增，每年有100多亿元资金投入用于购买高精尖设备……有些医院在分配上向检查检验科倾斜，鼓励尽快回收设备投入，导致过度利用设备。[①]

诱导需求的另一个体现是过度用药，主要表现在以下方面：不需要用药的却使用了药物治疗、能够使用基本药物治疗的却使用了高价特效药、能够一个疗程药物治疗好的却开好几个疗程、能够口服药物治疗的却使用针剂或静脉输液。[②] 过度用药的直接结果是导致我国药品费用占整个医疗费用的比重居高不下。2014年公立医院的业务收入中药品收入所占比例为37.9%，医疗服务项目收入比例为54.3%、国家财政补助比例为7.8%，医院作为医疗机构医疗服务收入理所当然应当是主要来源，而药品收入所占据的比例仍然较高。2017年，全国卫生总费用同比增速由改革前年均15%回落到11.3%；公立医院药品收入占比从改革前超过40%降至30%以下。[③]

（二）我国医疗服务资源供给中存在的问题

可用一句话概括我国当前医疗服务资源供给的现状：医疗服务总供给水平不断提高，但医疗资源分布不均，基层医疗卫生服务条件薄弱。自改革开放以来，随着医疗卫生市场的放开，医疗机构的所有制性质也从原来单一的公有制变为多种所有制共存，民间办医力量广泛进入，医疗服务的供给能力不断提高。医疗服务机构数量、医务人员数量以及床位数量都比改革开放以前有了明显的增加，并且随着技术水平以及医务人员素质的全面提高，诊疗水平也不断进步。但值得注意的是，随着医疗服务市场向市场化和商业化转变，再加上财政补贴方式的变化，由此

---

① 《医院规模扩张分析》，见 http://news.ylsw.net/Article/200907/2009-07-23/114734.shtml。

② http://health.sohu.com/s2013/patients/.

③ 资料来源于国家卫生健康委员会网站。

导致医疗资源配置在布局上向高层次服务以及高购买力地区集中。

一方面，医疗资源分配不均的状况愈演愈烈。主要体现在地区之间和城乡之间。在地区之间，由于地方财政补贴能力不同，导致各地医疗服务水平呈现较大的差异。以床位数和卫生技术人员数为例，2018年东部、中部、西部每千人床位数分别为5.47、6.12、6.49张，每千人执业（助理）医师数分别为2.85、2.38、2.39，每千人护士数分别为3.10、2.70、2.97人，每百万人三甲医院数分别为1.08、0.85、1.01。在城乡之间，随着集体经济的瓦解，农村医疗卫生机构的资金来源遭到削弱，农村卫生事业发展严重倒退。在卫生总费用的城乡分布上，2014年，占全国总人口54.8%的城市人口的人均卫生费用为3558.31元，而占全国总人口45.2%的农村人口的人均卫生费用为1412.21元。① 地区之间以及城乡之间的差异必然影响各地居民在获取医疗卫生服务方面的可及性和公平性。

另一方面，我国基层医疗卫生服务发展严重不足。我国的基层医疗卫生机构主要包括城市的社区卫生服务中心和社区卫生服务站，以及农村的乡镇卫生院和乡村卫生室。通常来讲，基层医疗卫生机构是整个卫生体系的"守门人"，承担了疾病预防、健康管理、常见病治疗和慢性病病后康复等职能，也是居民获取成本较低的基本医疗服务的最便捷通道。但随着医疗资源不断向大医院集中，我国基层医疗卫生机构无论是在提供医疗服务的能力方面，还是在未来发展的可持续能力方面，都遭到了较大的削弱。2018年末，全国医疗卫生机构总数达997434个。其中：医院33009个，基层医疗卫生机构943639个，专业公共卫生机构18034个。医院占全部卫生机构数的比重为3.3%，基层医疗卫生机构占全部卫生机构数的比重为94.6%。2018年末卫生人员机构分布：医院737.5万人（占60.0%），基层医疗卫生机构396.5万人（占32.2%），专业公共卫生机构88.3万人（占7.2%）。②

---

① 资料来源于国家统计局网站年度数据。

② 资料来源于《2018年我国卫生健康事业发展统计公报》，见国家卫生健康委员会网站。

二、医疗服务需方管理中存在的问题

对于患者来说，在购买医疗服务时，并不会像其他商品那样追求"物美价廉"，而是要追求最优消费，再加上医疗服务的不可替代性和医疗结果的不可重复性，患者通常从数量和质量上同时对医疗服务提出要求。随着医疗保险制度的实施，医疗服务费用由患者自付改为"第三方支付"，使得患者更加忽视医疗费用问题，也就是说医疗保险制度对于患者的需求产生了较大的影响，比如，患者要求用进口药和高档的仪器设备检查，甚至有不正当要求。

（一）医疗保险制度对参保人就诊需求的影响

已有研究证明，医疗保险制度将放大参保人对医疗服务的需求。一方面，由于存在医疗保险制度，一些个人不再重视对自身健康的管理，由此导致患病几率上升；另一方面，参保人试图通过医疗保险制度设计中的漏洞，在满足自身基本医疗需求的同时，努力使自身利益最大化。《2013 第五次国家卫生服务调查分析报告》显示，参加城镇职工基本医疗保险的两周就诊率为 13.4%，参加城镇居民基本医疗保险的两周就诊率为 12.4%，参加新型农村合作医疗的两周就诊率为 13.3%。[1] 与此同时，我们在调研中发现，医疗保险参保人在购买医疗服务时的不规范行为还包括以下几方面：增加不必要的检查和看病次数，要求医生多开药或延长住院时间，出借或冒用医保卡，使用医保卡购买其他生活用品，违规支取个人账户资金，等等。

（二）居民就诊分布中存在的问题

能够反映居民就诊分布情况的一个重要指标是居民首诊去向。在一个完善的医疗卫生体系中，除了急诊外，患者通常去基层医疗服务机构接受首诊治疗，之后再由社区医生根据患者的情况进行诊疗或转诊。而在我国，"首诊在社区"的理念还未推广，即使是医疗保险制度加大了对基层诊疗的补偿，患者依然选择去大医院就医。根据《2013 第五次国家卫生服务调查分析报告》资料，2013 年，城乡居民对于一般性疾

---

[1]　资料来源于《2013 第五次国家卫生服务调查分析报告》，见国家卫生健康委员会网站。

病，有81.0%的家庭通常选择到基层卫生机构就医，19.0%到医院就医。69.0%的城市家庭选择到基层卫生机构就医，即首诊在社区的比例为69.0%，到医院就医比例为31.0%，东部城市选择基层卫生机构就医的比例稍低于西部城市，说明东部地区首诊在社区比重较西部来说稍低。93.0%的农村家庭选择到基层卫生机构就医，这在东、中、西部地区的比例近似。① 之所以存在这种情况，一方面是因为我国还未真正从制度上建立起规范的分级诊疗规则，基层医疗卫生机构还未承担起医疗卫生"守门人"的职能；另一方面，也是最重要的，我国基层医疗卫生机构提供医疗服务的能力不足，治疗疾病的种类和可提供的药品种类少，在治疗某些常见病方面不如大医院见效快，甚至在有些城市，基层医疗卫生机构附属于大医院，这些基层机构通常只承担提供基本公共卫生服务的职责，相当于医院的"防保"部门，如此一来，患者对基层医疗卫生机构的信任度进一步降低。

三、医疗服务管理方面的建议

针对我国在服务管理方面的问题，本书提出以下建议：

（一）建立医疗服务信息系统，规范疾病诊疗过程，并加强对医疗机构的监管

在提供医疗卫生服务的过程中，医生和医院掌握了绝大部分的主动权，患者对于诊疗过程通常没有异议，医疗保险机构也只能在费用方面进行约束，特别是在按项目付费的情况下，保险机构只能对各项独立的费用，如检查费、药品费等分别审核，却与疾病诊疗过程没有任何联系。从这个角度出发，有必要建立医疗服务信息系统，力争建立起多数常见疾病的诊疗过程规范，其中应该包括患者和医生的基本情况、疾病症状、所做检查和结果，以及所使用的药品等，保险机构应当对上述情况进行全面系统的了解，以此加强对医疗机构的监管。

（二）建立合理的医务人员补偿机制，严格把关医疗服务供需双方的行为

之所以会出现医疗服务供方诱导需求，这是与医生追求个人利益密

---

① 资料来源于《2013第五次国家卫生服务调查分析报告》，见国家卫生健康委员会网站。

不可分的。针对以往医生通过开"大处方"获取收入的做法，我们可以探索建立面向医生的基础工资与绩效工资相结合的收入分配制度。其中基础工资与个人的岗位、工龄、技能等因素相关，而绩效工资主要与医生的劳动量相关，其中包括治疗疾病数量与难度、诊疗过程是否规范、是否让患者多检查多用药、是否出现医疗事故以及患者投诉率等，以此来降低医生提供过度服务的可能。与此同时，对于患者利用制度漏洞获取个人利益的行为，本书主张严格制度的执行与管理，以个人账户资金的使用为例，账户资金应被严格限定为购买医疗服务和药品，不能随意支取或购买其他商品，这一方面是维护制度权威的要求，另一方面也是为将来个人账户向门诊统筹转化做准备。

（三）加强基层医疗卫生体系建设，提高服务供给能力

自 2009 年新医改开始，健全基层医疗卫生服务体系成为我国深化医药卫生体制改革的五项任务之一，2013 年《关于巩固完善基本药物制度和基层运行新机制的意见》的发布标志着我国基层医疗卫生体系的建设进入新阶段，基层医疗卫生体系成为未来改革的重点。在未来改革中，我们要注重以下几方面内容：首先，明确基层医疗卫生服务体系的职能定位。基层医疗卫生机构的职责重点在于提供基本医疗服务和基本公共卫生服务，其科室配置、诊疗项目、床位和人员数量要与其职能相匹配。其次，落实对基层医疗卫生机构的补偿政策。对于政府举办的基层医疗卫生机构，财政在基本设施建设、设备购置、人员经费方面要予以足额安排，同时还要落实专项补助经费，如基本药物和基本公共卫生服务经费等。再次，大力推广基本药物制度，提高公共卫生服务的提供水平。基本药物制度是降低居民医疗费用的主要政策，要确保每个乡村和社区都有实施基本药物制度的基层医疗卫生机构，此外，增加公共卫生服务的补偿水平，提高公共卫生服务的供给能力，从根本上提升居民的健康水平。最后，要加大基层医疗卫生人员的培养，提高医务人员的积极性。基层机构发展的一个很大瓶颈在于医务人员的不足，对此我们可以借鉴一些地方的做法，如加强基层机构和医院之间的联系，实行医院对基层医务人员的培养政策，规定医院医生定期到基层医疗卫生机构的巡诊次数，医院退休的医生可以去基层坐诊，等等。鉴于实施基本药物制度后，医务人员收入可能会降低的情况，基层医疗卫生机构要建立以岗位责任为基础、绩效为激励的考核奖励制度，对于长期在基层工作的人员，要在政策和待遇方面有所倾斜等等。

（四）推动实施以社区首诊制为核心的分级诊疗体系，建立医疗机构之间的任务分工

当前我国医疗卫生体制许多问题的关键在社区，如"看病难、看病贵"问题，主要是指大医院看病难，看病贵。虽然医保制度规定了对基层医疗卫生机构和医院的不同补偿制度，但由于激励性不强，患者依然选择首诊在医院。对于上述问题，首先，可以进一步拉大医保制度对基层医疗卫生机构和医院的补偿力度，特别是对于某些常见疾病和基本医疗服务项目的补助，可以取消对在大医院就医的补助，同时加大对在基层就医的报销力度。当然，鉴于我国当前基层医疗卫生机构的服务能力，我们不赞成强制性地推行分级诊疗制度。其次，要建立基层医疗卫生机构和医院之间的双向转诊制度，实行不同医疗机构之间的任务分工。对于基层没有能力诊治的疾病，要有转诊至大医院的高效通道，同时对于已经在大医院诊治结束的慢性病等疾病，可以转诊到基层进行康复性治疗，有些地区在实践中通过建立医疗联合体来促进建立分级诊疗体系。最后，要加强相关内容的宣传，鼓励个人首诊到社区。

第三节　医疗费用管理

由于"第三方支付"方式的存在，费用管理成为整个医疗保险制度的核心，费用支付方式的选择关系到医疗机构提供的服务是否能够得到有效补偿，也关系到整个医疗保险制度能否长期持续发展。通常来讲，医疗保险费用管理需要解决三个问题：谁来付费？以什么标准付费？采取哪种付费方式？本书将就这三个问题进行讨论。

一、医疗保险制度下医疗费用的支付主体

如果将医疗服务当作是市场上普通的商品，那么作为商品交易的一方，患者是唯一的费用支付方，这是最简单的情况。但现实中的医疗服务存在两个特殊的情况：第一，政府需要在医疗服务的提供中承担部分责任。根据葛延风（2009）的划分，医疗服务可分为基本公共卫生服务、基本医疗服务和非基本医疗服务，其中政府承担基本公共卫生服务的全部责任是毋庸置疑的。对于后两类服务，2009 年《关于深化医药卫生体制改革的意见》中明确提出"把基本医疗卫生制度作为公共产品向全民提供"，且不论其中的"基本医疗卫生"是否就是指"基本医疗服务"，学界将基本医疗服务视为公共产品或准公共产品的说法是确定的，因此，政府参与医疗费用的支付也是理所应当的。第二，医疗保险制度承担起"第三方支付"的责任。医疗保险制度诞生后，通过大范围内筹集参保人的缴费，当参保人发生医疗费用时，医疗保险将给予一定的补偿，承担部分医疗费用。在以上情况下，医疗费用的支付主体应该包括三类：政府/财政、个人和医保机构。

（一）政府/财政

与城镇居民基本医疗保险以及新型农村合作医疗不同，政府并不参与城镇职工基本医疗保险制度的直接融资。从当前来看，各省份的公开数据没有出现收不抵支的情况[①]，财政还无需介入，另外，当前城镇职工基本医疗保险的统筹层次还比较低，主要是县级统筹或市级统筹，各省份通常建立调剂金制度来弥补部分地区收不抵支的缺口，在有些特殊情况下，如对于困难企业或破产关闭企业退休人员参加基本医疗保险所需资金，财政通常会予以补助。通常来讲，政府支付医疗服务费用可包括两类：直接支付和间接支付，直接支付如政府直接购买基本公共卫生服务，通过补贴医疗机构推动实施基本药物制度，降低患者药品支出等。间接支付主要是指政府补贴医疗机构，如政府负责公立医院的基本

---

① 褚福灵教授认为，各省份公开数据之所以未有收不抵支，与统计口径有关，如果仅从统筹基金看，有些地区可能已经出现收不抵支，但加上个人账户基金后，可能不存在这种情况。见 http：//finance. qq. com/a/20140127/000646. htm？ tu＿ biz＝qhome＿ mynews＿ 1＿ 1。

建设和大型设备购置、学科技术发展、离退休人员经费等。

（二）个人

在医疗费用支付中适当设置个人自付部分是体现个人责任，防止个人过度消费医疗服务的有效手段。这是因为，一方面，疾病预防是医疗卫生领域较为重要的一环，但是仅仅依靠医疗保险或政府宣传却无法实现，只有通过个人自我控制并树立良好生活习惯才能较好解决这一问题，此时，个人责任的重要性凸显无疑。另一方面，通过设置个人自付，有利于促使个人树立起费用控制意识，自觉减少过度消费以及抵制医疗机构的不合理收费。福利国家的发展也证实了这一观点，在一些国家保险型制度下，医保约束机制大大削弱，个人医疗行为难以控制，费用快速上涨，医疗卫生效率低下，制度难以长期持续发展。针对以上问题，我国在20世纪90年代建立起统账结合的医保制度，其中个人账户以及个人自付费用的设置都体现了个人责任。具体而言，我国医保制度中，个人需要支付的部分包括：起付线以下的费用、起付线以上封顶线以下个人支付部分，以及封顶线以上除大额医疗保险支付之外的部分。

（三）医疗保险机构

毋庸置疑，医疗保险机构是医保制度下主要的医疗费用支付方，其支付行为也被称为"第三方支付"。第三方支付存在的意义在于对参保人发生的服务费用进行补偿，但在此情况下，参保人和医疗机构的控费意识不强，也就是要面临由道德风险引发的费用失控问题。对此，医保机构通常设置一些费用支付的条件，如设置两定点（定点医院和定点药店）和三目录（药品目录、诊疗目录、服务设施范围和支付标准目录）对医疗服务支付的范围进行确定，同时还规定医疗费用的支付方式以及支付额度等。

二、医疗费用的支付标准

每个支付主体承担的责任不同，因此各自支付医疗费用的标准也是不一样的。在政府支付方面，由于当前财政还未承担起对城镇职工基本医疗保险的筹资责任，因此应该主要在医疗服务购买以及公立医院和基层医疗机构的建设方面着手，从而保证基本公共卫生服务和基本医疗服务的供给。此处涉及基本医疗服务的定位问题，不少学者对此进行了论述，如胡善联（1996）、袁长海（1999）、梁鸿（2005）等，可以总结基本医疗服务的几个决定因素：实际经济能力、对居民健康状况的预期、国内疾病和健康状况、服务的公平性和可及性强、成本效益高等，在此基础上确定政府的责任和支付范围。在个人支付方面，要将强调个人责任、保障性和公平性相结合。特别是要在个人责任和保障之间找到一个平衡，若过于强调个人责任，则制度失去保障性。不仅如此，在公平性方面，个人支付要考虑到不同群体的经济状况差异，如在日本和德国，这两个国家把自付性质定位为一种激励和约束投保人增加自我保障和节约费用意识的手段，而非完全把医疗保险责任完全推给个人，坚持有限自付原则，在自付额度上充分考虑受保者群体之间的差异和实际承付能力，在德国，自付额度考虑不同疾病类型、个人经济收入和经济地位等，甚至对一些特殊群体可依法豁免自付责任。①

医疗保险机构的费用支付取决于两个因素：医保支付范围和医疗服务价格。在医保支付范围方面，我国确立了医保三个目录，人力资源和社会保障部对此的要求是"基本医疗保险诊疗目录既要考虑临床诊断、治疗的基本需要，也要兼顾不同地区经济状况和医疗技术水平的差异，做到科学合理，方便管理……医疗服务设施范围是指参保人在接受诊断治疗和护理过程中必需的生活服务设施……药品目录的药品应是临床必需、安全有效、价格合理、使用方便、市场能够保证供应的药品"②。在未来的发展中，可以按照我国医药卫生体制改革中提到的那样"保基本、强基层、建机制"，始终将基本医疗服务作为医疗保险支付的重点，并且不断加大医疗保险对基层医疗卫生机构的支付力度。在医疗服务价格方面，当前我国的政策是"对非营利性医疗机构提供的医疗服务实行政府指导价，医疗机构按照价格主管部门制定的基准价并在其浮

---

① 陈浩、周绿林：《日、德医疗保险制度中对个人责任的激励及启示》，《中国卫生经济》2005 年第 10 期。

② 《关于印发城镇职工基本医疗保险诊疗项目管理、医疗服务设施范围和支付标准意见的通知》（劳社部发〔1999〕22 号文）；《关于印发城镇职工基本医疗保险用药范围管理暂行办法的通知》（劳社部发〔1999〕15 号文）。见人力资源和社会保障部网站。

动幅度范围内确定本单位的实际医疗服务价格"①。在此我们发现一个问题：医疗服务的价格制定过程中没有费用支付方——医疗保险机构的参与，成为医疗保险费用管理中较大的缺陷。

三、医疗费用的支付方式

建立医疗保险制度的主要目标是保障参保人的就医权利，但如前所述，由于第三方支付的特征，医疗服务供需双方均没有控制医疗费用的动力，由此导致医保费用支出快速上升，制度不堪重负，于是，医保制度在保障目标之外又增加了控费目标，寻找合适的费用支付方式来保持两方面的平衡成为医疗保险领域研究和各国改革的焦点。此外，各国的医疗卫生实践表明，医疗服务供方存在的诱导需求行为是导致医疗费用快速上涨的主要原因，并且在医疗服务过程中，供方的主导地位也决定了控制医疗费用的关键在于对供方的约束。总结国际上和我国比较常见的医疗费用支付方式，主要包括以下几种：按服务项目付费、按服务单元付费、按人头付费、总额预算制、单病种付费和诊断相关组付费（DRGs）等。其中，按服务项目付费属于事后补偿，后几种方式属于事前预补，在实践中上述付费方式各有利弊，如按项目付费方法和按服务单元付费，两类方法操作简单，但容易刺激医疗机构增加服务量，控费效果不佳；而对于按人头付费和总额预付制来说，控费效果相对较好，但通常出现医疗机构为了赚取费用结余而减少服务量或降低服务质量的问题。单病种付费和DRGs以疾病本身为费用支付标准，无论是在疾病治疗和控费方面，效果都较好，但缺点是这两类支付方式的构建标准较为复杂，实施成本较高，对信息系统以及疾病分类研究的依赖度较高。

我国建立城镇职工基本医疗保险制度之后，人力资源和社会保障部在随后一年颁布《关于加强城镇职工基本医疗保险费用结算管理的意见》，其中重点提到总额预付制、按服务项目付费和按服务单元付费等

---

① 《国家计委、卫生部联合印发改革医疗服务价格管理的意见》（计价格〔2000〕962号文），见国家卫生和计划生育委员会网站。

方式，在实践中，多数省份和地区选择了按服务项目付费的支付方式，该方式主要根据患者就医时实际接受的诊疗项目和服务，如诊断、化验、治疗、手术、药品等，对参保人或医疗机构进行补偿，制度相对简单易行，对初始运行的医疗保险制度来说是可行的。但该方式存在不少弊端：由于属于后付制，容易导致医疗服务供方产生诱导需求行为，不利于控制医疗费用，也导致我国医疗保险支出不断增加。国家医保局发布的数据显示，2018 年全国基本医保基金总支出 17822 亿元，比上年增长 23.6%，占当年 GDP 比重约 2.0%。① 此后，随着各地医疗保险实践的开展，支付方式也在不断发展中，如镇江的"总额预算+弹性结算+部分疾病按病种付费"、淮安的"病种分值结算办法"以及北京、上海等试点的 DRGs 付费方法等。2017 年国务院办公厅印发《国务院办公厅关于进一步深化基本医疗保险支付方式改革的指导意见》，要求全面推行以按病种付费为主的多元复合式医保支付方式。2019 年《国家医保局、财政部、国家卫生健康委、国家中医药局关于印发按疾病诊断相关分组付费国家试点城市名单的通知》（医保发〔 2019 〕34 号）明确提出，探索建立 DRG 付费体系，实行按病种付费为主的多元复合支付方式，推进医保支付方式改革。总结我国医疗保险支付方式的发展有以下两方面的特征：一是从事后补偿向事前预付发展，有助于从整体上控制医疗费用；二是从单一的付费方式向复合型的付费方式发展。任何一种单一的付费方式都存在弊端，通过对支付方式的整合以及优劣势的互补，更能在控费和保证服务方面取得效果。

四、医疗费用管理方面的建议

针对以上费用管理三方面的内容，本书也从三方面对医疗费用管理提出一些建议。

（一）在医疗费用支付主体方面，适当界定个人和政府的支付水平

第一，设立适当的个人自付标准，激励个人主动控制医疗费用支出。镇江市的实践证明了这一做法的有效性，通过对 65 岁及以上患者

---

① 资料来源于《2018 年医疗保障事业发展统计快报》，见国家医疗保障局网站。

自付组和免费组人群的医疗费用进行比较发现，自付组比免费组人均医疗费用明显降低，年人均费用降低 65%，其医疗费用随着个人自付比例的增长而降低。[①] 各地可以根据实际情况设定合理的个人自付标准。

第二，加大财政对基本医疗服务的购买力度，并向基层医疗机构倾斜。过去医改的经验告诉我们，降低财政在医疗卫生系统的支出将会促使医院通过过度检查或过度用药等措施来弥补收不抵支的情况，从而导致"看病贵"问题的凸显，由此可见，商业化和市场化并非我国医疗卫生领域未来发展的重点。并且随着"以药养医"政策的取消，医院不能再从药品中获利，除非加强财政对公立医院和基本医疗服务的补贴，否则很难建立起一个面向全民、高效公平的医疗卫生体系。此外，我国财政在医疗卫生系统的投入应该向基层医疗机构倾斜。一方面，基层医疗机构通常承担起基本公共卫生服务的职能，而基本公共卫生服务侧重预防保健，这从根本上对居民的健康进行保护，加强财政在这一领域的支出，无论从哪一方面讲都是收益大于成本的。另一方面，从建立一个高效、有秩序的分级诊疗体系来讲，增加财政在基层的投入，有助于提高基层在提供基本医疗服务方面的能力，从而达到分流大医院就诊人数的作用。一个很明显的例子是，通过在基层推广基本药物制度，居民到基层购药的比例大大增加。

（二）在医保支付范围方面，增加预防保健方面的内容

从当前城镇职工基本医疗保险制度的规定看，医保支付的重点是治疗和"保大病"，"小病"和预防保健被忽视。这通常容易导致"小病拖延致大病"或不能将疾病控制在早期，无论是对个人还是对医疗保险制度来说都是效率低下的。特别是在预防保健方面，我国对预防保健的规定主要集中在基本公共卫生服务制度中，包括 11 大项，如健康档案管理、预防接种、老幼孕健康管理、高血压、糖尿病和精神病健康管理、传染病和突发公共卫生事件管理等，总结上述公共卫生服务项目，都是较为常规且面向的群体有限，而那些更高要求的健康检查和筛查等

---

① 蔡文俊等：《总量控制与个人付费相结合的费用控制机制的探索》，《中国卫生经济》2000 年第 4 期。

都不包括在内。事实上，每人每年几十元的财政补贴也只能支付初级的预防保健项目。鉴于此，城镇职工基本医疗保险可以加强这一方面的工作，如强制要求参保人员每年进行高水平全面的体检，个人可以根据需要购买"保健服务包"，资金来源可以是个人账户的结余资金，经过进一步发展，可以将资金来源扩展至统筹资金。

（三）在医保支付标准和支付方式方面，探索建立医疗保险谈判机制

医保费用支付主要涉及三方面的内容：医疗服务范围、价格以及支付方式。以上三方面一旦确定，"第三方支付"的内容和过程就能确立下来，当前我国实践中确定以上内容的方式是：医保部门负责医疗服务的范围和支付方式，并征求卫生、财政等部门的意见；卫生、物价等部门确定医疗服务的价格。由此可见，这种单边决定的做法使得医保费用支付的各个内容被割裂开来，医保部门不了解医疗服务的价格，卫生部门不了解服务范围和支付方式的确定，而这不是"正常交易"所应面对的。对此，本书建议建立医疗保险谈判机制。所谓的医疗保险谈判机制是指医疗保险各方主体在医疗保险实施的过程中，依据相关规定，就医疗保险费用支付方式、服务质量、服务价格等内容通过谈判进行沟通协商并达成协议的一系列规范的总称。[1] 美国和德国是实施医保谈判机制的典型国家，其中美国是个体谈判的代表，德国是社团谈判的代表。在我国，医保谈判机制的试点已经开展，如上海、青岛、镇江等地。总结各地的实践可以发现，我国医保谈判机制仍处于个体谈判的初期，主要强调社保经办机构与定点医院、定点药店之间的定点协议管理，主要谈判内容是部分医疗服务项目和药品，但从根本上还未发挥提高质量、控制成本、协调冲突等作用。鉴于此，我们应该加快探索建立医保谈判机制的步伐，从高层设计上建立起包括谈判主体、谈判内容、谈判程序和谈判规则在内的基本框架，逐步从当前的"定点谈判"扩展至整个医保和卫生领域，进而推动医保支付制度和整个费用管理制度的改革。

---

[1]　周绿林等：《医患保和谐共赢——构建医保谈判机制的着力点》，《中国医疗保险》2009 年第 12 期。

第四节　城镇职工基本医疗保险基金管理

　　基金是每个社会保险项目的关键，特别是对于更为复杂的医疗保险来说，基金的管理也更为重要。一方面，医疗保险基金要实现保障目标，满足参保人基本的医疗需求，这将涉及医疗保险的支付问题；另一方面，不同于养老保险基金的累积性，医疗保险随时要进行当期支付，因此要对基金的收支进行合理预算，以实现自我平衡和持续的目标，当前我国在这方面确立的原则是"收支平衡、略有结余"。除此之外，我国建立的社会统筹和个人账户相结合模式也使得医疗保险基金管理更加复杂，特别是对于个人账户的去留问题，学界从制度建立后的头几年就已经开始讨论。

一、医疗保险基金管理面临的问题

　　具体而言，医疗保险基金管理通常可分为不同的环节，包括筹资、基金运营和支付环节，由于支付环节涉及第三方支付，内容较多，本章开辟专门的医疗费用管理部分进行了研究，本节主要对筹资和基金运营进行论述。在筹资环节，我国医疗保险基金的主要来源是参保人和单位缴费，老年人不缴费；在基金运营方面，受到"收支平衡、略有结余"原则的影响，我们并未将重点放在基金的保值增值上，而主要强调"平衡"。而随着时代的发展，医疗保险制度面临的外部环境不断发生变化，人口老龄化所引起的一系列反应成为影响医疗保险正常运行的首要原因，也对医疗保险基金管理提出一系列挑战。

（一）我国医疗保险制度中对老年人的特殊规定

　　1998 年《国务院关于建立城镇职工基本医疗保险制度的决定》中指出："基本医疗保险费由用人单位和职工共同缴纳。用人单位缴费率应控制在职工工资总额的 6%左右，职工缴费率一般为本人工资收入的

2%……用人单位缴纳的基本医疗保险费分为两部分，一部分用于建立统筹基金，一部分划入个人账户。划入个人账户的比例一般为用人单位缴费的30%左右，具体比例由统筹地区根据个人账户的支付范围和职工年龄等因素确定"。在国务院文件的指导下，各地颁布具体的医疗保险细则，以北京为例，北京市人民政府〔2001〕第68号令《北京市基本医疗保险规定》中第11条对退休人员如何缴纳基本医疗保险费进行了规定："老人"不缴纳基本医疗保险费……"中人"累计缴费最低年限（男满25年，女满20年，可一次性补足，职工的连续工龄或工作年限符合国家规定的，视同缴费年限），退休后可享受退休人员的基本医疗保险待遇，不再缴纳基本医疗保险费……"新人"累积缴纳最低年限后，退休后可享受退休人员的基本医疗保险待遇，不再缴纳基本医疗保险费。① 在退休人员个人账户资金的划拨方面，北京市规定，对于不满70周岁的退休人员，用人单位缴纳的基本医疗保险费按照上一年本市职工月平均工资的4.3%划入个人账户，对于70周岁以上的退休人员，划拨比例为4.8%。

从国务院和北京市的医疗保险规定中，我们可以发现两个信息：第一，我国的退休人员不缴纳基本医疗保险费；第二，虽然退休人员不缴纳保险费，但企业仍将向其个人账户划拨资金。对于第一个问题，我国的做法和欧美国家大为不同，这些国家的退休人员依然需要缴费，通常是养老金的一定比例，如在欧洲，法国退休人员的缴费率是1.4%，德国是8.2%，挪威是4.7%，甚至有些国家退休人员的缴费率不断提高，如奥地利的退休人员缴费率从2006年的4.95%升至2012年的5.10%，德国从2006年的7.55%升至现在的8.2%，还有些国家的老年人缴费率要高于其他被保险人，如芬兰医疗保险制度中的医疗服务部分，老年人缴费率为1.5%，其他被保险人是1.33%，虽然有些国家也规定老年人无需缴费，如丹麦和瑞典，但政府一般承担部分的医疗保险供款。在美洲，美国规定了老年人的定额缴费，智利规定老年人的缴费率为7%。

---

① 此处对"老人""中人"和"新人"的界定类似于城镇职工基本养老保险制度对三者的界定。

在亚洲主要国家，如日本和韩国，他们并未对老年人缴费做出明确规定。① 对于第二个问题，老年人不缴费而企业仍要向其个人账户划拨资金，这种规定在国际上也是较为少见的。

除了筹资和记账方面的特殊规定外，我国的医疗保险制度在待遇方面亦是向老年人倾斜的。仍以北京市为例，退休人员在各级医院的报销比例通常要比在职人员高 2—5 个百分点，在大额医疗互助基金报销比例方面，前者要比后者高 5 个百分点，在门急诊费用报销方面，退休人员的起付线为 1300 元，在职人员的起付线为 1800 元，且前者的门急诊报销比例要整体高于后者（包括基本医疗保险和补充医疗保险两个方面），这在国际上也是绝无仅有的。

对于我国医疗保险制度中对老年人的特殊规定，或者说特殊照顾，有些类似于养老保险"当期缴费是为退休之后领取待遇累积权益"的做法，但这种做法是否适用于医疗保险仍有待商榷。一方面，养老保险缴费期间是不允许领取待遇的，而医疗保险缴费期间，个人只要遭遇疾病风险，可以随时享受保险待遇，个人缴费期间已经是权利和义务的统一，而当个人退休后，工作期间的缴费并不应该算作是义务的累积，应该依然遵循上述原则。另一方面，具体到我国的医疗保险制度，老年人是疾病风险高发群体但不承担缴费义务，这就需要依赖疾病风险低发群体的缴费供款，这在经济发展和缴费人口不断增加的情况下犹可实现，但随着我国人口老龄化程度的不断加深，这种平衡状态可能被打破，使得医疗保险基金不可持续。

（二）人口老龄化对医疗保险基金平衡带来不利的影响

直接影响医疗保险基金平衡的因素包括两方面：基金收入和基金支出。而人口老龄化将通过这两个方面同时影响医疗保险基金的平衡。

第一，在我国现有的制度规定下，人口老龄化将削减医疗保险基金收入。

---

① SSA, *Social Security Programs Throughout the World*: *Europe*, *2006*, September 2006; SSA, *Social Security Programs Throughout the World*: *Europe*, *2012*, August 2012; SSA, *Social Security Programs Throughout the World*: *Asia and the Pacific*, *2012*, March 2013; SSA, *Social Security Programs Throughout the World*: *The Americas*, *2013*, March 2014.

我国医疗保险基金主要由在职人口和单位的缴费构成，老年人不缴费，制度内在职人口数量的变动将影响医疗保险基金收入。2013—2018年，制度内在职人口占总参保人口的比重维持在73%—75%之间，退休人口所占比重维持在25%—27%之间，二者各有增减，在每年新参保人口中，在职人口和退休人口占比各有起伏，如新增在职人口占新增总人口的比重从2013年的66.8%上升至2018年的75.1%，新增退休人口占新增总人口的比重从2013年的33.2%下降到2018年的24.9%；在制度内赡养比方面，在2013—2017年间明显的上升后（从33.9%至36.1%），赡养比开始下降，2018年为35.9%。① 从以上三个指标来看，我国医疗保险制度的供款人口数量还是相对稳定的，也使得我国的医疗保险基金收入呈现每年增加的趋势。

但值得注意的是，当前医疗保险制度的主要供款人口是20世纪50—70年代出生的群体，处于我国人口生育高峰期，特别是在计划生育政策实施前的60年代末到70年代初，出生人口数达到新中国成立以来的最高峰。随着20世纪50—70年代出生人口逐渐退休，特别是在2025—2035年间，我国将迎来退休人口的高峰。到那时，如果依然采取当前的医保筹资模式，一方面，缴费人口将越来越少；另一方面，向退休者个账划拨资金的做法也将进一步侵蚀统筹资金的安全。

第二，人口老龄化将进一步扩大医疗保险支出。

老年人属于体弱多病的群体，是慢性病和高危疾病的高发人群，随着人口预期寿命的延长，此类疾病的发病率呈现上升的趋势，据卫生部统计，在1993年到2013年之间，我国60岁及以上老年人口的两周患病率从25%升至56.9%，城市老年人口亦是从31.0%增加到66.9%，而同一时期，全国总人口的两周患病率只是从14.0%增至24.1%，城市总人口的两周患病率从17.5%增加到28.2%，都远远低于老年人口两周患病率。与较高患病率相联系的是较高的两周就诊率和住院率，在1993—2013年间，我国65岁及以上老年人口的两周就诊率从28.0%下

---

① 根据2013—2017年《人力资源和社会保障事业发展统计公报》数据和2018年《全国基本医疗保障事业发展统计公报》数据自行计算。相关数据分别见人力资源和社会保障部网站和国家医疗保障局网站。

降到 26.4%，城市老年人口两周就诊率从 33.0%下降到 27.8%，全国总人口和城市总人口的两周就诊率也有不同程度的下降。在住院方面，1993—2013 年间，60 岁及以上老年人口的住院率从 6.1%升到 17.9%，城市老年人口住院率从 8.7%提高到 18.9%，全国总人口和城市总人口的住院率也分别从 3.6%和 5.0%增加到 9.0%和 9.1%。①

我国医疗保险基金支出包括两个方面：统筹支出和个人账户支出，其中统筹支出负责补偿个人住院的医疗费用，而个人账户主要用于门急诊以及统筹基金起付线以下的费用。老年人口就诊率和住院率提高的直接结果是医疗保险基金支出的不断增加，如表 6-1 所示。在 2010—2018 年间，从基金总收支来看，收入增长率超过支出增长率的年份要稍多，从统筹部分的收支看，支出增长率超过收入增长率的年份要稍多，而在个账部分，收入增长率超过支出增长率的年份明显比较多，这也与两周就诊率下降以及住院率提高的情况相吻合。毋庸置疑，随着老年人口的增加，特别是未来 10—20 年间退休高峰的到来，医疗保险基金的支出仍将继续大幅提高。

表 6-1　2010—2018 年我国城镇职工基本医疗保险基金
各部分收支额的年增长率　　　　　（单位:%）

	2010 年	2011 年	2012 年	2013 年	2014 年	2015 年	2016 年	2017 年	2018 年
总收入	15.6	25.0	22.6	16.5	13.8	13.0	13.1	19.5	10.3
总支出	24.4	22.8	21.2	19.8	14.9	12.5	10.0	14.2	13.1
统筹收入	13.2	26.9	23.4	15.2					7.8
统筹支出	30.2	23.4	22.0	19.9					12.7
账户收入	19.5	22.2	21.3	18.6					14.3
账户支出	15.9	21.8	19.8	19.5					13.7

资料来源：2010—2013 年全国社会保险情况见人力资源和社会保障部网站。2014—2018 年国家统计局年度数据见国家统计局网站。《2018 年全国基本医疗保障事业发展统计公报》见国家医疗保障局网站。

综合以上两个方面，人口老龄化将导致医疗保险基金收入将少，同

---

① 《2013 第五次国家卫生服务调查分析报告》，见国家卫生健康委员会网站。

时医疗保险基金支出将大幅增加，当前基金相对平衡的状态将被打破，人口老龄化给未来的基金收支管理带来较大挑战。

（三）医疗保险个人账户面临的问题

自统账结合制度建立以来，学界对于个人账户的争论就没有休止过。早在2001年，国际劳工组织就对医疗保险中个人账户的设置提出了质疑，并认为，个人账户部分占有的基金量过大，互济性极差且加剧不平等。之后，国内学者对此也是提出了自己的观点，有支持者也有反对者，支持者认为医疗保险个人账户强调个人责任，是效率的体现（王宗凡，2005），同时有效地加强了个人和医疗机构的自律性（田芬等，2008），不仅如此，个人账户还有一定的累积作用，合理储备了参保人员的健康资源，并且按照年龄划拨个人账户资金的做法还体现了一定的公平性（王宗凡，2005）。对于以上支持的观点，反对者有自己的看法，如薛新东（2008）认为，由于个人账户仍属第三方付费，对个人医疗消费的约束性较差，控费效果不佳，且账户资金并不能专款专用，与建立初衷背道而驰。不仅如此，还有学者认为，以平均主义的方式为个人建立账户，忽视了不同群体间的风险差异，社会保险的互济性得不到一点体现（王积全，2006），从个体医疗卫生服务需求看，由于这种需求是随机的，不可能先积累后消费，积累制不符合医疗需求规律（国务院发展研究中心，2005），等等。

从个人账户建立的初衷看，除了保障的目标外，它还试图实现其他两个目标：一是积累资金。通过个人储蓄预筹未来的医疗费用，应对人口老龄化。二是费用控制。由于账户属于个人所有，促使个人主动控制医疗费用。但是从医疗保险的本质和近些年来个人账户运行的情况看，实现以上两个目标都面临一些问题。

第一，个人账户的积累性目标本身存在问题，且结余资金的使用效率低。首先，疾病风险是随机性质的，个人无法预测何时遭遇疾病风险以及遭遇何种风险，因此也无法对此进行储蓄，而医疗保险通过大数法则将风险在健康群体和患病群体之间分担，以保险的方式分散个人的医疗费用风险，因此，积累制本身并非应对疾病风险的最优方式，除了新加坡外，世界上再也没有一个国家采用积累制的医疗保险制度。其次，个人账户结余庞大，缺乏有效的保值增值手段，削弱统筹基金的支付能力。2018 年，全国职工医疗保险个人账户累计积累达 7284 亿元，且仍处于不断增长的过程中，而在结余资金的保值增值方面，1998 年建立医疗保险制度时规定：当年筹集的部分，按活期存款利率计息；上年结转的基金本息，按 3 个月期整存整取银行存款利率计息；存入社会保障财政专户的沉淀资金，比照 3 年期零存整取储蓄存款利率计息，并不低于该档次利率水平。如此低的利率水平意味着几千亿的资金每天正在以一定的速度亏损，也促使个人尽早支取个人账户资金。

第二，费用控制方面未取得预期目标。个人账户支付医疗费用也属于"第三方支付"方式，并且从当前的运行模式看，是一种"不用审核的第三方支付"，医疗保险机构并不会对个人账户购买的医疗服务进行审核。另外，个人账户试图通过对医疗服务需方的约束来达到费用控制的目标，而对于医疗服务这种商品来说，商品信息不透明，医疗服务供方起主导作用，并通常存在诱导消费的倾向，在这种矛盾的情况下，个人账户对需方的控制起不到多少作用。不仅如此，在当前的一些制度中，无论是"板块式"还是"通道式"的模式下，都存在过度消费个人账户资金的倾向。

二、医疗保险基金管理方面的建议

（一）基金征缴和运营方面

针对以上存在的问题，本书认为医疗保险制度应该在基金征缴和基金运营方面有所改革。

第一，扩大城镇职工基本医疗保险制度的覆盖范围。根据大数法则的原理，保险参与人数越多，风险就越能在更大的范围内得以化解。虽然从长远看，新增参保人口最后仍将面临待遇支付的压力，但却能延缓当前参保人员年龄结构老化的进程，化解我国在未来 10—20 年间发生退休潮时医保基金的支付压力。

第二，提高法定退休年龄。对于当前我国医疗保险制度中针对退休人员的"特殊照顾"，一个较为直接的方法就是提高法定退休年龄，延缓享受"特殊照顾"的年龄。无论是从改善医保基金收支平衡的角度看，还是从强调参保人员权利和义务相匹配的角度看，提高退休年龄都是改善制度内部人口年龄结构，实现医疗保险制度长期可持续发展的重要政策选择。

第三，增加退休人员的缴费规定。已经有较多的定量研究证明，退休人员适当缴费有助于化解医疗保险基金失衡的风险并提高基金的支付能力。同时，退休人员适当缴费也有助于推动社会公平，实现权利和义务的统一。国外经验表明，退休人员通常将养老金的一定比例作为医疗保险费，费率要比在职人员的缴费率低，也能体现制度对老年人口的倾斜。

第四，关注医疗保险结余资金的保值增值，建立医保储备基金。医保基金通常追求收支平衡，但是在制度人口年龄结构不断老化的背景下，这种提法值得怀疑。面对未来的支付压力，医保结余资金的保值增值问题必须提到日程上来。必要的时候，我们应该考虑建立医保储备基金，强化财政对医疗保险制度的责任，并制定储备基金的保值增值计划。

（二）个人账户方面

从建立实施至今，医疗保险个人账户运行效率低已经是不争的事实，个人账户何去何从成为大众关注的焦点。2008 年《社会保险法》对于个人账户只字未提，2009 年《关于深化医药卫生体制改革的意见》以及 2012 年《关于"十二五"期间深化医药卫生体制改革规划暨实施方案》中对此也没有任何回应。不仅如此，在统筹我国城乡医疗保险制度的过程中，个人账户成为横亘在职工基本医疗保险和居民基本医疗保险之间的阻碍，不利于制度统筹的开展。对此有些城市和地区已经开始对个人账户进行改革，如降低个人账户资金的划拨比例，使用账户资金购买补充医疗保险等。2019 年《国家医疗保障局、财政部关于做好2019 年城乡居民基本医疗保障工作的通知》提出，"实行个人（家庭）账户的，应于 2020 年底前取消，向门诊统筹平稳过渡"。对于个人账户的未来，本书提出的建议是：逐步淡化直至取消个人账户，并实施门诊统筹制度。

所谓的门诊统筹制度，是指将参保人门诊费用纳入医保基金统筹报销的范围。之前城镇职工的门诊统筹仅限于大病和慢性病，普通门诊的统筹制度起源于城镇居民基本医疗保险，2011 年 5 月人力资源和社会保障部《关于普遍开展城镇居民基本医疗保险门诊统筹有关问题的意见》提出在推进居民医保门诊统筹的同时，有条件的地区可以调整职工门诊保障统筹共济办法。在该意见的指导下，地方开始了多种形式的探索。在筹资方面，除个别城市外，多数城市采取降低个人账户划拨额度的做法，将部分个人账户资金或者本应划入个人账户的资金用于门诊统筹。本书认为这一做法是可行的，一方面可以使参保人的小病风险在更大的范围内得以分散，使得医疗保险资金在"保大"的情况下兼顾"保小"，真正实现医疗保险的互助共济职能。另一方面可以将个人账户资金盘活，提高个人账户资金的使用效率，而并非让个人账户资金在贬值的情况下"沉睡"。当然，实施门诊统筹并非只通过筹资得以实现，还需要其他配套的进行，如改革支付方式、推行分级诊疗制度等。

第七章　失业保险管理

世界最早的失业保险制度出现在 1901 年的比利时甘特（Gent）镇。后来，许多国家建立了不同形式的失业者生活保障制度，有的国家建立了失业保险或就业保险制度，有的国家建立了失业救助制度，还有的国家建立了账户制或公积金制失业者收入保障制度①。其他国家和地区要么没有失业者生活保障的制度（如撒哈拉以南非洲），要么实行解雇金制度或者仅对失业者提供生活救助（亚洲除中国、日本、韩国和几个东南亚国家以外的相对欠发达国家或地区，以及拉美一些国家）。

中国的失业保险制度始建于 1986 年。《破产法》的颁布动摇了传统的国有企业固定用工制度，破产企业职工的基本生活保障问题亟须解决，在这样背景下，《国营企业职工待业保险暂行规定》应运而生。当时的待业保险仅由企业按照职工工资总额的 1%缴费，制度目标在于保障待业职工基本生活，促进其重新就业。1999 年《失业保险条例》出台，这是中国的第一部失业保险法规。经过几十年的发展，中国的失业保险事业取得了很大成就，尤其是在 20 世纪 90 年代国企改革中发挥了重要的稳定器作用。

进入 21 世纪，国际经济形势发生许多新变化，劳动力市场也出现了许多新动向，失业保险制度的建设和管理手段也在不断完善。在经历了 2008—2009 年国际金融危机后，许多发达国家都对失业保险制度作了调整，失业保险基金在预防失业和促进就业方面的作用日益突出。我国也适时采取了"援企稳岗"政策，在预防失业方面取得了显著成效。这些新趋势新动向对失业保险管理提出了新要求。下面从管理主体、管

---

① *World Social Security Report 2010-2011*：*Providing Coverage in Times of Crisis and Beyond*，ILO publication，2010，p. 59，Figure 5. 1.

理对象、管理手段等方面，对失业保险管理体系以及我国失业保险管理现状和问题展开分析。

第一节　管理体系

失业保险管理体系是建立在社会保险管理总体系的基础上，包括管理主体、管理对象和管理手段。失业保险的管理主体分为决策部门、执行部门和监督部门；管理对象包括失业保险制度规划、制度覆盖面、参保登记、个人权益记录、失业保险费率确定与征缴、待遇资格审核、待遇发放、基金管理和其他经办业务等；管理手段包括统计管理（包括失业动态监测和失业预警）、统筹管理、社会化管理、预算管理和信息管理等（见图 7-1）。

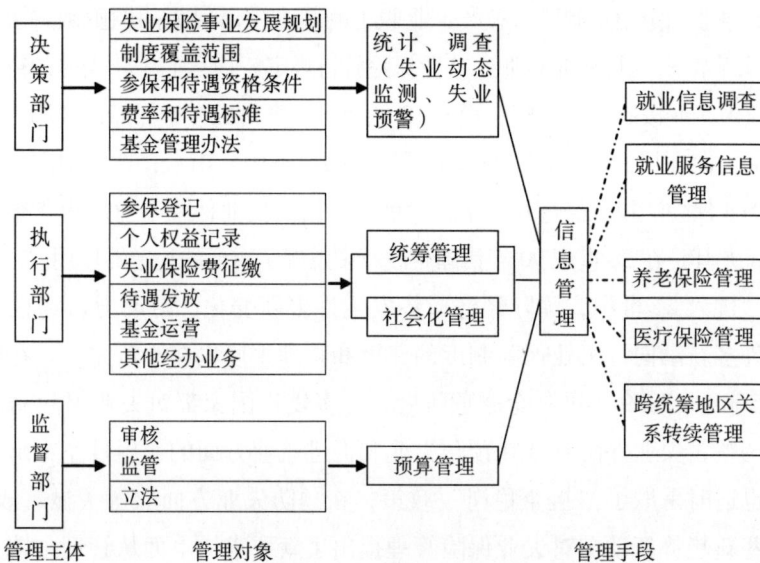

图 7-1　失业保险管理体系

资料来源：作者绘制。

决策部门需要及时掌握失业动态信息，根据经济形势和劳动力市场结构的变化，适时制定和修订失业保险的制度目标、发展规划和工作任务，出台政策规定失业保险制度的覆盖范围和参保资格条件，明确失业保险缴费主体、缴费率和待遇资格、待遇计发办法，根据失业保险基金收支情况调整费率和待遇标准，确保失业保险制度持续、高效运转。为了发挥"保障生活、预防失业和促进就业"三位一体职能，失业保险决策部门还需要与就业管理部门配合，将失业保险的促进就业措施与积极劳动力市场政策配合实施，达到保障失业人员基本生活、提高其再就业能力、促进其尽早重新就业并预防再次失业的政策效果。决策部门的科学决策离不开全面、及时的失业动态监测数据和高效的信息管理系统。

执行部门需要对失业保险进行统筹管理，但不同统筹层次的执行力和执行效果是有差别的，因此失业保险管理对象的一个重要内容就是确定科学合理的管理统筹层次。失业保险的执行机构主要从事失业保险的具体业务经办，包括经办机构负责的参保登记、个人权益记录、基金运营和其他相关经办业务，失业保险费的征缴和待遇发放可以委托外部机构负责，例如一些地区的失业保险与其他社会保险项目一同由税务部门代征，一些地区失业保险费已经委托金融机构代发，这些实践取得的经验可以帮助实现失业保险部分业务的社会化管理。

监督部门通过审核预算等手段，监督失业保险制度运行和基金使用情况。财政部门作为失业保险的重要监督机构，在社会保险基金"收支两条线"框架内，严格财政专户管理，可以有效防止基金被挪用或被侵蚀现象的发生。

第二节　管理主体

失业保险的管理主体是包括确定失业保险制度目标、制定失业保险政策、拟定失业保险事业发展规划和计划的决策部门，负责政策实施和具体业务经办的执行部门，以及负责监督保障参保人权益和失业保险基金安全的监督部门。

决策部门又称为失业保险的主管部门，执行部门是失业保险的经办机构（包括代办机构），监督部门包括审议社会保险预算的人大、维护劳动者权益的工会以及负责审核预算和管理社会保险财政专户的财政部门。失业保险的三类主体及其之间的联系见图7-2。

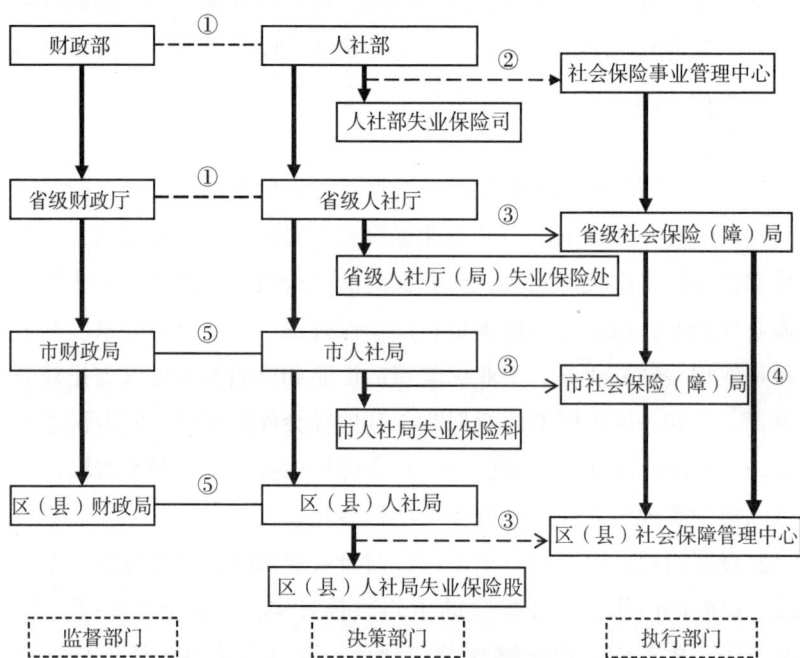

图7-2 我国失业保险的管理主体及其关系图

注：①因失业保险主要是市级或市级以下统筹，省级和中央一级的财政部门与人力资源和社会保障部门之间没有业务往来，两个部门之间主要是协调配合，必要时联合出台相关政策。②人力资源和社会保障部社会保险事业管理中心主要负责制定社会保险经办政策，指导和监督省级社会保险经办机构管理工作，不具体经办业务。③各级社会保险经办机构负责本级和（或）统筹层次的经办业务，同时指导下一级经办机构的业务。④实行垂直管理的地区，由省级经办机构负责全省社会保险业务经办管理工作，市级和区县级经办机构最多只负责本级经办业务。⑤征缴的社会保险费按规定存入"财政专户"，接受同级财政部门的监督。

资料来源：作者绘制，图中略去人大、工会等监督机构。

首先，失业保险的决策部门是各级人力资源和社会保障主管部门下设的失业保险职能部门，中央一级政府是人力资源和社会保障部，主要负责制定失业保险制度和失业保险事业规划纲要，各地方政府据此制定具体实施办法，并将执行情况和相关数据提交汇总。由于数据采集和信息管理标准化程度不高，逐级汇总到最高决策机构的数据和信息存在失真风险，要求加强信息化建设，加强对区县一级失业保险信息化、网络化建设的支持力度，这样才能保障信息传送及时、准确，提高科学决策效率。

其次，失业保险的执行部门是各级主管部门下设的事业单位，在行政级别上介于同级主管部门及其下设的失业保险职能部门之间。在未开展垂直管理的地区，各级经办机构分别负责本级和在本级机构参保登记企业的失业保险经办业务；在开展垂直管理的地区，由省级经办机构负责全省各类参保企业的经办业务，撤并市级和市级以下经办机构，或者保留这些机构但最多只承办本级参保企业的经办业务。需要说明的是，目前失业保险的统筹层次主要是在市一级，只有部分省份的养老保险实现了省级垂直管理，但省级统筹和省级垂直管理是失业保险管理的发展方向。

最后，财政部门是失业保险最重要的监督部门，通过审核失业保险预算和管理失业保险财政专户执行监督职能。因为目前中央一级执行机构不承担经办业务，所以未设失业保险基金财政专户；省级执行机构将在省级垂直管理之后由省级财政部门管理失业保险财政专户，但通过审核上报的失业保险预算，监督制度运行和基金运营情况；市级和区县级财政部门在"收支两条线"体制中管理失业保险的财政专户，按照预算和失业保险主管部门提交的支出计划拨付资金，有效监控失业保险基金支出项目和支出规模。

由于失业保险的监督部门并非单独设立，而是整个社会保险体系所有项目的监督主体，不做赘述。本章讨论的失业保险管理主体主要是决策部门和执行部门。

一、决策部门

（一）决策部门的设置及其职责

从世界上实行失业保险制度的国家来看，失业保险与劳动力市场政策密不可分，而且二者的主管部门基本都是劳动部门。不过，失业保险和就业促进两项职能的管理归属上，不同地区采取了不同方式。

失业保险是社会保险体系中的一个项目，同时也是劳动力市场政策的重要组成部分。大多数国家的失业保险由劳动部门主管，例如，美国劳工部是失业保险的最高主管部门，各州劳动部门分别设有失业保险办公室。我国的《失业保险条例》中明确规定国务院劳动保障行政部门是全国失业保险工作的主管部门，县级以上地方政府劳动保障行政部门是其辖区内失业保险工作的主管部门，主管部门下设的经办机构负责失业保险具体业务的承办。

在职能定位上，2008 年，原人事部、原劳动和社会保障部合并成立了人力资源和社会保障部，成为我国失业保险的最高主管部门。人力资源和社会保障部下设主管失业保险工作的职能部门为失业保险司，各省、市、区县人力资源和社会保障厅、局是各级政府失业保险的主管部门。以失业保险最高主管部门人力资源和社会保障部失业保险司为例，该主管部门的主要职责包括五个方面："拟定失业保险政策、规划和标准；拟定失业保险基金管理办法；建立失业预警制度；拟订预防、调节和控制较大规模失业的政策；拟订经济结构调整中涉及职工安置权益保障的政策。"相应地，各省份人力资源和社会保障厅（局）下设的失业保险处、各市人力资源和社会保障局下设的失业保险科、各区县人力资源和社会保障局下设的失业保险股，分别对应失业保险司的职责设置起管辖范围内的职责。总体上看，失业保险管理部门的职能定位可以划为两类：第一类是制定失业保险、保障失业人员基本生活的相关政策，第二类是制定预防失业、促进失业人员重新就业的相关政策。

在机构设置上，各级人力资源和社会保障主管部门在失业保险和就业促进的机构设置上各有不同：在中央政府层面上，人力资源和社会保障部作为失业保险和就业促进的最高主管部门，内部分别设有失业保险司和就业促进司，其中就业促进司主要职责是就业规划和就业服务信息管理、就业援助和特殊群体就业政策、大学毕业生就业政策以及国外专家入境就业政策等，从职责上看，就业促进司与失业保险司的职责清晰分开。在地方政府层面上，主管失业保险和就业促进的部门既有分设也有合并设立的情况，大部分省份人力资源和社会保障厅内部分别设立失业保险处与就业促进处，但上海、浙江等地则将失业保险和就业促进两项职能合并，成立一个处级单位管理，例如上海市人力资源和社会保障局在成立之初，只设立一个就业促进处（失业保险处），作为失业保险和就业促进的主管部门，负责就业促进、就业援助和失业保险政策的拟定等工作。

（二）决策部门面临的主要问题

目前，失业保险决策部门面临的主要问题是与就业促进主管部门之间的职能交叉。

1986 年颁布实施的《国营企业职工待业保险暂行规定》和 1993 年颁布实施的《国营企业职工待业保险规定》，均明确规定待业保险基金可用于待业职工的转业训练费和扶持待业职工的生产自救费；1999 年颁布实施的《失业保险条例》的"总则"第一条就对失业保险法规的根本目的做了说明，即"保障失业人员失业期间的基本生活，促进其再就业"，第十条关于失业保险基金支出范围中规定失业保险基金可用于"领取失业保险金期间接受职业培训、职业介绍的补贴"，由此可见，我国失业保险制度自建立伊始，就将失业保险制度目标定位为保障失业人员的基本生活，并促进失业人员实现再就业。

2007 年颁布的《就业促进法》2015 年进行了修订，规定对就业困难群体实行就业援助，包括税费减免、贷款贴息、社会保险补贴、岗位补贴、公益性岗位安置等，并将界定就业困难群体的权力交给了地方政府。

在实践中，失业保险主管部门的预防失业职责与就业促进主管部门的就业援助职责之间存在交叉。这样一来，两部门在扩大部门权限的驱动下，不断扩大职能和基金（资金）使用范围，出现失业保险基金和就业专项资金支出范围部分重叠的现象，那些就业促进和失业保险职能分属两个部门的地区，容易出现部门权限争夺、部门利益纷争的问题，加大了部门之间的协调成本；而将两项职能合并为一个部门主管的地区，情况则好得多（详见本书第二章"社会保险项目管理体制"有关失业保险管理归属问题的分析）。

二、执行部门

（一）执行部门的设置及其职责

失业保险的执行部门是负责失业保险费征缴、资格审核、待遇发放的经办机构。相对于养老保险和医疗保险来说，失业保险的受益群体小得多。

在费用征缴方面，失业保险往往与养老保险和医疗保险统一征缴或合并征缴。实行统一征缴的地区，由参保企业填写一张缴费单据，在一个窗口办结所有参保险种的缴费，经办机构后台将缴费分别划入各个险种相应账户中，实行的是统一征缴、分账管理；实行合并征缴的地区，参保企业分别填写缴费单据，但在一个窗口办结缴费，实行合并缴费、分账管理。

在资格审核方面，失业保险比其他险种要复杂得多，最主要的问题是很难有效监控领取失业保险金期间继续就业的问题。在上海等信息管理系统较发达、行政管理能力较强的地区，失业保险与养老保险、医疗保险管理系统联网，一旦重新就业并开始缴纳养老和医疗保险费，信息系统会立即提示停止发放失业保险金。但是全国绝大多数地区在信息管理方面还达不到这样的管理水平。

在待遇发放方面，失业人员可以到经办服务大厅设立的金融服务窗口领取失业保险金，在开展社会化服务的地区，失业保险金可以直接打入失业人员的银行账户中。

2008 年人力资源和社会保障部成立时即设立社会保险事业管理中心，副部级建制，负责社会保险经办机构的管理。各省份分别设立省级社会保障局，各市相应地设立市级社会保险管理中心。社会保险经办机构与各险种的职能部门均隶属于人力资源和社会保障主管部门，但社会保险经办机构在行政级别上高于各险种的职能部门。

（二）执行部门面临的主要问题

一是管理经费不足。大部分失业保险经办业务可以与养老保险、医疗保险等社会保险项目合并办理，实现"一站式"完成所有参保项目的经办工作。因此，社会保险经办机构面临的经费不足问题也正是失业保险经办机构面临的主要困难。除此之外，失业保险还需要失业动态监测、失业预警机制的建立、失业人员的就业服务、失业人员再就业的监控等工作，需要建立更广泛的信息管理系统，例如，失业动态监测需要为企业提供数据采集设备和连通网络。因此，失业保险经办机构比其他险种的经费不足问题更严重，需要向失业保险经办机构投入更多工作经费。

二是信息沟通不畅。失业保险信息系统与就业服务信息系统的分离导致数据分割，造成重复投资与投资空白并存的现象。一些地区实行社会保险省级管理后，将原来的信息管理部门独立出来，形成与经办机构平级的信息管理中心，但是由于信息沟通不畅，经办机构所需信息不得不通过两个部门的上级主管部门协调沟通，造成工作延迟、拖沓。应当在失业保险职能部门和信息管理中心之间建立数据传送机制，打通信息沟通渠道。

第三节　管理对象

失业保险的管理对象是针对失业保险覆盖群体开展的一系列公共服务，可以理解为失业保险管理主体的管理工作，具体包括：决策部门需要制订和明确的事业发展规划、制度覆盖范围、参保和待遇资格条件、费率和待遇标准、基金管理办法；执行部门需要履行的参保登记、个人权益记录、征缴失业保险费、发放或委托发放失业保险金、运营和管理失业保险基金以及其他经办业务；监督部门要对失业保险进行立法和修订立法、监督基金安全，财政部门通过审核预算和管理财政专户，对失业保险工作进行监督。

此处不对失业保险管理工作具体内容逐一介绍，而是针对失业保险管理工作中存在的突出问题加以分析。

一、参保资格与制度覆盖面

根据 1999 年《失业保险条例》和 2010 年《社会保险法》第五章"失业保险"的规定，我国失业保险制度的覆盖群体为：非因本人原因暂时失去工作的劳动者，其所在单位及其本人已经履行了规定的缴费责任。由此可见，失业保险与养老保险和医疗保险不同，不存在个人参保的情况，须以工作单位为主体参保。对于非正规就业规模较大的国家或地区，这样的制度规定必定导致一部分人游离于失业保险制度之外。目前，我国失业保险相对于养老和医疗保险制度覆盖面较小，一些失业高风险群体难以加入现行失业保险体系，需要对失业保险制度参保条件进行修订，以应对劳动力市场的新变化。

存在的问题

1. 现行制度未实现全覆盖

失业保险制度以劳动者为保障对象，大多数国家的失业保险制度是强制性的，理论上是应当覆盖全体劳动者，但目前的现实是，自雇就业者、农业工人、家庭雇工、零散工等非正规就业群体很难加入到这个制度中。这主要是因为：雇主或工作单位承担失业保险的主要缴费责任，而非正规就业者或者是自雇就业，或者与雇主的劳动关系不稳定，难以实现稳定的雇主缴费；非正规就业往往很难区分就业和失业状态，很难清晰界定待遇资格，这也影响了这部分就业群体参保的积极性。可以说，非正规就业者被排除在失业保险制度之外是一个世界性难题，对于中国这个世界最大发展中国家来说，这个问题更加突出。

对比失业保险和养老保险、医疗保险的参保情况，可以看出失业保险制度的覆盖面相对小得多（见图7-3）。虽然失业保险制度始建于20世纪80年代中期，而城镇职工基本养老保险制度和城镇职工基本医疗保险制度始建于20世纪90年代后期，但前者参保人数近些年来都远低于后两者。到2018年底，失业保险参保人数仍旧比养老保险人数少了1亿。

2. 现行制度"瞄准度"不高

我国失业保险制度是为配合国企改革应运而生的，经过几十年的发展，劳动力市场已经发生了巨大变化，失业高风险群体已经由国企职工

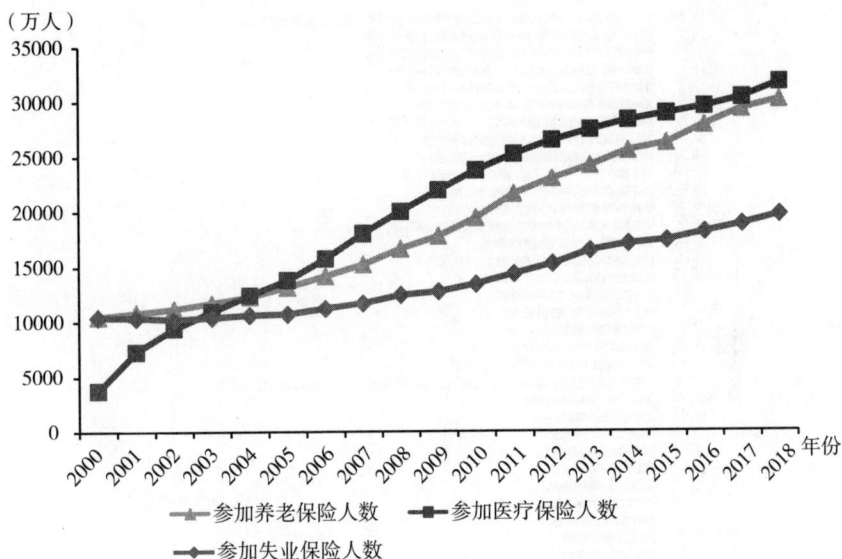

图7-3　失业保险与养老保险、医疗保险参保人数对比

资料来源：作者根据国家统计局网站"年度数据——公共管理、社会保障及其他"绘制。

转变为城市新生的劳动力大军，包括农村转移劳动力即常说的农民工和城镇灵活就业人员，近年来因大学毕业生就业问题越来越受到重视，一些地区已将大学毕业生作为新生的失业高风险群体。

与其他发展中国家和转型国家一样，我国的非正规就业规模也很大，按照现行制度规定，非正规部门雇员在失业时很难得到失业保险待遇，造成我国失业保险受益率处于世界较低水平（见图7-4）。中国的失业保险受益率不仅低于欧美发达经济体，而且与转型的东欧国家相比也有很大差距。

失业保险受益率低反映了我国失业保险制度"瞄准度"低的问题。国内已有学者对此做了充分论证，例如，郑秉文（2010）的研究显示，我国失业保险基金快速积累，甚至在全球金融危机、新增失业人数大增的情况下我国失业保险基金仍能保持当年盈余、累计结余规模不断扩大的态势，说明失业保险的待遇"瞄准率"过低。[①]　根据现行制度规定，

---

① 郑秉文：《中国失业保险基金增长原因分析及其政策选择》，《经济社会体制比较》2010年第6期。

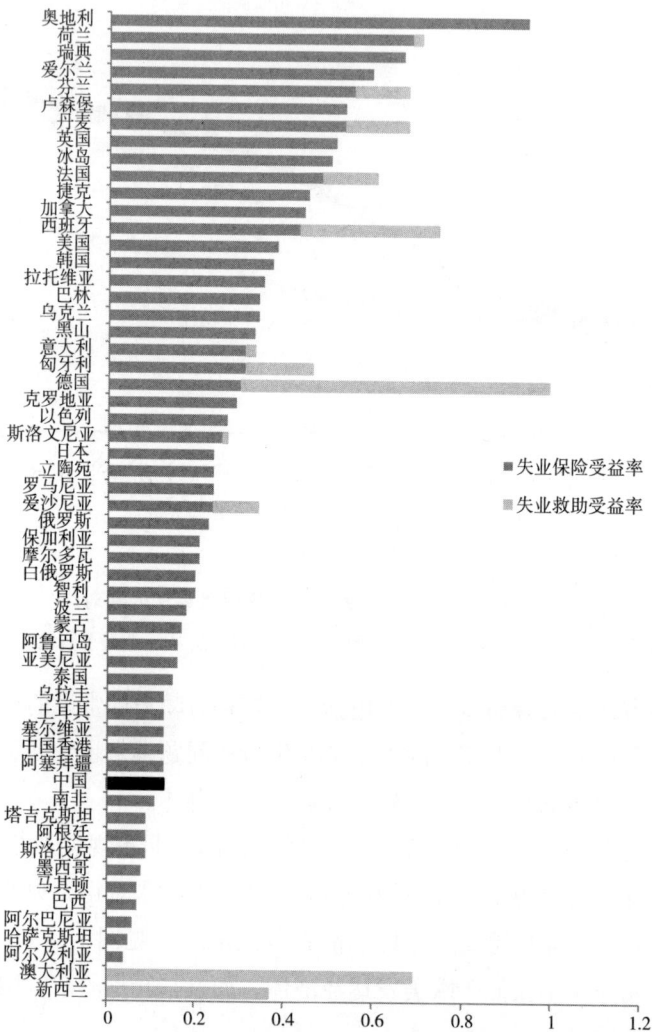

图 7-4　各国失业保险受益率比较

注：失业保险受益率＝领取失业保险（或失业救助）的人口数/全部失业人口数。根据推算，原文资料里中国失业保险受益率13%的值是按照城镇调查失业率计算的。为了对应原文，这里也以2010年为例，当年登记失业人数为908万，登记失业率为4.1%，由此可得计算失业率的城镇劳动力人口数为22146万人；根据李培林等的《2009年中国社会形势分析与预测》中的数据，调查失业率为9.6%，由此可得调查失业人口数为2126万人；2010年领取失业保险金和合同制农民工一次性生活补助的人数分别为209万和59万，这样估算出当年失业保险受益率约为13%，与ILO的估值一致。

资料来源：*World Social Security Report 2010-2011：Providing Coverage in Times of Crisis and Beyond*，ILO publication，2010，p.63，Table 5.7.

我国失业保险的待遇资格需要同时满足三个条件：雇主和雇员双方缴费（合同制农民工只有单位缴费，个人不缴费）缴费满 1 年；非本人意愿失业；办理失业登记并有求职意愿。由此可见，获得失业保险待遇必须具备三个条件：一是要有雇主缴费，二是缴费至少满 1 年，三是非个人意愿失业。

无论是事业单位的"纯贡献"还是农民工等失业高风险群体的"未覆盖"或"难受益"，都反映现行失业保险制度"瞄准度"不高的问题。

（二）优化资格管理，扩大制度覆盖

失业保险制度存在的上述问题，主要归因于参保资格的规定未随劳动力市场结构变化进行及时调整。进入 21 世纪后，我国劳动力市场新生的失业高风险群体已经不再主要是国企职工，三类群体成为政府日益关注的失业高风险或就业困难群体，它们分别是进城务工的农民工、城镇灵活就业人员和毕业半年后仍未就业的大学毕业生。按照目前雇主缴费为主的制度规定，这三类群体很难加入失业保险体系中或者即使参保也很难得到失业保险待遇。

针对农民工就业周期短的特征，可以考虑将最低缴费期限由现在的 1 年缩短为 6 个月，相应地将一次性生活补助标准加以调整，以确保参保后失业的农民工及时得到一次性生活补助；针对城镇灵活就业人员自雇就业或与雇主非长期稳定雇用关系的就业特征，可以考虑参照拉美国家失业保险储蓄账户制度，为这些人单独设立个人账户制的失业保险制度，以参保缴费为受益条件，以重新就业、重新开始缴纳养老保险费为待遇资格终止条件，以保障这些人在失去工作后还有基本收入来源；为毕业半年后仍未就业的应届大学生提供"见习岗位津贴"，鼓励企业吸收这些人实习，以帮助提高其就业意愿和就业能力，我国开展的扩大失业保险基金支出范围试点的东部 7 个省（市）纷纷出台政策，将应届大学毕业生作为就业扶助对象，帮助他们及早就业。如果上述制度能够实施，我国失业保险制度的覆盖面会明显扩大，制度的"瞄准度"也会大大提高。

二、费率和待遇标准

按照《失业保险条例》和《社会保险法》，我国失业保险有关参保缴费和待遇标准的规定为：参保缴费方面，城镇企事业单位和职工分别按工资总额的 2% 和个人工资的 1% 缴费，合同制农民工个人不缴费；自 2015 年起，经国务院同意，连续三次阶段性降低失业保险费率，2015 年由 3% 降至 2%，2016 年降至 1%—1.5%，2017 年降至 1%，执行到 2018 年 4 月 30 日。失业保险待遇包括失业保险金、领取失业保险金期间的医疗补助金、领取失业保险金期间死亡人员的丧葬补助金和亲属抚恤金、领取失业保险金期间接受职业培训和职业介绍的补贴等。待遇标准方面，缴费 1—5 年的领取失业保险金期限最长为 12 个月，缴费 5—10 年的领取期限最长为 18 个月，缴费 10 年以上的领取期限最长为 24 个月；重新就业后再次失业的，缴费时间重新计算。

失业保险是一项"现收现付"的社会保险制度，应当遵循收支平衡、略有结余的原则；失业保险也是保障失业人员基本生活、促进劳动力再就业的一项社会政策，待遇水平应当随物价调整，而享受待遇期限不宜过长。目前，我国失业保险制度在费用征缴和待遇给付方面存在的主要问题及应对措施如下。

（一）失业保险基金积累规模过大，为费率下调留有空间

自 20 世纪 90 年代以来，我国失业保险基金当年收入规模一直大于当年支出，且基金收入增速也一直快于支出增速，因此失业保险基金累计结余规模不断扩大，2018 年失业保险基金累计结余达到 1995 年的 85 倍（见表 7-1）。就全国平均水平来看，失业保险基金的备付月数达到 60 个月；就各地情况来看，备付月数最多的西藏已经超过 200 个月，最少的上海为 20 个月；需要说明的是，上海是我国东部七省（市）扩大失业保险基金支出范围的试点省份，且扩支规模较大，如果除去这七个"扩支"试点政府，备付月数最少的是安徽，为 40 个月。这样的基金积累规模对于"现收现付"的失业保险制度来说显得过大了。同时，也给降低失业保险费率留下充足的空间。

表 7-1 1995—2018 年我国失业保险基金收支和累计结余情况

（单位：亿元）

年份	基金收入	基金支出	累计结余
1995	35.3	18.9	68.4
1996	45.2	27.3	86.4
1997	46.9	36.3	97
1998	68.4	51.9	133.4
1999	125.2	91.6	159.9
2000	160.4	123.4	195.9
2001	187.3	156.6	226.2
2002	213.4	182.6	253.8
2003	249.5	199.8	303.5
2004	290.8	211.3	385.8
2005	340.3	206.9	519
2006	402.4	198	724.8
2007	471.7	217.7	979.1
2008	585.1	253.5	1310.1
2009	580.4	366.8	1523.6
2010	649.8	423.3	1749.8
2011	923.1	432.8	2240.2
2012	1139	451	2929
2013	1289	532	3686
2014	1379.8	614.7	4451.5
2015			5083
2016	1228.9	976.1	5333.3
2017	1112.6	893.8	5552.4
2018	1171.1	915.3	5817

资料来源：国家统计局网站"年度数据——公共管理、社会保障及其他"。

（二）失业保险待遇过低、待遇期过长，应当重新调整待遇计发方式

从国外失业保险制度设计来看，失业保险金往往与平均工资挂钩，待遇水平略高于最低工资。例如，OECD 国家失业保险金相当于平均工资的 40%—75%，下限一般是最低工资水平，非洲的阿尔及利亚采用最低工资和全国平均工资的中值，拉美的巴西和乌拉圭是按照最低工资的一定比例确定待遇上下限。相比之下，中国的失业保险待遇水平逊色得多。中国的失业保险金一般相当于最低工资的 60%—90%，相当于城镇在岗职工工资的 15%—20%，而且近年来失业保险金增速慢于最低工资增速，出现失业保险待遇持续走低的现象。例如，1996 年以来，除国际金融危机的 2008—2009 年以外，北京市公布的失业保险金与最低工资比值一直在下降（见图 7-5）。

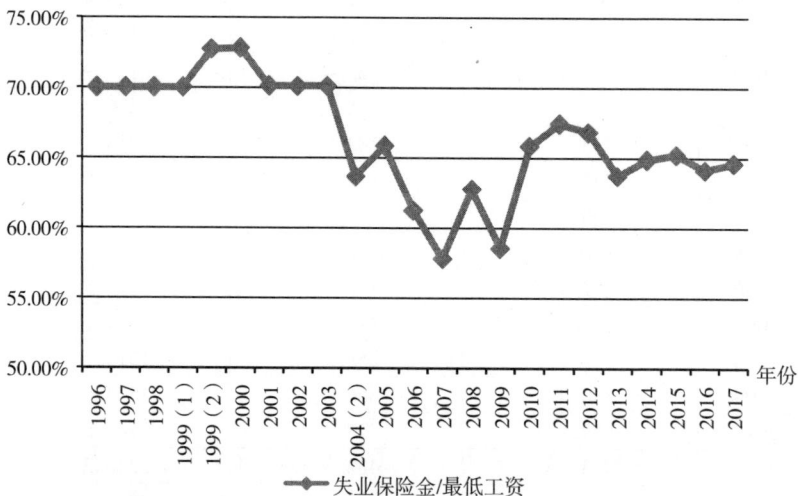

图 7-5　北京市失业保险待遇趋势（1996—2017 年）

注：数据来源于北京市 2019 年统计年鉴，此处失业保险金为最低标准。

　　几乎所有经济发达体和所有拉美实行失业保险制度的国家所规定的失业保险待遇期限都在一年以内，例如大多数 OECD 国家最长失业保险待遇期为 8—36 周。只有较少的亚洲和非洲国家失业保险待遇期限最长超过一年，例如阿尔及利亚失业保险待遇期限最长为 36 个月，但同时该国规定参保期限最短应为 3 年，这个规定比其他国家严苛得多；中国失业保险待遇期限最长为 24 个月，同为亚洲国家的韩国最长为 240 天，孟加拉国最长为 120 天。[①]

　　过长的待遇期限不利于失业人员积极寻找工作，一些地区还出现已

---

　　① Milan Vodopivec, Dhushyanth Raju, "Income Support Systems for the Unemployed: Issues and Options", *Social Protection Discussion Paper Series*, No. 0214, World Bank, 2002, pp. 19-23, Table 3. 2.

经重新就业的人隐瞒就业情况继续领取失业保险金。例如，在对辽宁省187名领取失业保险金的所做的调查显示，这些人中间有80%的人在领取失业保险金的同时正在从事正式的或非正式的工作。[①] 在国外，除非经济危机这样的特殊时期，失业保险金标准会随待遇期限延长而逐渐降低，这种做法可以减小自愿长期失业的收益，从而鼓励失业人员重新就业。

鉴于此，可以考虑重新修订失业保险待遇计发方式：失业头半年可以提高失业保险金水平，将失业保险与物价和工资增长情况挂钩，避免失业人员陷入生活困境；失业期限超过半年的，应当在加大就业培训和创业辅导的同时，逐渐降低失业保险待遇水平，激励失业人员尽早实现再就业。

三、基金安全与运营

失业保险基金是保障失业保险制度顺利运行的基础，实行"以支定收、略有结余"的管理准则，由失业保险经办机构（或代征机构）依法征缴费用；失业保险基金按照"收支两条线"原则纳入财政专户接受同级财政监督；各统筹地区政府有责任确保失业保险基金按时足额发放，必要时动用财政弥补失业保险基金缺口，但基金有盈余时不得用于弥补财政赤字。不过，在实践中，失业保险基金仍存在安全风险。

（一）基金被挪用、侵蚀和违规运营，亟须加强监管

2006年原劳动和社会保障部发布《关于进一步加强社会保险基金管理监督工作的通知》，要求加强对包括失业保险基金在内的社会保险基金加强监管；2010年的《社会保险法》也明确规定不得擅自违规运营社会保险基金。然而，根据国家审计署公布的《全国社会保障资金审计结果》，失业保险基金风险不容小觑：2011年部分地区扩大范围支出或违规运营失业保险基金9215.40万元，其中用于基层经办机构工作经费6162万元，用于平衡县级财政预算2016万元，其他违规使用还包

---

① Chen, Vivian Yi, "Liaoning Analysis of Eligibility Requirement for the Unemployment Insurance Program and International Experiences", World Bank and Liaoning Provincial Department of Finance, processed, 2004.

括用失业保险基金购置固定资产、委托理财等。这种现象显示出失业保险基金管理中存在明显漏洞，地方政府在利益驱动下擅自动用失业保险基金，也给失业保险基金监管带来很大困难。

失业保险基金是专款专用的社会消费基金，为确保基金安全，必须建立科学的基金监管机制和严格的基金监管规则。首先，必须严格失业保险基金预算制度，杜绝地方政府随意使用失业保险基金平衡财政赤字；其次，必须加强失业保险基金的审计工作，杜绝地方财政部门松于监督造成基金的流失；最后，必须加强社会监督，成立包括政府官员、工会组织代表、参保职工代表、专家学者等多方在内的社会保险基金监督委员会，作为第三方例行对失业保险基金管理的监督职能。

（二）大规模结余基金"趴"在银行，基金使用效率低

在国外，遇到经济下滑时期，失业保险基金经常出现当期收不抵支，政府不得不动用财政收入以填补基金缺口。但是在中国，失业保险基金过度积累（如前所述），只能以短期定期存款甚至活期储蓄存款的形式"趴"在银行，"肥"了银行，却"亏"了参保缴费主体。

根据国家审计署公布的《全国社会保障资金审计结果》，2011年我国失业保险基金的定期存款、活期存款和其他形式存款分别为1306.81亿元、882.26亿元和41.96亿元，各类形式的存款分别占失业保险基金的58.57%、39.55%和1.88%，即使是定期存款，也多为1年期的短期存款，基金收益率很低。前面已经提到，目前我国失业保险基金平均备付月数已经超过60个月，也就是说，未来5年不征缴一分钱，以现在的失业保险基金积累和支出规模，制度毫无资金压力地也可运行5年！

失业保险基金不同于养老保险基金，无需预先积累，更无需对基金投资运营以便扩大基金积累规模。目前，解决失业保险基金过度积累、使用效率低下的根本路径便是降低失业保险费率。

（三）失业保险基金"扩支"探索有成效，但还需从理论上给予支持

2008年国际金融危机使很多国家劳动力市场受到重创，失业率明显提高。为了保障失业人员的基本生活，各国失业保险纷纷采取降低资格门槛、提高待遇、延长待遇期限等举措。例如，2009 年瑞典降低了参保缴费的最低年限，由原来的 1 年临时降至 6 个月，取消了领取待遇之前须有工作经历的要求，将更多的失业者和应届毕业生纳入到待遇发放范围中；拉脱维亚 2009 年 6 月至 2011 年底将失业待遇期限由原来的 4—9 个月（根据就业时间长短）改为所有待遇领取者均为 9 个月。[①] 除此之外，为了避免经济危机带来大规模失业，各国也适时推出积极劳动力市场政策，通过政策支持企业以稳定就业。例如，德国采取短期工作制，鼓励企业不裁员，保留工作给员工，允许其非满负荷工作，政府适度给予企业补助和政策支持。2010 年后，随着陆续走出危机阴影，劳动力市场回暖，各国又纷纷改变方向，收紧失业保险待遇领取资格条件，同时推出积极劳动力市场政策，鼓励长期失业者尽早就业。例如，保加利亚在 2007—2010 年间实施长期失业金，从 2011 年起停止这项待遇的给付[②]；丹麦自 2010 年开始缩短待遇期限，将最长待遇期限由 4 年降至 2 年[③]。

　　2008 年国际金融危机对中国经济尤其是外向型企业影响很大，为了稳定就业局势，防止大规模失业集中爆发，2008 年 12 月，人力资源和社会保障部、财政部和国家税务总局联合发文，推出"援企稳岗"政策，包括：允许困难企业缓缴失业保险费，缓缴期限最长 6 个月；降低失业保险费率，一些地区将失业保险总费率减半；向困难企业提供社会保险补贴和岗位补贴，减轻企业用工成本，鼓励企业不裁员。这项政策一直延续到 2010 年底。企业因此项政策减轻失业保险缴费负担累计达到 445 亿元，受益企业 5.2 万户，受益职工 1400 余万人；缓缴失业保险费 9.4 亿元，受益企业和职工数分别为 1 万户和 217 万人；降低失业保险费少收 251 亿元，受益企业和职工数分别为 383 万户和 1.3 亿人。[④]

---

① European Commission, *European Employment Observatory Review：Adapting Unemployment Benefit Systems to the Economic Cycle*，2011，pp. 18–29.

② European Commission, *European Employment Observatory Review：Adapting Unemployment Benefit Systems to the Economic Cycle*，2011，p. 28.

③ ILO，*Global Employment Trends* 2012：*Preventing a Deeper Jobs Crisis*，2012，pp. 17–18，Table 1.

④ "完善中国失业保险制度的对策建议"课题组提供。

此外，自 2006 年起，东部 7 个省份（北京、上海、浙江、江苏、福建、山东和广东）按照中央文件规定，可以在获批项目上扩大失业保险基金支出范围试点，这项举措将一直延续到新修订的《失业保险条例》的出台。截至 2012 年底，这 7 个省份累计扩大失业保险基金支出近 700 亿元，为就业困难企业和就业困难群体提供社会保险补贴、岗位补贴、职业介绍补贴、职业培训补贴、开业指导、小额贷款担保、小额担保贷款贴息等支持。7 个省份"援企稳岗"累计支出不足 60 亿元，但受益的困难企业共计 30 万余家，受益群体达到 1432 万人次，仅北京、广东和山东三个省份使用失业保险基金帮助困难企业稳定就业岗位数就达到 315 万个。

应该说，扩大失业保险基金支出范围试点政策还是比较成功的，提高了试点省份失业保险基金的使用效率，部分替代了财政就业专项资金的职能，解决了一些财力紧张的区县促进就业专项资金不足的困难。但是，从试点地区的实践来看，受益群体未必都是参保人员，例如，一些地区将失业保险基金用于从未参保的应届大学毕业生的见习津贴，一些地区放宽了"就业困难群体"的界定范围，一些从未参保缴费的农村转移劳动力也被划入就业困难群体而享受待遇。这些地方实践有些需要改进，有些已经取得成效并运行良好，但仍是试点经验，需要进一步的理论探讨，并将成熟有利的经验写入新修订的《失业保险条例》中，完善失业保险制度。

第三节　管理手段

管理手段是为了达到失业保险管理目标、提高管理效率所采用的技术手段和工作方法。失业保险的管理手段包括劳动部门监控失业动向的统计和调查工作、执行部门需要及时发放待遇所需的社会化管理手段，以及监督部门监控失业保险基金收支规模和财务状况的预算管理手段；

这些管理手段都离不开信息管理。失业保险的信息管理包括：对内搭建各个管理主体的信息网络，以便及时沟通信息和数据传送；对外搭建信息平台，与其他社会保险险种的信息实时核对，便于对失业人员再就业状况的监控，跨地区失业保险经办机构信息管理有助于失业保险管理的转移接续，失业保险管理信息系统与就业失业信息调查系统和就业服务信息系统的对接，有助于及时监控失业动向，并有针对性地实施积极劳动力市场政策，推动失业人员尽早再就业。

一、统筹管理

统筹管理包括管理主体统一、信息系统整合、基金运营归集，减少管理层次，提高管理效率。失业保险的统筹管理需要解决好几个问题：一是基金统筹层次的问题，二是管理权限归属的问题。

首先，基金统筹层次应当归于哪一级？失业保险的筹资模式是"现收现付制"，当基金结余较大时应当采取降低费率或扩大支出等方式，不宜形成过大的基金积累规模。但是，由于失业具有较大不确定性，一旦遇到经济突发情况，会出现大规模失业集中爆发的风险，因此，很多地方还是愿意保留一定积累，以应对不时之需。在区县一级，一些地区的失业保险基金存在积累不足甚至当期收不抵支的问题，需要更高一级管理层次对基金进行调剂使用。与养老保险不同，失业保险更多应由省一级政府统筹管理，中央建立调剂金机制。《社会保险法》也规定包括失业保险在内的社会保险项目应当实现省级统筹。这样既可以保障基金在省内调剂使用，缓解各地失业保险制度压力不均的问题，又不会因统筹层次过高削弱了地方政府的管理积极性。

其次，失业保险管理权限应当归哪一部门？失业保险参保人数已经超过2亿，但领取失业保险金的人数只有200多万，与养老保险、医疗保险庞大的受益群体相比，领取失业保险金的群体规模小得多，审核发放失业保险金的工作量相对也小得多。近年来，中央政府多次强调发挥失业保险"保障生活、预防失业和促进就业"三位一体的功能，失业保险管理部门在预防失业和促进就业等方面常常与就业管理部门发生工作交叉，例如，对失业人员的职业培训和职业介绍，也是就业管理部门的一项重要工作。因为职能交叉，造成失业保险基金和就业专项资金支出范围有重叠，两项资金使用屏障弱化，在地方政府利益驱动下，出现失业保险基金替代就业专项资金的问题。在国外，强调失业保险保障生活功能的国家，失业保险基金只负责发放失业保险金，促进就业职能交给执行积极劳动力市场政策的就业部门；在强调失业保险促进就业功能的国家，已将失业保险改为就业保险制度，筹集的资金除了发放现金保障失业人员基本生活以外，更主要的是用于推动失业人员再就业的各项激励措施上。从我国失业保险职能定位来看，更强调失业保险的促进就业职能，因此可以考虑，将失业保险和就业管理部门合并，由一个部门对失业保险和就业进行决策。

二、失业动态监测

失业动态监测是通过对企业岗位变化情况的动态监测，及时把握经济形势对就业和失业的影响，以便政府及时采取措施预防和调控失业、稳定和促进就业。我国失业动态监测工作与 2008 年率先在吉林、江苏、浙江、福建、河南和广东 6 个省的 18 个城市进行试点，于 2010 年全面启动。

2011 年 11 月，人力资源和社会保障部发布《关于进一步做好失业动态监测工作有关问题的通知》（人社部函〔2011〕308 号），要求继续扩大失业动态监测范围。该文件规定新增监测企业应优先考虑：当地那些在经济发展和就业规模方面具有代表性、能够反映当地产业结构特征、对经济结构调整和国内外经济形势变化比较敏感的企业。新增监测企业应重点选取：一是当地就业排名前 10 位的行业，制造业不超过监测企业总数的 40%；二是重点监测中小企业，中小企业数不低于监测企业总数的 60%，微型企业不纳入监测范围；三是兼顾各类所有制企业，国有企业不超过监测企业总数的 1/3。到 2011 年底，全国 105 个城市 3568 家企业纳入全国失业动态监测范围。① 2014 年，人力资源和社会保障部办公厅组织举办了全国失业动态监测业务培训班，在全国范围内进一步加强了失业动态监测的水平。

———————————

① "完善中国失业保险制度的对策建议" 课题组提供。

失业动态监测可以建立一套调查失业率的科学体系，有助于建立和完善失业预警制度，提高失业保险决策的科学性。

三、社会化管理

社会化管理是委托社会机构分担失业保险的部分经办业务，减轻失业保险经办机构工作负担，缓解基层经办机构工作压力大、办公经费紧张的问题，同时利用社会机构已有的服务网络，提高经办服务效率。

一般地，失业保险待遇发放程序是：由失业者个人提出申请，基层社保经办机构受理申请并审核相关证明材料，通过信息系统对比申请人的参保缴费情况，核定待遇后，由待遇发放机构按标准发放失业保险金。目前失业保险基金统筹层次主要集中在市一级，因此市级经办机构的压力最大，经办服务大厅往往人满为患。许多失业者属于异地就业，失业后离开原工作地，这种以经办机构为核心的服务体系，难以满足失业人员及时领取失业保险金的要求，使失业保险金无法及时发挥保障失业人员基本生活的作用。而且，从管理上看，各地发放时间不统一，失业保险基金无法统一拨付，不得不多次核算、逐一拨付，加大了工作量，也降低了工作效率。

实际上，养老保险早已实现社会化管理，社会保障部门与商业银行签订协议，由其代为发放养老金，这样，受益者只需到指定银行及其网点，便可及时支取。目前，一些地区开始借鉴养老保险社会化发放的做法，引入商业银行代发失业保险金。例如，从 2013 年 4 月 1 日起，北京市将发放失业保险金的工作委托给 13 家商业银行代办。社会保障部门将失业保险金统一划拨代办银行，由其按照统一的时间（申请次月的 17 日）发放至失业者个人账户，失业人员则可在发放日之后的任意时间在该代办银行的任意网点支取失业保险金，大大方便了失业保险受益者，同时省去了区县、街道经办机构核转转资的工作环节，大大提高了经办工作效率。

与养老保险社会化管理不同的是，失业保险的待遇给付并非永久性的，一旦失业人员重新就业，必须及时停发失业保险金。这就需要失业保险管理部门与社会化管理的服务机构及时沟通信息，建立便捷的数据传送渠道，一旦发现违规操作则取消代办资格，以此约束社会服务机构，避免失业保险基金流失。

四、信息管理

信息管理是失业保险管理手段的核心和关键，包括失业保险的信息管理系统建设和各项管理工作之间传送信息的机制与平台建设。从图7-1中可看出，信息管理是失业保险管理体系的核心内容：通过信息平台建设，在失业保险管理体系内实现决策部门、执行部门和监督部门之间的良性沟通渠道；同时，通过与基层组织（街道办事处和社区工作站）的信息联网，及时掌握失业人员的基本生活情况；通过与养老保险、医疗保险管理系统连通，了解参保情况，及时掌握失业人员再就业情况；通过与医疗保险管理系统连通，及时掌握失业人员医疗支出情况，规范失业人员医疗补助的支出；各统筹地区之间信息管理系统连通，信息格式标准化，有利于失业人员跨地区流转和再就业信息的掌握，并及时办理失业保险参保关系转移接续。信息化建设有助于实现失业保险管理"扁平化"，提高失业保险统筹和管理层次，减少经办服务中间环节、压缩失业保险管理层级，提高信息传送的效率，避免因层级多、环节多造成的信息失真。

当前，社会保险已经全面进入大数据时代，无纸化办公、网上办公已经成为社会保险经办的常见工作形式。失业保险的信息管理首先是建立全面的失业保险管理信息系统，包括参保登记系统、领取失业保险金的失业人员档案管理系统、失业监控与失业统计系统、再就业服务信息系统等。这些信息系统对提高决策科学性和经办业务时效性都有很大帮助。

此外，失业保险各个信息管理系统并非独立的"信息孤岛"，这些系统之间相互留有端口，以便数据及时传送。失业保险体系各个信息系统还应注重与外部相关信息系统对接，例如，失业保险与养老保险信息系统的对接，可以发现领取失业人员重新缴纳养老保险费的情况，经办机构可以据此及时停发失业保险金，同时也可对比参照企业尤其是制造业、建筑业和服务业等高失业风险行业企业参加养老保险及其缴费情况，督促其参加失业保险。

随着各地失业保险信息化建设的推进，最终应实现基础数据全国共享、个人数据跟随终身。目前，失业保险基层管理部门面临的主要困难是信息网络建设经费不足和跨区域信息数据传送不畅。对于第一个问题，目前解决失业保险信息化建设的资金主要来自"金保工程"和财政拨付的办公经费。"金保工程"已开展两期，但信息网络建设仍以省级和市级经办机构为主，区县及区县以下经办机构还很难得到"金保工程"的支持，影响了基层经办机构失业保险相关数据的归集和管理。地方财政拨付的办公经费相对于构建失业保险信息网络巨额费用支出来说显得杯水车薪，一些财力不足的基层政府无力支撑信息网络的建设，许多业务仍停留在手工操作阶段。对于第二个问题，因为各个统筹地区失业保险信息系统格式不统一，造成数据对接口径不一致，影响了失业保险关系的顺利转移接续。

要解决上述问题，首先，需要整合失业保险和就业服务等多项资金渠道，避免一些项目重复建设而另一些项目因经费不足无法投入建设。其次，短期内可以考虑将过度结余的失业保险基金用于失业动态监测等项目上，这些项目必须与失业保险保障生活、预防失业和促进就业功能直接相关，严防超出规定项目范围支出造成失业保险基金的流失。最后，整合养老保险、医疗保险、失业保险、工伤保险和生育保险等社会保险信息系统，避免一个社保险种开辟一套管理信息系统，可在同一信息系统内设立不同子系统。"金保工程"重点投向养老保险和医疗保险，可以在其已经建立起来的信息系统和信息网络中开辟失业保险管理子系统，并在系统内部实现信息传送畅通，有助于实现社会保险经办机构"一站式"服务。

五、预算管理

失业保险的预算管理包括基金收支预算和行政经费预算。我国社会保险预算制度要求分险种编制预算，失业保险预算编制尤其具有特殊性。

在基金收支预算方面，失业保险与养老保险、医疗保险等其他社会保险项目有所不同，其他几个保险项目相似之处是参保群体稳定，因而收入预算稳定，但失业保险的支出规模与经济形势和失业人口规模直接相关，这两个因素往往是很难预料的，因此失业保险的支出预算需要考虑更多因素并做出及时调整。

在行政经费预算方面，失业保险的人员经费、公用经费和固定资产采购费用均应由部门预算安排，但在东部7省（市）扩大失业保险基金支出范围试点中，试点地区都曾先后出台政策，将失业保险基金用于本应由部门预算解决的项目上。例如，上海将失业保险基金投入公共实训基地的建设上，北京将失业保险基金支出扩大到劳务派遣机构营业税等额补助。应该说，这些扩大支出项目对预防失业、促进就业均起到积极作用。不过，一旦允许失业保险基金用于行政经费，预算管理的约束力便大大减弱，因为地方政府有动机扩大失业保险基金支出范围，这样可以节省财政负担的就业专项资金支出，结果会造成财政部门监督失灵。鉴于此，人力资源和社会保障部于2012年6月发布文件，将试点地区扩大支出项目严格控制在职业培训补贴、职业介绍补贴、职业技能鉴定补贴、社会保险补贴、岗位补贴、小额贷款担保基金和小额贷款担保贴息七个方面，禁止将失业保险基金用于形成固定资产、用于支付人员经费和公用经费。

第八章　工伤保险管理

工伤保险作为社会保险的重要险种之一，与养老保险、医疗保险、失业保险等其他险种相比，既有相同之处，也有其自身的特性，因而，工伤保险管理也有其独特的问题。本章首先对工伤保险管理的基本内容进行简要分析，然后重点分析工伤保险管理的一些独特问题，并据此提出相应的政策建议。

第一节　工伤保险管理的基本内容

一、制度层面的管理

从制度层面看，可以将工伤保险管理分为行政管理、经办管理和监督管理。其中，行政管理指的是，国务院社会保障行政部门负责全国的工伤保险工作，县级以上地方各级人民政府社会保障行政部门负责本行政区域内的工伤保险工作，只是在有些具体政策上，由社会保障行政部门会同其他部门共同制定。从制度、体制、法规等方面明确社会保障部门管理工伤保险的行政职能。经办管理指的是，社会保险经办机构具体承办工伤保险事务。经办机构按照规定履行工伤保险费征收、办理工伤保险登记、进行工伤保险调查统计、管理工伤保险基金支出、进行协议管理、核定工伤保险待遇、提供咨询服务等职责。至于监督管理，工伤保险制度围绕制度的维护，对多个行为主体确定了多种监督管理形式。

对用人单位、经办机构、社会保障行政部门的监督，通过行政、司法以及社会监督规范管理。新的工伤保险制度规定财政部门、审计机关依法对工伤保险基金的收支、管理进行监督。任何组织和个人对有关工伤保险的违法行为有权举报，社会保障行政部门应当受理并及时查处。

二、政策层面的管理

工伤保险和各项社会保险一样，成败的关键在于管理是否科学、严格、有效。在政策层面不仅有工伤认定范围的管理，还有劳动能力鉴定标准的管理、待遇标准的管理，还有工伤保险基金的管理，等等。

（一）工伤认定范围的管理

工伤认定的范围，指哪些情况可以认定为工伤，对其进行管理就是要明确规定工伤的认定原则和范围。《工伤保险条例》对工伤的具体情形做了的规定，符合这些情形的视为工伤：（1）在工作时间和工作场所内，因工作原因受到事故伤害的；（2）工作时间前后在工作场所内，从事与工作有关的预备性或者收尾性工作受到事故伤害的；（3）在工作时间和工作场所内，因履行工作职责受到暴力等意外伤害的；（4）患职业病的；（5）因工外出期间，由于工作原因受到伤害或者发生事故下落不明的；（6）在上下班途中，受到非本人主要责任的交通事故或者城市轨道交通、客运轮渡、火车事故伤害的；（7）法律、行政法规规定应当认定为工伤的其他情形。同时条例也规定了几种视同工伤的情形，具体是：（1）在工作时间和工作岗位，突发疾病死亡或者在48小时之内经抢救无效死亡的；（2）在抢险救灾等维护国家利益、公共利益活动中受到伤害的；（3）职工原在军队服役，因战、因公负伤致残，已取得革命伤残军人证，到用人单位后旧伤复发的。虽然目前的管理对工伤认定的情形做了具体的规定，但是也面临着认定的范围是应该从宽还是应该从严的争论，在实际的操作的过程中还存在着许多特殊情况，这给工伤的认定管理带来了挑战。

（二）劳动能力鉴定标准的管理

劳动能力鉴定是指劳动功能障碍程度和生活自理障碍程度的等级鉴定。劳动能力鉴定标准的管理具体是指建立一套科学客观反映劳动者劳动能力的评价体系与评价指标，并及时根据实际情况对相应的指标进行动态的调整。目前国际上主要有两种评价体系：一种是劳动能力测试，按同年龄、同性别健康人群平均劳动能力作为对照标准，评价工伤职工伤残后所具有的劳动能力的大小；另一种则是致残程度测试，鉴定标准是按照器官损伤、功能障碍、医疗依赖三个方面将工伤、职业病伤残程度分解成相对应的等级。在我国，劳动能力鉴定标准由人力资源和社会保障行政部门会同国务院卫生行政部门制定。劳动功能障碍分为十个伤残等级，生活自理障碍部分为三个等级：生活完全不能自理、生活大部分不能自理和生活不能自理。在我国，省、自治区、直辖市各级劳动能力鉴定委员会分别由省、自治区、直辖市各级人力资源和社会保障行政部门、卫生行政部门、工会组织、经办机构代表以及用人单位代表组成。

（三）待遇标准的管理

在工伤保险制度中，工伤待遇水平是一个核心的问题，它关系到对工伤职工权益的保障程度，从而影响整个工伤保险制度的有效性。工伤保险待遇标准的管理就是针对如何科学公平的设置待遇标准而进行的管理。在各国的工伤保险立法中，都明确规定了工伤保险待遇项目构成。一般而言，国外的工伤职业伤害制度中的待遇项目大概包括职业事故的短期津贴、职业事故的长期津贴、遗属补偿即抚恤金三个部分。改革前我国的工伤保险待遇主要包括医疗待遇、伤残待遇、职业病待遇、职业康复待遇以及因公死亡待遇。2003 年颁布的《工伤保险条例》规定，职工因工作遭受事故伤害或患职业病进行治疗，享受工伤医疗待遇，包括医疗康复待遇、伤残待遇以及死亡待遇三部分，工伤保险的待遇更加合理了。工伤保险的待遇标准的设计应该适应国家的社会经济发展状况。暂时伤残待遇水平一般低于工伤前的工资水平，这样做既可以体现公平性，又可以合理的开支工伤保险基金。总体而言工伤保险待遇标准的管理要充分考虑到工伤保险基金的可持续性，工伤或者患职业病职工及其家属维持其基本生活的能力，还要兼顾到制度的公平性。

（四）工伤保险基金的管理

工伤保险基金是工伤保险制度顺利实施的物质保障。建立工伤保险基金的时候要充分考虑到企业的承受能力和给付待遇的需要。工伤保险基金的管理主要是针对工伤保险基金的征收，运营，动用三个方面进行有效的管理。在征收工伤保险基金的时候应该遵循"补偿不究过失"原则和"按风险程度征收"原则。[①] 在动用基金的时候要坚持合理灵活的原则，同时还要合理确定工伤保险基金内部各专项基金之间的比例，防止基金过多的结余也是工伤保险基金管理的重要内容。

工伤保险的费率机制是整个工伤保险基金管理的核心。对于工伤保险的参保单位而言，工伤保险费率的高低直接关系到企业缴纳工伤保险费的高低。工伤保险费率的确定是一个复杂的过程。确定工伤保险费率的步骤大概是：初步确定统筹范围内的平均费率、确定行业差别费率、确定企业的费率。在我国主要实行的是行业差别费率，在此基础上，根据用人单位的事故保险基金支缴率及发生事故的频率和事故的严重程度再实行浮动费率，以促进企业安全生产，通过费率机制来促进企业采取必要措施来保障劳动者的安全。但是值得注意的是，我国目前的差别费率制度和浮动费率制度还有很多不成熟的地方，将在下文做具体的说明。

三、操作层面的管理

（一）费率管理

即行业差别费率和行业内费率档次的确定。这是基金征缴的依据，也是促进用人单位搞好工伤预防工作和经办机构实现基金平衡的重要"杠杆"。由于行业情况、地区情况千差万别，由人力资源和社会保障部根据各行业的工伤风险程度制定的行业差别费率及行业内费率档次，不可能也不应该是十分详尽和具体的，各地区应在掌握本地区用人单位的数量、所属行业、职工人数、工伤发生率、工伤保险费的使用等实际情况的基础上，经过测算，按照适用所属行业内相应的费率档次，确定用人单位的缴费费率。党的十八届三中全会提出"适时适当降低降低

---

① 孙光德、董克用：《社会保障概论（第四版）》，中国人民大学出版社 2012 年版，第 177—178 页。

社会保险费率"，2015 年 10 月 1 日起对工伤保险的费率政策进行了调整。按照《国民经济行业分类》（GB/T 4754—2011）对行业的划分，根据不同行业的工伤风险程度，由低到高，依次将行业工伤风险类别划分为一类至八类，不同工伤风险类别的行业执行不同的工伤保险行业基准费率。各行业工伤风险类别对应的全国工伤保险行业基准费率为，一类至八类分别控制在该行业用人单位职工工资总额的 0.2%、0.4%、0.7%、0.9%、1.1%、1.3%、1.6%、1.9%左右。在具体管理过程中需要充分考虑经济发展状况，企业的生产经营、安全管理等多个方面的情况适时的进行调整。

（二）**目录管理**

即工伤保险诊疗项目目录、药品目录、住院服务标准的管理。这是控制工伤医疗费用的主要工具。工伤医疗要尽力保证工伤职工救治的需要，但不等于敞开花钱，特别是一些与工伤救治无关的营养品、保健品等，不能纳入。工伤医疗的报销范围，要坚决避免"吃工伤"的现象，所以要制定相关的政策来控制工伤医疗费用。治疗工伤所需费用符合工伤保险诊疗项目目录、工伤保险药品目录、工伤保险住院服务标准的，从工伤保险基金支付，否则，一律拒付。建立工伤保险诊疗项目目录、药品目录、住院服务标准的目的主要基于以下三方面的考虑：一是界定工伤保险待遇范围，保证工伤职工能得到现有条件下所能提供的、能支付得起的、适宜的治疗技术和医疗服务；二是控制工伤保险基金的支出，使有限的工伤保险基金发挥最大的效用；三是强化医疗服务管理。有了这些目录和标准，就可以合理控制医疗费用的支出，遏制浪费，从而有效地保障大多数工伤职工的医疗和康复需求。

（三）**协议管理**

这是经办机构加强对医疗机构、康复机构、辅助器具配置机构的管理的主要方式。经办机构与医疗机构，康复机构、辅助器具配置机构签订服务协议，要在平等协商的基础上进行。这些机构的选择，不应太多，经办机构要综合考虑布局，在认真调研的基础上，选择那些真正在工伤治疗、工伤康复和器具配置方面有专长、负责任并能实行有效管理的机构，并且需要向公众公布签订服务协议的医疗机构、康复机构、辅助器具配置机构的名单。考虑到工伤治疗的特殊性，名单中的医疗机构可以是一些综合医院或有某方面专科特长的医院。若医疗机构、辅助器具配置机构不按服务协议提供服务的，经办机构可以解除服务协议。

（四）支付管理

支付管理是做好工伤保险社会化服务工作的财务体现和具体要求。对工伤职工或供养亲属的待遇支付，严格按照新的工伤保险制度对医疗康复待遇、伤残待遇、死亡待遇三大块的明确规定执行，该由工伤保险基金支付的，按照社会化服务的要求及时支付。对协议医疗机构的支付、对协议康复机构的支付、对协议辅助器具配置机构的支付，由经办机构按照协议和国家有关目录、标准对工伤职工医疗费用、康复费用、辅助器具费用的使用情况进行核查，并按时足额结算费用。

另外，根据工伤保险保护的程序，可从工伤处理、工伤认定、工伤理赔、工伤康复四个步骤进行管理。概括而言，工伤保险管理是通过特定的组织机构和制度安排，对工伤保险的各个计划和项目进行组织管理、监督实施，以实现工伤保险政策目标的管理系统的总称。主要包括工伤保险管理体制、工伤保险的运营和监控管理。

第二节　工伤保险参保管理

一、工伤保险参保率低的原因分析

1996 年，我国就颁布了《企业职工工伤保险试行办法》，对工伤保险的参保对象、工伤认定和待遇给付做了规定，使我国的工伤保险制度走上了规范化和标准化的轨道。2003 年，国务院颁布了《工伤保险条例》，修订了工伤认定条款，提高了工伤保险的法律地位，这不仅有利于工伤保险制度的推行，也促进了工伤保险覆盖面的提高。2010 年，国务院又对《工伤保险条例》做了进一步的修订，使得工伤保险制度得到了进一步的完善，这也充分体现了政府对工伤保险制度的重视程度逐步加强。

然而，在实践中，工伤保险制度参保率却一直远远低于养老保险和医疗保险，成为一个"小险种"。2004 年开始实施的《工伤保险条例》规定参加工伤保险是用人单位的法定义务，但仍然有很多劳动者没有工伤保险。截至 2018 年底，全国参加工伤保险人数为 23874 万人，与我国 77586 万劳动者的数量相比，参保人数只占了大约 31%。[1]

国内已经有一些研究工伤保险参保率的成果，例如，翟玉娟（2009）从政府的角度和企业的角度列举了工伤保险制度覆盖面低的原因，从宏观角度回答了工伤保险覆盖率低的原因，但是却没有对各原因做深入的论述及探究背后的成因。[2] 李亚男（2011）区分了合法用工单位和非法用工单位，但仅就合法用工单位职工参保率偏低原因进行分析并提出完善建议，却未将灵活雇工人员的参保因素考虑进去。[3] 这里在综合各种观点的基础上，结合工伤保险的实际情况，认为导致工伤保险参保率低的原因主要有以下几个方面。

（一）企业负责人对工伤风险的成本和收益没有正确的认识

我国的工伤保险费率分为三个档次，综合平均费率为 1%，无论是与其他国家相比还是与我国的养老保险和医疗保险费率相比，我国的工伤保险费率比较低，低的工伤保险费率对于经济效益好的企业而言完全有能力负担。一个企业参加工伤保险与否的成本收益如表 8-1 所示。

表 8-1　参加工伤保险的成本与收益

	参加工伤保险成本	未发生工伤事故成本	发生工伤事故损失
参保企业	工资总额 * 费率	0	0（工伤保险基金支付）
未参保企业	0	0	雇主承担

① 《2018 年度人力资源和社会保障事业发展统计公报》，见人力资源和社会保障部网站。

② 翟玉娟：《工伤保险覆盖面存在的制度缺失及完善》，《深圳大学学报（人文社会科学版）》2009 年第 5 期。

③ 李亚男：《我国工伤保险参保率较低之原因分析与对策探讨》，《重庆科技学院学报（社会科学版）》2011 年第 2 期。

工伤风险发生的概率具有不确定性，且工伤的损害程度也具有事先未知的特点。当发生工伤事故时，参加工伤保险的收益远大于工伤保险成本时，企业雇主作为一个理性经济人和风险厌恶者，会自愿地选择加入工伤保险制度。因此，可以看出，雇主对工伤风险发生概率和损失的判断影响其是否参加工伤保险的选择。由于雇主存在侥幸心理以及对风险发生的概率和工伤所造成的损坏的认识并不充分，因而会片面地认为加入工伤保险是加重企业成本，故部分有经济能力负担的企业在未充分认识工伤风险的情况下，选择逃避加入工伤保险制度。

政府和社会对工伤保险制度的宣传力度不够，工伤保险经办部门一般重视保险基金的缴纳，而忽视了制度本身存在意义的强化宣传，加上雇主的短视行为，使得一部分雇主选择逃避加入工伤保险。在实际中，我们常常看到，一些企业只有在发生了重大的工伤事故后，企业或单位的负责人才意识到参保的重要性，后悔莫及，尤其是发生的重大工伤事故，使得未参保的企业举步维艰，甚至破产，如果企业负责人没有能力去补偿工伤职工的损失，就会严重损害企业和职工的权益。

（二）工伤保险经办机构的强制力不足

由于工伤保险一般实行市级统筹，工伤保险扩面的力度，往往取决于地方政府领导的想法。社会保险经办机构虽具体承办工伤保险事务，但毕竟要根据省、自治区、直辖市人民政府的规定，征收工伤保险费。在很多地方，地方政府招商引资时，往往有以企业不参加社会保险作为吸引企业投资的倾向，不正确的政绩观往往促使地方政府片面看重三个指标：引资、GDP、税收。地方政府要 GDP 增长就要投资，要税收就要老板，这就决定了地方政府在一定程度上可能"纵容"企业或雇主在社会保险方面的违法、违规行为。地方政府如果片面注重引资、税收与 GDP，那么，它势必要保护企业或雇主的利益而轻视甚至忽略劳动者的劳动保护与社会保险方面的权益。这样以经济利益为导向的政绩观，会使得工伤保险被"模糊化"处理，纵容企业不参加工伤保险等社会保险计划的行为。

同时，社会保险经办机构的稽查人手有限，其注意力放在费率较高的养老保险和医疗保险上，使其未能投入大量的时间和精力去监督和核实哪些企业未参加工伤保险，并且未参保企业即使被稽查出来，相关的惩罚力度也不大。《工伤保险条例》第五十八条规定，"用人单位瞒报工资总额或者职工人数的，由劳动保障行政部门责令改正"。而责令改正是行政责任最轻的一种，这较轻的惩罚力度，使得未参保企业的违规成本降低，削弱了工伤保险的强制力。

（三）工伤保险的费率未能充分地体现工伤风险发生的概率

我国工伤保险费率实行的是"行业费率"和"差别费率"。根据不同行业的工伤风险程度，《工伤保险条例》将行业划分为三个类别：一类为风险较小行业，二类为中等风险行业，三类为风险较大行业。三类行业分别实行三种不同的工伤保险缴费率。在实际操作中，工伤保险风险小的企业往往不愿意参保，认为参加工伤保险只会增加企业成本，参保人越多，则成本越大。即便是参保的小部分企业，他们也往往采取各种方法来减少参保成本，其中之一就是只给少数几个人参保，大多数人不参保，谁出事故就将其作为已参保的对象。而一些工伤风险大、职业病危害严重的企业则强烈要求参加工伤保险制度，以求转嫁风险，但这样基金支付的风险会大大地增加。

风险和费率应一致，才能体现出公平性，才能够激励各个行业的雇主加入。但是，在大部分省份只是简单地对不同行业的工伤事故风险和职业危害程度进行划分，导致工伤保险费率分类简单粗糙，不够精细，影响企业对费率的认同，不利于提升企业的参保积极性。由于不同的行业其差别非常大，仅划分为三类显得粗糙，不能有效激励参保主体企业进行工伤预防和劳动安全环境构建。同时，由于行业分类表所列的行业不全，导致一些参保单位找不到明确的费率依据，因而往往会避高就低，选择一个缴费费率较低的相关行业参保缴费，这无形中就造成了工伤保险基金的损失。目前，行业费率共有 3 类 11 个费率档次，但与我国存在的行业数量相比，这样的行业费率划分显然是差之甚多。

（四）工伤理赔的时间长且理赔手续烦琐

工伤保险经办机构的人员少工作量大，严重影响工作的效率和工伤认定的时效性。按照相关规定，一是当事人一方对工伤认定或者劳动能力鉴定结果不服的，可以要求复审，但由于人员缺少的问题，导致只能由初次做出认定的工作人员重新进行复审，这影响了结果的公正性和当事人对政府部门的信任感。二是工伤保险经办机构和人员编制较少，也是导致工伤索赔时间较长的一个重要因素。面对数量日剧上升的工伤认定案件和工伤索赔案件，以及经办机构点少、经办人员少的客观事实，即使工伤保险经办机构人员加班加点，也难以应对和处理。这也在一定程度上影响了相关案件的及时处理，拉长了工伤理赔的时间。

同时，工伤职工的理赔程序烦琐，所需时间较长。现行的《工伤保险条例》规定，职工从发生工伤事故到获得工伤保险待遇，一般要经历申请工伤认定（如图 8-1 所示）、劳动能力鉴定（具体流程如图 8-2 所示）和工伤保险待遇理赔三个阶段。现行规定工伤认定范围较小及工伤认定标准模糊不清导致部分工伤认定比较难。如工伤认定涉及工作时间、工作场所、工作原因等的认定，但对于工作时间、工作场所、工作原因的理解无明确的标准，导致实践中一直存在争议。关于整个过程所需时间，不同学者估算时间不一。所有程序走一遍，整个过程至少需要 19 个月，普通时间大概在 3 年 9 个月左右，最长时间可达 6 年 7 个月左右，甚至更长。如此烦琐的理赔程序导致社会的交易成本过高，使得那些有意愿的雇主望而生畏，从而部分企业雇主倒向了办事效率较高的私营商业人身保险。

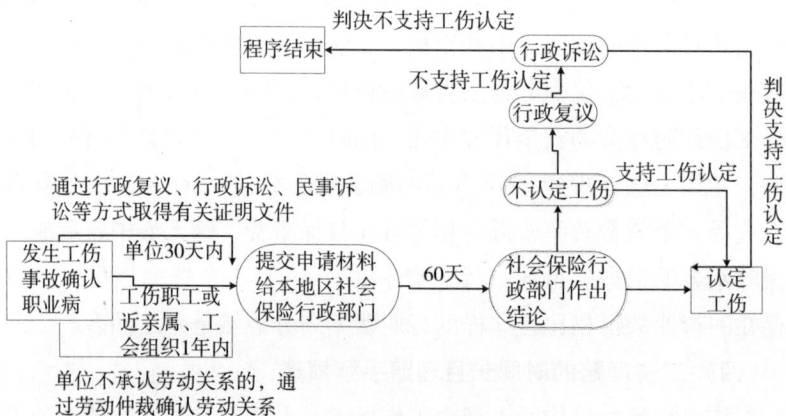

图 8-1　申请工伤认定流程示意图

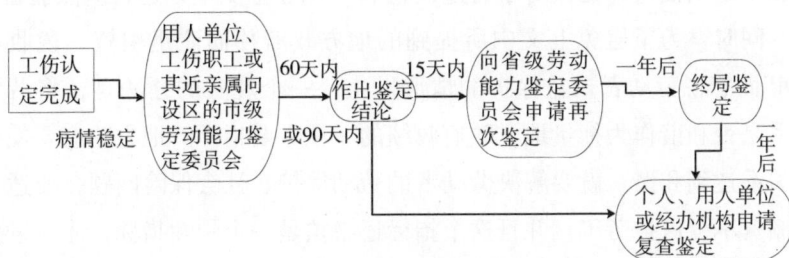

图 8-2 劳动能力鉴定流程示意图

二、进一步做好工伤保险参保管理工作的政策建议

（一）重视对工伤保险的宣传，使雇主对风险有正确的认识

工伤保险制度作为规避职工在工作过程中遭遇意外伤害的最有力手段，能够有效帮助雇主和职工规避工伤事故风险。要想实现真正意义上的扩大工伤保险的覆盖面，就必须在政策前期加大对工伤保险的宣传力度，要采取各种形式进行宣传，这不仅包括在日常工作中充分利用广播、电视、报刊、宣传橱窗等媒体，还可以通过真实的案例讲述，使工伤保险政策法规家喻户晓、深入人心，以便增强企业和广大职工对工伤保险制度重要性、必要性的认识，使企业的负责人认识到参加工伤保险的重要意义，树立参加工伤保险是明智之举，不参加工伤保险是违法之事的认知，通过这样，可以为工伤保险制度的深入开展创造良好的社会环境和舆论氛围，从而增强双方主体的参保主动性。

（二）加强工伤保险的实施力度

确保工伤职工的合法权益是全面推进工伤保险工作的关键。加强对工伤保险参保情况的监督管理，要授予主管部门更多更大的独立权限。对违反法定义务不参加工伤保险的企业（包括不完全参加工伤保险的企业），要加强惩罚力度，如罚款、责令停产停业、吊销营业执照等。需强调的是，责任要落实到个人。在特殊情况下，即便是吊销了企业的营业执照，使其丧失了法人资格等，还可以进一步追究直接责任人员的责任。此外还应该考虑设立专门的工伤保险核查机构，加强工伤保险核查机构的人员队伍建设，专门负责对工伤保险的参保情况等进行定期检查和不定期抽查，尤其对于有过"前科"的企业更应该进行重点监督。

同时，为了避免上文中所提到的地方政府片面注重引资、税收与GDP而忽视劳动者权益保护的情形发生，一个现实的办法是，将劳资关系是否和谐作为衡量地方政府政绩的一项重要指标。地方政府要使劳资关系达到和谐，就要解决劳动者的劳动保护、社会保险问题，要适当节制资本，保护劳工。并且这个指标还必须是一个硬性指标，才能发挥一定的作用。

（三）制定科学合理的工伤保险费率

进一步完善差别费率机制，行业风险等级划分要详细，行业差别费率要增多，进一步细化"行业风险分类表"，将现行的《国民经济行业分类》中列举的行业都要囊括其中，而且要增加差别费率档次，基本做到行业风险与缴费费率对用人单位的制约和激励作用，最终达到因发生事故而提高的缴费额大于安全生产的投入，使用人单位主动做好工伤预防。因此，可以做以下具体的设置：在低行业费率中，增加一个下浮档（0.4%）和一个上浮档（0.6%）；在高行业费率中，增加两个上浮档（2.5%和3%）。

表 8-2　工伤保险费率的调整建议

	现有的三个档次费率	建议
低档费率	约 0.5%	下浮档：0.4% 上浮档：0.6%
中档费率	约 1%	约 1%
高档费率	约 2%	增加 2 个上浮档：2.5%、3%

如表 8-2 所示，经过调整后的工伤保险费率最低为 0.4%，最高为 3% 左右，加大了费率浮动的幅度，强化了费率在促进用人单位做好工伤预防方面的积极作用。企业的浮动费率要与其安全状况真正挂钩，要以上一年企业的安全状况为依据定期调整，优则下浮，差则上调。同时，引入奖励机制，从工伤保险基金余额中计提部分资金，用于对工伤保险工作做出突出成绩的先进集体和个人的奖励，调动和激励各级工伤

保险和安全预防人员的积极性。

（四）简化工伤保险认定程序

理顺劳动行政部门、劳动仲裁部门以及法院在工伤认定中的职能。工伤认定是工伤保险法律制度中的专属性制度，只有在工伤保险法律制度中才存在工伤问题，认定工伤之后，对受害人的劳动能力进行鉴定，是符合理性的。过于烦琐的工伤认定程序无疑是给农民工及其他劳动者带来二次伤害。因此，在逐步淡化劳动关系与劳务关系的基础上，强化用人单位在工伤保险中的责任，应当简化工伤认定程序，规定劳动关系确认劳动仲裁一裁终局制度。确立工伤认定或裁或审制度，加强工伤认定专家的人数，提高工伤认定的效率，使工伤职工及时得到保护，减少工伤职工维权的成本，使工伤保险制度真正地保障劳动者的利益且兼顾用人单位利益。只有如此才能真正地扩大工伤保险的覆盖面，分散工伤风险，维护社会的公平正义和社会和谐。有关工伤保险认定的管理，下文将详细阐述。

第三节　工伤保险经办机构管理

一、工伤保险经办机构存在的主要问题

在工伤保险管理过程之中，一系列机构参与其中，具体而言，这些机构大体上可以被划分为三类机构：社保行政部门负责工伤保险政策制定与修改；经办机构直接管理工伤保险事务；劳动部门做好安全生产工作。关于经办机构的性质，国内学术界已经有不少研究成果，例如，刘玉璞（2013）认为，社会保险经办的本质是执行国家意志，通过依法落实国家的社会政策，最终维护社会稳定，由此，将我国的社会保险经办明确定位公共服务，即为整个社会提供社会保险服务。[①] 杨燕绥、吴

---

① 刘玉璞：《统筹构建多元社保服务平台》，《天津社会保险》2013 年第 2 期。

渊渊（2008）认为，社会保险具有缴费互济和国家补贴特征，因此社会保险就具有准公共品的特性，而社会保险的决策权和基金管理权是属于参保人的，但是其治理机制要基于参保人授权而建立，所以社保经办机构就应该属于"公益受托人"——国家公共服务代理人。社保经办机构的公益受托人性质不同于法人受托机构，是具有公共服务理念和承担公共服务责任的政府组织的公法定义。[①] 从国际经验来看，社会保障经办机构均多为政府的执行机构，并独立于政府决策部门。[②]

近些年来，我国工伤保险经办机构的职责已经悄然发生变化，突出表现是，工伤保险经办机构作为直接管理主体，直接面对的是发生工伤的劳动者个体与企业，其职责更为具体清晰，更具有专业性，不再参与劳动安全卫生监督检查等政府部门活动。然而，一些问题也逐渐出现，例如，侧重点较突出的表现在过度强调或只强调工伤认定、工伤保险基金管理的职责等方面，而对工伤预防、工伤基础制度创新、机构内部治理、管理脱节等方面的关注明显不够。具体而言，经办机构存在的主要问题有：

（一）管理目标不够明确，责任落实有时不到位

当前，目标管理责任制在企业安全生产、公共服务管理领域都有着良好的运用，而工伤保险保护的目标尚未达成共识。工伤保险目标的准确确定有利于实现工伤保险制度的目标。《工伤保险条例》中规定，工伤保险的目标是为了保障因工作遭受事故伤害或者患职业病的职工获得医疗救治和经济补偿，促进工伤预防和职业康复，分散用人单位的工伤风险。[③] 但在实践操作过程当中，一方面要保护工伤职工的权利，另一方面还要保护中小雇主的经济利益。当工伤事故发生时，工伤保险管理主体如何公平的保障员工与用人单位两方的合法权益，存在着各种不同做法。

---

① 杨燕绥、吴渊渊：《社保经办机构：服务性政府的臂膀》，《中国社会保障》2008年第3期。

② 杨燕绥、罗桂连：《政府主导下的医疗卫生服务治理结构和运行机制》，《中国卫生政策研究》2009年第2期。

③ 周慧文、刘辉：《我国工伤保险基金管理的现状与发展研究》，《社会保障研究》2007年第2期。

另外，部分地区实施的是统一的工伤保险费率，部分地区实施的是统一费率与浮动费率相结合。存在部分地市工伤保险管理主体在征缴工伤保险费时，盲目参考其他地区的费率制定，与本区域经济发展状况不符，既不利于保险费的征收，也不利于工伤保险制度的推进。在工伤保险制度缺乏法律体系规范的情况下，对制度的最终标的缺乏统一认识，导致了良莠不齐的局面。

（二）有些方面管理混乱，效率比较低

工伤保险管理部门科学、高效的运作是对受保人的义务，也是整个工伤保险工作良好运行的客观要求。在现行工伤保险管理体制下，从工伤保险各环节功能实现的角度看，管理权限的过度分散，是导致社保经办机构处理工伤保险效率低下的原因。我国的工伤保险制度还处在起步阶段，工伤保险管理部门还未形成良好的运行机制，出现了有些方面职能交叉、不协调、管理混乱等问题。

例如我国将劳动关系认定与工伤认定交织在一起，遇到存有争议的劳动关系通常先由劳动争议仲裁委员会对劳动关系加以确认后，社会保险行政部门才会受理工伤认定申请，从而使得整个工伤认定的程序大大延长。解决我国工伤认定程序复杂、时间漫长的问题，必须考虑解决相关部门的职能冲突。

（三）一些工作人员责任意识不够强，能力不足

工伤保险制度的多次改革都对工伤保险管理主体提出了更高的要求。现在，社保行政部门尤其是地方社保经办机构人员短缺严重，详细了解工伤保险制度的工作人员更是少之又少。

在工伤保险基金征收方面，工作人员对有些企业上缴工伤保险费时瞒报、少报职工人数，部分私营、合资、乡镇小企业，平时不积极参保，一旦发生工伤事故便主动要求参保，以及"骗保"的情况没有追究处理意识。直接导致工伤保险基金的收入减少而支出增加，工伤保险基金开支渠道混乱。

另外，职工发生工伤或职业病工伤医疗费用实行全额报销，在医疗过程中易出现"小伤大养"的现象，造成医疗费用的浪费。在控制工伤保险医疗费用增长问题上，工伤保险经办机构控制力差，管理难度

高。近年来医院药品和诊疗费用的上涨也导致了工伤医疗费用的较快增长。目前，虽然各地工伤保险基金的结余较大，但由于对老工伤人员的后续费用支出潜在的增加，也因此带来了基金支付的压力。

二、改进工伤保险经办机构工作的政策建议

（一）强调工伤预防方面的职责，保障劳动生产安全

纵观工伤预防的发展过程，各国工伤保险制度差异较大，并没有一套普适的工伤预防机制。依据我国经济发展现状，在工伤预防方面，应采取积极措施，使工伤保险的经办机构直接参与工伤预防工作；恰当地利用工伤保险基金投入开展事故预防工作；提供劳动者健康检查，尽早发现职业病；根据工伤事故的调查统计，建立工伤预防计划。根据实际需要，我国工伤保险经办机构在参与工伤预防时应当担负以下职责：（1）制定、公布、印制工伤预防的措施与规定，费用由事故预防经费承担。（2）与区域劳动行政部门和劳动安全检查部门合作，定期对区域工伤事故发生情况进行分析、总结，对区域高风险行业及时提供劳动保护监察和咨询服务。（3）对于易患职业病的用人单位提供劳动医疗服务。劳动医疗只是健康检查，而不是工伤事故后的工伤待遇支付。劳动医疗服务的目的在于发现职业病，在工伤事故预防中，它主要针对职业病的防治。（4）开展安全教育培训。社会保险经办机构应设立工伤培训中心，通过各种媒介工具，采取各种方式对用人单位定期进行预防工伤知识培训，此外还要进行基础和劳动安全教育培训，培训所需费用在工伤事故预防经费中列支。

（二）迅速、有效处理工伤事故，公正地提供赔偿

工伤认定时，各地方工伤保险经办机构应加强沟通与交流。例如我国中西部地区为矿产业较为集中的地区，而沿海东部地区则以轻工业为主，两个地区在工伤的类型及相关工伤保险方面有着明显的不同，各地的工伤保险经办机构对事故处理有着各自的经验，应通过交流学习，相互借鉴经验。

工伤赔偿时，需做到规范化运作保险基金的支付，对符合资格的保障对象高效率的提供待遇支付，对不符合资格的保障对象需及时提供帮

助，最大限度地保障社会劳动成员遇到意外事故之后基本的生活需要。在工伤赔偿环节，经办机构还需做好以下职责：社保经办机构应加强对工伤定点医院的管理。在工伤保险基金支出中，工伤医疗费用的支出占的比例较大。因为工伤医疗费用实行全额报销，在职工工伤治疗过程中容易出现"小伤大养"现象，造成医疗费用的浪费，甚至导致工伤保险基金的支付危机，因此工伤定点医院的选择要合理。在工伤保险管理中，虽然用人单位工伤事故发生的概率相对较低，但工伤医疗要求医疗机构反应要快、水平要高，医疗机构的服务效率与质量应当充分考虑其中。由于工伤医疗的特殊性，在选择工伤定点医院的时候还需要选那些专科有特色的、较权威的医疗机构中的重点特色科室，如烧伤科、骨科等。

（三）**转变思路，提供职业康复服务**

长期以来，我国在工伤保险康复方面的认识还多局限在"治疗"上，即医疗康复。而严格意义上应当通过医疗康复、职业康复、社会康复三个步骤对工伤受伤员工开展工伤康复。医疗康复即工伤医疗的全过程应区别于一般性的医疗过程，应采用良好的医疗条件，以寻求最好的医疗康复结果；在医疗康复进行之中即开始提供职业康复，保证康复后的职业能力，作为工伤康复的重要组成部分，职业康复在伤残职工就业和回归社会生活方面发挥着巨大的作用，工伤职工通过职业评定、职业咨询、职业训练和职业指导等一系列职业康复流程，需要大量的培训费用和康复费用，然而，在医疗康复的基础上开展职业康复，最大限度地恢复工伤职工的劳动能力，其社会经济价值是显著的；社会康复包括心理辅导、行业融合等工作，即采取各种有利于工伤人员重新恢复其社会生活的措施。

（四）**细化工伤保险的事务管理**

在常规工伤保险事务中，我国各地方工伤保险经办机构应当履行好以下职责：按期按费率如数征缴工伤保险费，并督促监督未参与工伤保险的企事业单位为雇员购买工伤保险，对不按期缴纳工伤保险费的企业进行追踪处理，对其开展政策宣传教育工作，提高企业雇主对工伤保险保护制度的认识，提高其劳动安全生产能力。另外，还应当定期与劳动安全部门做好劳动安全生产的监督管理工作，了解最新情况。

建立工伤保险信息系统，实现区域内的信息数据共享。随着信息时代的到来，社会保险信息管理系统已经建立。在工伤保险信息系统里，不仅将参保单位缴费情况、职工人数、缴费费率、事故发生概率、工伤事故伤害程度、工伤事故发生趋势都应当列入其内，还应当对工伤预防、工伤处理、工伤康复的情况进行数据统计。一方面，这将有利于提高工伤保险管理的效率；另一方面，也为改革工伤保险制度提供数据支持，提供了客观的量化依据，可以据此及时对政策进行调整或修正，有利于工伤保险制度的不断完善。建立透明公开的信息机制，例如将我国工伤保险基金的收支情况公开列入社保经办机构的绩效考评体系中。在社保信息门户网站，应定时公开最新修改的职业病认定程序、地方行业费率调整的情况等信息。信息透明化不仅可以推进工伤保险事务的监管，更是可以在一定程度上起到扩大群众认知的作用。

制定经办机构人员研修提升计划，经办机构人员的能力高低对工伤保险管理效率起着决定作用，一项好的管理措施应当促进其人员素质能力的不断提升。具备较高业务素质的经办机构人员能够将管理实践中遇到的问题及时反馈给上级主管部门，并在完善工伤保险管理体系过程中提供有益帮助。

第三节　工伤保险目标管理

一、加强工伤保险目标管理的必要性和可行性

按照《工伤保险条例》，工伤保险制度的目标是：保障因工作遭受事故伤害或者患职业病的职工获得医疗救治和经济补偿，促进工伤预防和职业康复，分散用人单位的工伤风险。该目标的实现又涉及很多具体方面。在实务操作与管理过程中，稍有不慎，就有可能偏离目标或无法

很好地实现目标，因此，目标管理对工伤保险管理十分重要。对我国工伤保险进行目标管理的必要性还体现在，通过目标管理，我国工伤保险管理水平可以得到相当大程度上的提升，量化的指标都可以通过切实的措施来改进。工伤保险制度的最终目的是降低工伤事故发生率，保障雇佣者的劳动安全以及分散用人单位风险。

国内学术界一般强调工伤保险制度的绩效，例如，孙树菡、朱丽敏（2009）认为工伤保险制度绩效应从公平和效率两个方面来衡量。① 但是，在工伤保险目标管理上，还需要回到管理大师彼得·德鲁克（Peter F. Drucker）那里。他在 1954 年的名著《管理实践》中首次提出了"目标管理"的概念，其后又提出"目标管理和自我控制"的主张。德鲁克认为：先有目标才能确定工作，所以"企业的使命和任务，必须转化为目标"。如果一个领域没有目标，这个领域的工作必然被忽视。因此管理者应该通过目标对下级进行管理，当组织中最高层的管理者确定了组织目标后，必须对其进行有效分解，转变成各个部门以及各个人的分目标，管理者根据分目标的完成情况对下级进行考核、评价和奖惩。

对我国工伤保险进行目标管理的可行性集中体现在构建一个工伤保险管理指标体系的可行性上。工伤保险与其他社会保险有所不同，其强调的是工伤赔偿及时性与可见的工伤康复效果，推行目标管理责任制，通过量化的方式，可对工伤保险经办机构负责的区域内工伤事故发生数、伤亡人数、工伤认定件数、工伤认定时间长短、单位参与工伤保险的个数、受保人数、工伤赔偿待遇等进行量化统计，构建目标管理的评价体系，促进工伤保险科学、高效管理。

二、加强工伤保险目标管理的政策建议

（一）加强工伤保险基金管理

任何一项社会保险制度的顺利实施，都应有一个稳定的基金储备作

---

① 孙树菡、朱丽敏：《中国工伤保险制度 30 年：制度变迁与绩效分析》，《甘肃社会科学》2009 年第 3 期。

为保障。我国工伤保险基金收入由下列项目组成：（1）企业缴纳的工伤保险费；（2）工伤保险费滞纳金；（3）工伤保险基金的利息；（4）法律、法律规定的其他资金；（5）各种捐赠。支出由下列项目组成：（1）统筹项目支付的工伤保险待遇；（2）事故预防费；（3）职业康复费用；（4）安全奖励金；（5）宣传和科研费用；（6）工伤保险经办机构管理费；（7）劳动鉴定委员会办公经费。

在实际工作中，与工伤保险基金管理相关的主要问题有：没有科学的费率机制；工伤保险统筹待遇项目不齐全；部分地区存在过多的工伤保险基金结余；无积极的工伤预防机制；对工伤保险基金的收缴与支出没有进行测算，存在着途径单一、收益率低等问题。在制度建立之初就考虑如何科学地建立工伤保险基金管理制度，无疑具有重要的现实意义和深远的历史意义。

在工伤保险基金管理方面，可引用投资管理办法，对工伤保险基金的投资情况进行管理监督，让工伤保险基金运作拥有一定的开放性与张力；对工伤保险基金根据以支定收、收支平衡的原则来确定征缴比例，加强工伤保险费的征缴力度，防止企业瞒报、少报现象的发生以开源增收；在工伤保险基金支出方面，认真审核基金的支付工作，避免基金的流失；由于工伤事故具有不确定性和不可预见性的特点，要根据《工伤保险条例》的规定建立储备金，以应付发生重大工伤事故而基金无力支付的局面。

（二）在工伤保险经办机构运营方面，实行监督管理

工伤保险经办机构在工伤事故发生时，担负着工伤认定、工伤赔偿、工伤康复的职责，在处理日常事务中，也面临着诸多问题，对工伤保险经办机构进行有效科学的管理很有必要。在经办机构运营过程中，目标管理责任制可以体现在以下几个方面：一是工伤保险机构定期公布报表，报表中应体现工伤事故发生的趋势、处理工伤件数、获得工伤保险保护的人数、工伤处理结束时效的长短等，通过报表数据评定该经办机构的管理目标是否实现；二是以行政执法的手段对经办机构的工伤保险征缴情况进行监督检查，核实与缴纳工伤保险费有关的用人情况、工资表、财务报表等资料；三是依据制定风险分类表的规则，以当地的工伤事故数据为基础，对本地区行业工伤风险进行科学的分类，为制定合理的工伤费率提供良好的条件；四是建立举报制度，社会保障行政部门或者税务机关根据举报线索对工伤保险经办机构进行监督，对出现违规操作，不正当的情况进行追究，并对举报人情况进行保密。

（三）在经办机构能力建设方面，建立相应的评价指标体系

通过文献研究看到，国外大多采用公共部门的绩效考评体系和服务质量评价模型（顾客满意度评分）对社保经办机构能力强弱进行评定。对我国社保经（代）办机构能力的评估主要是从以下三个方面进行：一是从定性的角度对社保经办机构的管理能力、组织建设等方面作对比分析，缺少定量的分析研究。二是依据绩效评价的方法，侧重点较强，着重对社保基金使用的合规性评价，对工伤保险经办机构能力的评价更是片面，评价体系应当从不同层面对经办代办机构进行全面的评价。三是通过群众的满意度评分去评价机构的服务质量，这既不全面也不科学。

应根据工伤保险管理目标制定相应的绩效考评体系，此考评体系针对的是工伤保险管理主体的责任界定。在工伤保险管理评价体系构建时，应当结合工伤保险管理的业务工作，充分考虑到收支是否平衡的衡量，以及覆盖率提升问题、支付效率等方面。在提高工伤保险覆盖率方面，应建立以下指标：实际收费与计划目标的比例指标，工伤保险参保情况与历史同期比较，人均参保费等。在工伤基金支出方面，需建立以下指标：工伤保险管理期内工伤赔付待遇水平与管理目标的比较指标，地区行业在工伤保险时期与历史同期比较增减指标等。建立起这些指标后，我们就可定期地据此同管理目标进行比较，通过系统的量化分析，不断发现业务经办成果与管理目标间的差距，适时地采取措施迫使实际运营状况和管理目标日趋接近。

目标管理责任制有利于将工伤保险管理的目标落实到位，高效，科学的管理机制才能有助于工伤保险的良好运行。

第四节 工伤认定管理

工伤认定是否及时公平，直接关系到工伤保险待遇的给付和制度目标的实现。2010年修改的《工伤保险条例》明确规定了工伤认定申报时效、受理部门、认定程序以及工伤认定争议处理程序等，使得工伤保险制度进一步的完善。从制度实施以来，我国工伤保险的参保人数不断增加，截至2013年底，全国参加工伤保险职工已达约1.9亿人，已经高覆盖到建筑、煤矿等高危行业，也成为农民工参加人数最多的险种。但是在实践中，由于劳动用工当中的不规范因素以及部分用人单位安全生产意识淡薄等多种原因，工伤事故时有发生且不断有上升的趋势，近几年，关于劳动保障的行政案件也是逐年增加的趋势，其中，数量最多、问题最为突出的是工伤保险案件，涉及工伤认定、工伤保险的发放等诸多问题。尽管工伤保险法律制度已经基本成形，但现行工伤认定的社会效果并不尽如人意，因工伤认定和赔偿而引发的社会矛盾已成为重要的不安定社会因素之一。为什么关于工伤认定的纠纷增多？除了用人单位和受伤职工双方的利益协调未达成一致的因素外，本节尝试着从工伤认定的阶段程序角度来讨论我国工伤认定中存在的问题。

一、我国工伤认定各阶段中存在的问题分析

工伤认定是社会保障行政部门根据用人单位或工伤职工或其亲属的工伤申请，依法审核伤亡人员是否为工伤，并作出是否认定工伤决定的具体行政行为。我国《工伤保险条例》和《工伤认定办法》对工伤认定程序做了比较详尽的规定，明确工伤认定程序包括用人单位或受伤职工本人或其近亲属、工会组织提出申请、当地的社会保障行政部门审核受理、调查核实、作出工伤认定决定和送达工伤认定决定等五个阶段。《工伤认定办法》还明文规定工伤认定应当客观公正、简捷方便，认定

程序应当向社会公开。但是在实践中，工伤认定的各个阶段都可能出现问题，导致有关工伤认定的争议增加。主要体现在：

（一）申请阶段：申请主体不明确和申请期限不公平

近亲属、工会组织作为申请主体的身份界定不明确。申请工伤认定是职工的一项基本权利，同时我国的工伤事故实行雇主责任原则，因此，将提起工伤认定的申请权优先赋予用人单位是符合法理要求的。将工伤职工近亲属、工会组织列为工伤认定的申请主体，考虑到了克服工伤职工因故未能行使申请权而可能出现的权益受损，但是，未明确界定工伤职工直系亲属或工会组织提出工伤认定申请时的名义是委托代理还是直接负责，这将直接影响到他们在工伤认定中地位的确定和权责的明确，进而可能会对工伤认定结果产生影响。

非用人单位的申请期限规定不合理。《工伤保险条例》规定，用人单位、职工或者其近亲属以及工会组织申请工伤认定期限的起算期间都是自事故伤害发生之日或者被诊断、鉴定为职业病之日起，用人单位在30天之内申请工伤认定，非用人单位在12月之内申请工伤认定。把申请工伤认定的优先权赋予用人单位，且职工或者其近亲属以及工会组织申请工伤认定要以单位未提出申请为前提。很显然，依照该规定，职工或者其近亲属以及工会组织提出申请的期限只有11个月，远远少于《民法通则》的时效规定，这对受伤职工是一种隐形的权利侵害。同时，对用人单位的工伤认定申请期限作了可以申请延长的规定，但未对职工在行使申请权时可能遇到的行使障碍情形予以考虑。这样的规定对于那些因特殊情况或者不可抗力而不能够及时申请的受害者而言明显不公平、不合理。

（二）资料的审核：工伤认定部门的主观性强

受伤职工在申请工伤认定时，需提交的资料有工伤认定申请表、与用人单位存在劳动关系的证明材料、医疗诊断证明或职业病诊断证明。社会保障行政部门对工伤申请资料进行核实，再作出是否属于工伤的判断和结论。在工伤认定的实践中，用人单位一般对受伤事实、是否是工作时间和工作地点很少提出质疑，大多对是否因从事本单位工作而造成伤害提出质疑。而证据的形式又多为证人证言，因为证人证言的局限性和随意性，双方可以找到证明内容冲突的证人证言。在这种情况下，《工伤保险条例》规定，社会保障行政部门无须参照司法程序组织双方当事人质证，只需自行开展调查，用人单位和受伤职工应予以配合调查取证。那么，在资料审核阶段，可能存在的问题有：一是社会保障行政部门是按照行政程序在处理案件，而不是按照准司法程序的方式在处理案件，导致对事实认定的主观性增强，不能完全发挥证据的效力。二是目前工伤认定专业人员按照行政编制配置的体制，导致社会保障行政部门不可能花费大量人力财力进行调查，而具体行政行为所认定的事实来源于行政主体自行搜集的证据，受各种因素影响，其准确性必然是相对的，易引起用人单位和受伤职工的争议。

（三）工伤认定：认定机构职责不清和独立性不足

《工伤保险条例》第十七条确定人力资源和社会保障行政部门为工伤认定机构，而依据《工伤保险条例》第五条第二款规定，县级以上地方各级人民政府人力资源和社会保障行政部门负责本行政区域内的工伤保险工作，其主要职能之一就是制定工伤认定方面的政策措施。这样的规定，实际上社会保障行政部门成了规则的制定者与执行者，使得工伤认定机构的职责不清，外加没有外部的监督机制，使工伤认定机构饱受诟病，难以保证工伤认定的公平和效率。另外，从该条规定来看，法律只明确了参加工伤保险职工的工伤认定机构，现实中存在大量的未参加工伤保险职工的工伤认定申请处于无人受理的状态，这部分人员的合法权益保障成了法律的空白点。同时，工伤认定部门和工伤保险经办机构也是隶属于社会保障行政部门，如果工伤认定部门与工伤保险经办机构的利益相关，必定影响工伤认定部门的独立性。

从工伤认定实践来看，一般是将工伤的最终认定权赋予社会保障行政部门，而法院在对工伤认定进行审查时可以判决维持、可以判决撤销并责令重新作出认定，但不能行使司法变更权，且不能代替社会保障行政部门做出是否构成工伤的认定。这一规定，给工伤认定行政诉讼实践带来很大障碍。最突出的表现是社会保障行政部门的工伤认定决定被法院的生效判决撤销以后，社会保障行政部门往往还会做出同样的工伤认定决定，以至于形成诉讼循环。

（四）工伤认定结论的争议处理机制：争议处理意见不一

在工伤认定机构出具工伤认定结论后，如果对认定结果不服，可以提出行政复议或者行政诉讼。2004 年施行的《工伤保险条例》规定了行政复议的前置程序，在实践中发现程序复杂，工伤职工落实待遇时间过长，严重影响了劳动者合法权益的维权。2010 年修改后的条例取消了行政复议的前置程序，不服认定结论的可以选择行政复议或者直接提起行政诉讼。但这样的修改并没有解决争议处理程序复杂、时间冗长的问题，特别是当劳动关系不明确的时候，其弊端表现得越发明显。申请工伤认定时，所需提交的材料众多，其中"劳动关系证明"是必不可少的材料。仅就确定劳动关系而言，在工伤认定进行审核之前就可能要经历劳仲裁、一审、二审，至少需要八个月时间。只有确认双方具有劳动关系，工伤认定才能继续。对于工伤认定结论作出判定后表示不服的，又会经历复杂的行政复议或者行政诉讼程序。各地的工伤认定机关、行政复议机构、审判机关的认识不尽一致，由于工伤情形的法律预见性差，当事人常寄希望于监督机关来改变原来的认定。当某个工伤认定决定被监督机关撤销，认定机构重新认定后，往往另一方当事人不服又提出复议。特别是，如果第一次的监督机构的意见和第二次的监督机构的意见相反，将导致认定机构和当事人无所适从，无端增加争议。

二、完善工伤认定的政策建议

（一）建立用人单位及时申报制度和明确工伤认定中的代理职责

《工伤保险条例》把发生工伤事故的优先申报权赋予用人单位，本意是为了加强用人单位对工伤申报的责任和义务，及时申报工伤以保护工伤职工的合法权益。但此规定却无形中剥夺了劳动者在这 30 日内申报工伤的权利。因此，该规定应当修改为用人单位和工伤职工应当自事故伤害发生之日或者被诊断、鉴定为职业病之日起一年内，向工伤认定机构提出工伤认定申请。如果用人单位未及时申请工伤认定，造成的损失由用人单位全部承担，同时还要加强对用人单位的惩罚力度，督促用人单位及时申报工伤认定。

明确工伤认定中的代理制度。在申请工伤认定时，应增加"近亲属、工会组织可以协助并接受职工委托提出工伤认定申请"条款，以此明确职工近亲属和工会组织是以职工代理人身份申请工伤认定：当工伤职工本人因丧失申请工伤认定的民事行为能力或者死亡而不能提出申请时，其近亲属可以法定代理人身份代为提出。没有近亲属的或近亲属没有提出申请的，工会组织可以法定代理人身份代为提出；当工伤职工本人具有民事行为能力时，可由职工本人自行提出工伤认定申请，也可委托其近亲属或工会组织以委托代理人身份提出申请。

（二）资料审核强调用人单位的举证责任和认定部门的客观性

在工伤认定中，认定机构有权对工伤事故进行调查，行使调查核实权。如果劳动者不能提供证据证明工伤成立，而用人单位也无法提出证据反驳工伤不成立时，必须根据《工伤认定办法》，进入有关单位和事故现场，查阅与工伤认定有关的资料，询问有关人员并做调查笔录，记录、录音、录像和复制与工伤认定有关的资料，加强对事故的调查核实。同时根据调查核实的情况，强化用人单位的举证责任。然后根据法律规定，严格把关，做出最后的认定结论。绝不能简单的在相对事实不能完全查清的情况下就作出有利于任何一方的认定主张。同时，加强对工伤认定机构的稽查人员队伍的建设，强化对稽查人员能力的培养，使工伤认定部门的人员投入精力去调查取证，而且具备有能力去进行取证，尤其是针对重大工伤事故，这样才可以确定工伤认定结论的客观性。

（三）工伤保险部门的认定职责重置

工伤认定应该由独立的行政机关来负责，从而保证工伤认定单纯作为一种程序，使用人单位和职工都对自己的行为能有合理的预期。现阶段，可考虑由社会保险经办机构来负责工伤认定工作。我国的社会保险经办机构虽行政色彩仍较为浓重，终究在理论上属于独立的社会组织，但需要在以后的发展中逐渐摆脱行政权的干涉，方能承担起全社会工伤认定的重任。对于工伤认定结论不服的，可以向认定机构申请再次认定，再次认定应该另行组织相关人员进行（类似人民法院"另行组成合议庭"审理），再次认定结果为最终结果；对于劳动能力鉴定结论不服的，可以申请重新选取专家再次鉴定，再次鉴定的结论为最终结论。

（四）简化和统一工伤认定和争议处理程序

烦琐的工伤认定程序无疑给已经受到身心伤害的职工带来二次伤害。这就需要理顺相关部门在工伤认定过程中的关系，尽量简化工伤认定程序，减少重复性工作。首先，明确社会保障行政部门在劳动关系认定中的责任。只要受伤职工提供了初步的证据，人力资源和社会保障等部门就可以介入调查、收集相关证据，以及时有效地维护受伤职工的合法权益。其次，实现诉讼以仲裁为前提条件。由于仲裁与诉讼相脱节，严重地影响了诉讼的效率。这就需要实现诉讼与仲裁的有机结合，诉讼以仲裁为前提条件。简化工伤认定程序，规定劳动关系确认劳动仲裁一裁终局制度。确立工伤认定或裁或审制度，统一工伤认定部门和监督部门的意见，提高用人单位和受伤职工的法律预见性，同时加强工伤认定专家的人数，提高工伤认定的及时性。这样，明确法律关系，减少工伤认定争议，保证工伤认定的效率才能体现工伤保险制度的公平性。

第九章　城乡居民基本养老保险管理

作为基本养老保险制度的组成部分，城乡居民基本养老保险（以下简称"城乡居保"）制度建立的时间较晚，而且制度经历了由分到合的历史演变。本章在首先对城乡居保制度进行简要介绍的基础上，重点分析了城乡居保在经办管理和基金管理上存在的突出问题，并给出相应对策建议。最后，本章对日本和波兰的相关社会保险经办管理体制进行介绍，并指出其对中国的借鉴意义。

第一节　城乡居民基本养老保险
制度的建立与整合

2014 年 2 月 21 日，国务院下发了《国务院关于建立统一的城乡居民基本养老保险制度的意见》（国发〔2014〕8 号，以下简称《意见》），由此中国在城乡范围内开始实行统一的居民社会养老保险制度。值得说明的是，这里所指的"居民"是狭义的概念，并非我们普通意义上所理解的在一国国土上长期居住的人，而是专指年满 16 周岁（不含在校学生）、未参加城镇职工基本养老保险的城乡居民。

一、新型农村社会养老保险和城镇居民社会养老保险制度的建立

2007 年，党的十七大报告提出，要探索建立农村养老保险制度。2008 年，党的十七届三中全会决定，按照个人缴费、集体补助、政府

补贴相结合的要求，建立新型农村社会养老保险制度（以下简称"新农保"）。2009 年 9 月，国务院印发《国务院关于开展新型农村社会养老保险试点的指导意见》（国发〔2009〕32 号），由此在全国推开新农保试点工作，首批试点全国 10% 的县（市、区、旗），2020 年之前基本实现对农村适龄居民的全覆盖。

2011 年 6 月，按照加快建立覆盖城乡居民的社会保障体系的要求，国务院下发《国务院关于开展城镇居民社会养老保险试点的指导意见》（国发〔2011〕18 号），由此城镇居民社会养老保险（以下简称"城居保"）试点也开始启动。2011 年 7 月，城居保试点正式启动，实施范围与新农保试点基本一致。由于新农保和城居保两项制度极为类似，又是先后设立，而且城居保制度的参保人数很少，有些省份在 2011 年城居保起步之初就直接将两种保险制度合二为一。

新农保和城居保试点推开后，全国各地城乡居民参保积极。不到三年时间，至 2012 年 7 月，全国所有县级行政区全部开展新农保和城居保工作，基本实现了制度全覆盖，比原计划提前了 8 年。[1] 2013 年年底，全国参加新农保和城居保的人数合计达到 4.98 亿人（其中城居保参保人数只有 2000 多万），基金累计收入 5537 亿元，累计支出 3397 亿元（详见表 9-1）。2014 年 1 月，中国已有 15 个省份建立了统一的城乡居民基本养老保险制度。[2] 截至 2018 年末，全国参加城乡居民基本养老保险制度的人数合计达到 52392 万人，基金累计收入 20777 亿元，累计支出 14514 亿元（详见表 9-1）。

表 9-1　2009—2018 年全国城乡居民基本养老保险主要数据

	参保总人数（万人）	缴费人数（万人）	待遇领取人数（万人）	基金收入（亿元）	基金支出（亿元）
2009 年	1538	1135	403	31	5

---

[1] 《全国城乡居民社会养老保险制度研讨会在重庆召开》，人力资源和社会保障部网站，见 http://www.mohrss.gov.cn/ncshbxs/NCSHBXSgongzuodongtai/201209/t20120905_ 83913.htm。

[2] 《中国将建立统一的城乡居民养老保险制度》，新华网，见 http://www.sd. xinhuanet.com/sdws/2014-02/08/c_ 119244518.htm。

	参保 总人数 （万人）	缴费人数 （万人）	待遇领取 人数 （万人）	基金收入 （亿元）	基金支出 （亿元）
2010 年	10277	7414	2863	453	200
2011 年	32643	23722	8525	1070	588
2012 年	48370	34987	13075	1829	1150
2013 年	49750	35628	13768	2154	1454
2014 年	50108	35795	14313	2310	1571
2015 年	50472	35672	14800	2855	2117
2016 年	50847	35577	15270	2933	2151
2017 年	51255	35657	15598	3304	2372
2018 年	52392	36494	15898	3838	2906
合计	—	—	—	20777	14514

资料来源：人力资源和社会保障部农村社会保险司统计数据。

二、新农保和城居保制度的统一

整合"碎片化"的养老保险制度，建立"大一统"的社保制度体系，已经成为社会各界的基本共识。按照党的十八届三中全会决议的精神，整合城乡居民基本养老保险制度、基本医疗保险制度是社会保障制度改革的一项重要内容。在我国"碎片化"的养老保险制度中，新农保和城居保在制度模式、筹资方式、待遇支付、管理体制等方面基本一致（见表9-2），制度整合的难度最小；而且，从实践看，一些省份在城居保试点之初就直接将两种制度合二为一，截至国务院下发《意见》之前，全国已经有15个省份建立了统一的制度；再从行政管理职能看，原本城居保的行政管理职能由人力资源和社会保障部下属的养老保险司负责，后来由于城居保与新农保制度极为相似，城居保的管理职能也移交给了人力资源和社会保障部农村社会保险司。由此可见，新农保和城居保的制度整合已经具体了一定的前提条件，整合的工作主要涉及职能划转和机构合并。

表 9-2　新农保和城居保整合前后对比

	整合前		整合后
	新农保	城居保	统一的城乡居民养老保险
基本原则	保基本、广覆盖、有弹性、可持续		全覆盖、保基本、有弹性、可持续
制度模式	社会统筹与个人账户相结合		
试点/实施时间	2009 年启动试点	2011 年开始试点	2014 年 2 月实施
管理办法	属地管理		
覆盖人群	农村居民	城镇非从业居民	城乡居民
筹资方式	个人缴 + 集体助+政府补，个人年缴费分五个档次（100—500元）	个人缴费+政府补贴，个人年缴费分十个档次（100—1000 元）	个人缴+集体助+政府补，个人年缴费分 12 个档次（100—2000 元）
待遇水平	基础养老金+个人账户养老金		
待遇领取资格	年满 60 周岁		年满 60 周岁，有条件的地区可探索建立丧葬补助金制度
基金管理层次	暂以试点县为单位管理，逐步提高管理层次；也可直接实行省级管理		在整合基础上，逐步推进基金省级管理
基金投资运营	个人账户储存额目前每年参考中国人民银行公布的金融机构人民币一年期存款利率计息		基金按国家统一规定投资运营

资料来源：作者整理。

从表 9-2 不难看出，制度整合前后，总体上变化不大。整合后的城乡居保主要做了如下调整：（1）统一了基金筹集水平，个人缴费档次统一规定为 100 元到 2000 元 12 个档次，且政府补贴标准进一步明确；（2）整合并调整了基金的管理和投资运营办法，将新农保基金和城居保基金合并为城乡居民养老保险基金，逐步推进基金的省级管理，基金投资运营改由按照国家统一规定进行；（3）规定有条件的地方人民政府可以结合本地实际探索建立丧葬补助金制度。

自 2014 年 2 月《国务院关于建立统一的城乡居民基本养老保险制度的意见》下发后，各省积极贯彻文件精神，出台或准备出台城乡居民基本养老保险实施办法（或称"实施意见""办法"等）。从新出台的实施办法看，各地政策调整主要体现在增加缴费档次、细化缴费补贴标准、制定"长缴多得"激励机制、提高基础养老金标准、建立丧葬补助金制度等方面。从基金管理层级看，上海已经在其《城乡居民基本养老保险办法》（沪府发〔2014〕30号）中规定，城乡居民养老保险基金实行市级管理。[1] 截至2018年末，全国31个省份都在按照实施办法有序管理城乡居民基本养老保险。

第二节　城乡居民基本养老保险的行政管理

根据《中国社会保障制度总览》一书的定义，社会保障管理体制，是指为实施社会保障事业，国家规定的从中央到地方社会保障的管理机构、管理原则和管理机制的总和。具体到社会保障管理，是指为了保证社会保障制度的正确实施，由国家政府部门配备训练有素的专业人员，建立专门机构，对社会保障事业进行决策、计划、指挥、监督、调节以及对保障基金的筹集、运营、管理和保险费的给付等活动过程。[2]

由上定义不难看出，社会保障管理是一个庞大而复杂的系统，其分析角度可以从行政管理、经办管理、基金管理、监督管理等多个角度切入。本书所谓行政管理，主要是指由各级政府行政管理机构所实施的有关社会保障制度的政策法规制定、组织实施、监督检查等管理活动。所谓经办管理，主要是指由各级经办机构所实施的有关社会保障资金的筹集、管理、待遇发放、转移接续、保障对象档案管理、待遇领取资格评

---

[1] 《河北、山西、辽宁、上海、海南、四川、贵州、云南8省市贯彻国务院8号文件精神实施办法要点》，人力资源和社会保障部网站，见 http://www.mohrss.gov.cn/ncshbxs/NC-SHBXSzhengcewenjian/201408/t20140828_139162.htm。

[2] 《中国社会保障制度总览》编辑委员会：《中国社会保障制度总览》，中国民主法制出版社1995年版，第26、32页。

估等一系列具体活动。所谓基金管理，本书专指对社会保险基金的核算与收支管理层级、投资运营等进行管理。所谓监督管理，是指围绕社会保障制度的运行，对多个行为主体确定的多种监督管理形式，包括通过行政、司法以及社会监督等形式对用人单位、经办机构、社会保障保障行政部门等予以约束管理。本章重点对城乡居保在管理体制上存在的突出问题进行分析，本节首先分析城乡居保的行政管理问题。

城乡居保行政管理是指，由国务院社会保障行政部门负责全国的城乡居保工作，县级及以上地方各级人民政府社会保障行政部门负责本行政区域内的城乡居保工作，但在某些具体政策方面，需由社会保障行政部门会同其他部门共同制定。在2008年国务院机构改革前，中国最高的社会保障行政部门为中华人民共和国劳动和社会保障部；机构改革后，该部与原人事部整合为人力资源和社会保障部（以下简称"人社部"）。目前，全国城乡居保的行政管理职能主要由人社部负责，由其拟定相关政策文件，起草有关法律法规草案，制定部门规章，并组织实施和监督检查。其中，人社部下属的农村社会保险司与城乡居保的行政管理直接相关，其具体工作包括拟定城乡居保的政策、规划和标准，会同有关方面拟定城乡居保基金的管理办法等。

与全国最高行政管理机构（人力资源和社会保障部）相对应，各省、自治区、直辖市人民政府下设人力资源和社会保障厅（局）（以下简称"人社厅（局）"），负责本地区的城乡居保行政管理工作。其主要职责包括：贯彻落实国家关于社会保障方面的法律、法规、规章和政策，起草本地区相关地方性法规草案、政府规章草案，拟定人力资源和社会保障事业发展规划，并组织实施和监督检查；拟定并组织实施本地区城乡居保政策和标准，会同有关部门拟定城乡居保基金管理和监督制度，参与拟定本地区城乡居保基金投资政策。各省份人社厅（局）下设居民养老保险处或农村社会保险处具体负责本地区的城乡居保工作。

省级以下人民政府都设立相应的人力社保部门负责本地区的城乡居保行政管理工作，主要负责城乡居保相关政策、标准和制度的贯彻落实，并对部门下属经办机构进行管理。以北京市朝阳区为例，朝阳区城乡居保的行政管理工作由区人力资源和社会保障局负责，具体工作包括负责城乡居保政策的组织实施，负责本区城乡居保基金征缴、支付和安全管理等工作；负责本区社会保险经办机构的管理工作。朝阳区的社会保险经办机构为朝阳区社会保险基金管理中心，为朝阳区人社局下属事业单位。

第三节　城乡居民基本养老保险的经办管理

一、经办管理现状

（一）机构设置

目前，中国多数地区的城乡居保经办机构采用的是属地化管理原则，经办机构由同级人力社保行政部门直属，受其直接领导；同时，上级经办机构对下级经办机构进行监督指导（见图9-1）。现有经办机构的设置层级为县级及以上行政区划，有的机构单独设立，有的则实行多险合一经办；在县级以下的乡镇/街道、村/社区则由其他机构或组织代办，经办人员大都由其他部门人兼任或为临时雇佣，例如村/社区的劳动保障协办员可由本村/社区的现任村干部兼任，按年或月给予适当补贴（如每人补贴1200元/年或100元/月）。

从城乡居保经办机构的设立情况看，主要呈现以下三个特点：一是，总体上，伴随着城乡居保覆盖面的扩大，经办机构总数呈上升趋势。2011年的机构数量为1222个，2012年增至1500个，2013年增至1510个，2013年至2018年经办机构皆呈现增长趋势。其中，2012年因为实现了制度全覆盖，所以机构数量增加明显。二是，从机构设置的层级看，主要设在县（区）一级行政区划。从2012年的数据看，2012年年底，全国有1364个县（区）设立了城乡居保经办机构，占全国经办机构总数的比重为91%。县级以上（不含县级）行政区划的城乡居保经办机构设置主要采取"多险合一"的形式，与其他险种一同经办。三是，机构出现整合趋势，城乡居保经办机构并入社保中心。例如，

2012 年，上海市撤销市农保中心，将其职能划入市社保中心；北京市朝阳、海淀、门头沟、顺义、平谷等五区，撤销区农保机构单位建制，职能划入区社保中心。①

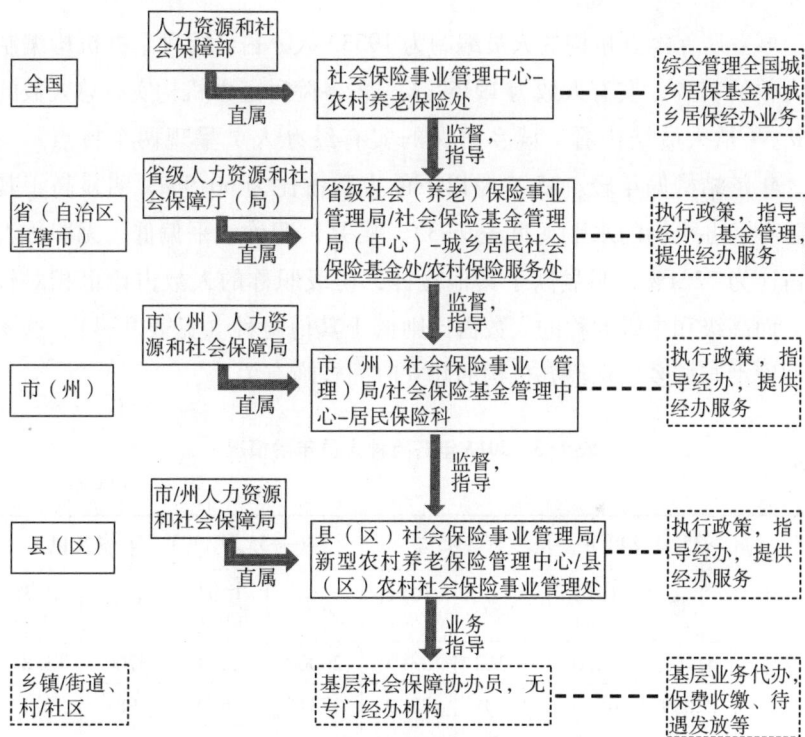

图 9-1　城乡居民基本养老保险经办管理组织架构图

注：此图为全国大部分地区的城乡居保经办管理情况，个别地区实行垂直管理未包含其中（如青岛市社会保险事业局对所属 5 个区的经办机构实行垂直管理）。

资料来源：主要根据人力资源和社会保障部社会保险事业管理中心网站，以及北京、甘肃、河南、广东、山东五省（市）各级社会保险经办机构网站资料和调研资料汇总整理。

（二）经费来源和人员编制

截至 2013 年底，全国设立的 1510 个城乡居保经办机构均为财政全额拨款事业单位，其中参照公务员法管理（简称"参公管理"）的

_____

①　以上数据源自人力资源和社会保障部社会保险事业管理中心提供的 2012 年、2013 年《全国社会保险经办机构设置、人员队伍和经费收支情况》。

机构数为 369 家，占已有机构数的 24%，低于其他险种参公管理机构的比重。从人均经费支出看，2013 年城乡居保经办机构的经费支出总额为 11.13 亿元，实有经办人员 19357 人[①]，人均经费支出为 5.7 万元/年[②]。

城乡居保经办机构的人员编制为 19333 人，占各险种经办机构编制总人数的 12%；实有人数为 19357 人，占各险种经办机构实有总人数的 11%。[③] 从人员结构看，城乡居保的实有经办人员呈现两个特点：一是，年龄结构偏年轻。35 岁及以下的人数占比为 60.9%，明显高于其他险种经办机构的水平（见表 9-3）。二是，职称水平偏低。无职称人数占比为 72.1%，明显高于其他险种，初级职称的人数占比也相对较高，而高级和中级职称的人数占比则低于其他险种（见表 9-4）。这一定程度上与城乡居保经办机构的建立时间较晚有关。

表 9-3　2013 年各险种人员年龄情况

（单位：人）

	35 岁及以下		36—45 岁		46—55 岁		56 岁及以上	
	人数	比例（%）	人数	比例（%）	人数	比例（%）	人数	比例（%）
养老	41300	42.0	33362	33.9	20000	20.3	3706	3.8
医保	22059	48.0	15604	33.9	7347	16.0	987	2.1
工伤	1546	51.2	1020	33.8	421	13.9	33	1.1
居保	11788	60.9	5484	28.3	1878	9.7	207	1.1
机保	3960	40.6	3540	36.3	1962	20.1	292	3.0
结算	432	46.3	324	34.7	157	16.8	21	2.2
合计	81085	45.7	59334	33.4	31765	17.9	5246	3.0

资料来源：人力资源和社会保障部社会保险事业管理中心提供的 2013 年《全国社会保险经办机构设置人员队伍和经费收支情况》。

---

① 以上数据源自人力资源和社会保障部社会保险事业管理中心提供的 2013 年《全国社会保险经办机构设置、人员队伍和经费收支情况》。

② 人力资源和社保保障部农村社会保险司统计数据。

③ 以上数据源自人力资源和社会保障部社会保险事业管理中心提供的 2013 年《全国社会保险经办机构设置、人员队伍和经费收支情况》。

表9-4　2013年各险种人员职称情况

（单位：人）

	高级		中级		初级		无职称	
	人数	比例（%）	人数	比例（%）	人数	比例（%）	人数	比例（%）
养老	3005	3.1	13952	14.2	13388	13.6	68023	69.2
医保	1556	3.4	7667	16.7	7102	15.4	29672	64.5
工伤	108	3.6	446	14.8	397	13.1	2069	68.5
居保	394	2.1	1939	10.0	3061	15.8	13963	72.1
机保	467	4.8	1902	19.5	1447	14.8	5938	60.9
结算	22	2.4	202	21.6	162	17.3	548	58.7
合计	5552	3.1	26108	14.7	25557	14.4	120213	67.8

资料来源：人力资源和社会保障部社会保险事业管理中心提供的2013年《全国社会保险经办机构设置、人员队伍和经费收支情况》。

二、突出问题

（一）属地化管理带来一系列问题

从我国城乡居保经办管理的现状来看，经办机构的设置所遵从的原则基本上为属地化原则（个别垂直管理的地区除外），机构性质为同级人力社保行政部门的下属事业单位，受其直接领导。这就直接导致如下一系列问题，如各地政策碎片化严重、基金统筹层次不高、机构名称多样、各地办事流程不同、转移接续困难等。

首先，因为实行属地管理，尤其是预算的属地化管理，直接导致各地政府拥有较大的政策制定空间，各地政策碎片化严重。仅以基础养老金待遇为例，各省级政府根据自己的财政承受能力，制定了不同的基础养老金水平。根据人社部2014年6月公布的数据，经济水平发达的京、津、冀三地，城乡居保的基础养老金都已达到了每月200元以上，上海最高每月540元；而经济水平一般的地区，有的还是中央政府规定的最低55元；有些经济较发达地区达到100元左右，差别很大。[1]

---

[1] 《南片16省份城乡居民养老保险工作座谈会在湖南省岳阳市召开》，《北片16省份城乡居民养老保险工作座谈会在黑龙江省哈尔滨市召开》，人力资源和社会保障部网站，见http：//www.mohrss.gov.cn/ncshbxs/NCSHBXSgongzuodongtai/201406/t20140627_132806.htm；http：//www.mohrss.gov.cn/ncshbxs/NCSHBXSgongzuodongtai/201406/t20140627_132808.htm。

其次，属地化管理，尤其是经办机构行政费用预算的属地化管理，也是直接导致基金统筹层次难以提高的重要原因之一。多年来，中国一直提倡提高基本养老保险基金的统筹层次，但是多年过去了，基金的统筹层次提高困难，多数地区仍以县（区）级统筹为主。目前真正实现城镇企业职工基本养老保险基金省级统筹的省份，只有北京、上海、天津和陕西四地。① 《社会保险法》明确规定：基本养老保险基金逐步实行全国统筹。省级统筹尚难实现，更何况全国统筹。目前，国务院下发的《国务院关于建立统一的城乡居民基本养老保险制度的意见》（国发〔2014〕8号）只是规定，各地要在整合城乡居民养老保险制度的基础上，逐步推进城乡居民养老保险基金省级管理。这里的省级管理不等于省级统筹，离省级统筹还有差距，距离全国统筹更是遥远。究其原因，不仅仅是受到属地化管理的制约，也与制度的基金收入结构紧密相关。

再次，属地化管理也使得机构名称多样，给参保者带来不便。从机构名称看，现有的城乡居保经办机构名称就有："新型农村养老保险管理中心""城乡居民社会保险基金处""农村保险服务处""农村养老保险处""居民保险科""农村社会保险事业管理处"等多种叫法。而且，有些地区经办场所单独设立，有单独的名称（如新型农村养老保险管理中心）；有些地区实行"多险合一"，城乡居保经办场所位于社会保险事业（管理）局（或社会保险基金管理局/中心）的服务大厅中。这些五花八门的名称，给参保者带来很多困惑和不解，增加了办理具体事务的难度。

最后，属地化管理导致各地所制定的业务经办流程不尽相同，经办标准不尽一致，数据信息更是无法完全匹配，从而给参保者在不同区域间的转移接续增加了困难。从建立时间较长的城镇职工基本养老保险的转移接续来看，要想完成养老保险关系的转移继续短则三五个月，长则需要几年。时间之长，令参保者难以接受，制度便携性大打折扣。很多

---

① 这里所指的省级统筹的标准是养老保险基金的收入、支出和核算都由省级政府负责，参见郑秉文主编：《中国养老金发展报告2013》，经济管理出版社2013年版，第12页。

农民工退保便是因为此。城乡居保虽然建立时间不长，个人账户积累时间短、储蓄额小，从当前看转移接续的压力不是很大，但是随着制度的成熟与完善，终有一天该问题会像城镇职工基本养老保险的转移接续问题一样引起人们的高度关注。

（二）经费紧缺问题突出

目前，我国社会保险经办管理中的一大问题就是经费不足，这里的经费包括商品和服务经费、基本建设经费、人员经费和其他经费。许多地区，尤其是县级经办机构经费紧张，财政资金投入少，基础工作薄弱。以广东省吴川市（县级市）为例，该市的社会保险经办机构为吴川市社会保险基金管理局，负责包括城乡居保在内的七大险种的经办管理工作。该局办公场所简陋，位于吴川市闹市区的一栋 5 层商品楼的第四层，且年久失修。2011 年社保经办机构下放地方属地管理后，市财政对该局实行经费包干，每年总额 152 万元，3 年都没有增加预算，局机关经费严重不足，有时因拖欠电费、水费导致停水停电，影响正常办公。[①] 这是"多险合一"经办的一个典型例子。

再看分险种设立的经办机构的经费保障情况。与同为基本养老保险的城镇职工基本养老保险经办机构相比，城乡居保的人均经费支出偏低。2013 年，我国城镇职工基本养老保险经办机构共 3400 个，年经费支出 103.83 亿元，实有经办人员 98368 人，人均经费支出 10.5 万元/年[②]，比城乡居保经办人员年人均经费支出高出 84%。由此可见，在我国社会保险经办机构经费不足的问题中，城乡居保经办机构经费不足问题更加突出！

（三）基层经办能力薄弱

城乡居保制度，从试点开始到实现制度全覆盖，仅用了不到三年时间。截至目前制度覆盖了近 5 亿参保居民，大部分城乡居民已经参与其中。推进时间之快、范围之广，显而易见。伴随着制度的快速推进，一些地方在人员、资金、技术等方面准备不足，基层经办能力薄弱。这主

---

① 房连泉：《中国社会保险经办服务体系改革的紧迫性》，载郑秉文主编：《中国养老金发展报告 2013》，经济管理出版社 2013 年版，第 138—139 页。

② 人力资源和社保保障部农村社会保险司统计数据。

要体现在三方面，一是协办（管）员人员待遇低，二是政策宣传不到位，三是信息化水平低。

目前，在县、乡、村三级从事城乡居保经办工作的人员中，协办（管）员占了很大比重，是提供服务的主力军。协办（管）员的岗位主要是由村（居）委会干部兼任或者由"三支一扶"大学生等担任，形式不一。但是，总体上，这些人的待遇低，主要收入是以财政生活补贴形式发放。如果地方财力有限，那么人员待遇低的问题更加突出，工作积极性自然不高。以河南省为例，全省县、乡、村三级共有城乡居保工作人员6万人，其中协管员有5万多人，占了所有工作人员的绝大部分。由于目前国家还没有对协管员补贴问题作统一规定，多地也就无法落实协管员待遇，造成部分协管员工作积极性不高。[①]

政策宣传不到位的体现是，至今仍有很多参保居民对城乡居保多缴多补、多缴多得的制度原则不了解或理解不到位，从而导致很多居民选择最低缴费档次。而且，有些地方为了加快推进试点工作，复杂工作简单化，为辖区内所有居民都选择同一缴费档次，更不用提向居民详细宣传政策了。在信息化水平上，有些地区无论是硬件还是软件设施都不到位。目前，一些地区的参保缴费等数据还是手工录入，数据质量差，传输困难。笔者在陕西的调研发现，目前"金保工程"尚未延伸至乡镇/街道一级，城乡居保的数据传输困难。这些问题的存在，都严重制约了基层经办服务能力的提升。

三、对策建议

第一，中央政府承担基本养老保险之责，全国实行垂直管理。

上文分析表明，属地化管理带来弊端众多。要想解决此问题，需要对症下药。中国实行城乡居保属地化管理的根源之一在于，地方政府是基本养老保险事务的主要责任承担者。地方政府在经办机构设置、人员配备、资金投入上都扮演着主要角色。虽然城乡居保中央财政给予了大力支持，每年补贴力度超过地方政府，但是经办管理的主要责任还是给

---

① 夏育文：《统筹城乡养老新征程》，《中国社会保障》2014年第5期。

了地方政府，地方人民政府要为经办机构提供必要的工作场地、设施设备、经费保障，经办机构的工作经费纳入地方政府同级财政预算。从国外经验看，基本养老保险主要是中央政府的责任，中央政府在经办机构设置、人员配备、资金投入等方面都承担着主要责任。

以美国的老年、遗属和伤残保险（简称"老遗残保险"，是美国的基本养老保险）为例，其经办机构为美国社会保障总署（SSA），社会保障总署是美国联邦政府的一个独立机构，负责经办全美国的基本养老保险业务。每年的社会保障总署管理成本预算都列入总统预算草案中，从基金收入中列支。这些费用支出可用于社会保障总署建造、租赁、购买办公场所及其相关设施的支出以及支付雇员工资等。不仅如此，美国联邦政府在社会保障总署信息化的投入上也承担了重要责任。2009 财年，美国国会拨款 5 亿美元用于建立一个新的国家支持中心，这是为了保持社会保障总署先进的信息化水平，在国家计算机中心的使用寿命结束之前所建立的新的信息技术系统。[①]

第二，重新定位城乡居保制度，划清福利与保险的界限。

目前，我国城乡居保实行属地化管理的根源之二在于，在基金收入中，相当比重来自地方财政补贴。2009 — 2013 年地方财政累计补贴1290 亿元，占五年间基金累计收入总和的 23%，除此之外，中央财政和个人缴费分别占基金收入的 35% 和 34%。由此可见，地方财政在城乡居保基金收入中发挥了重要作用，这就直接决定了地方政府有内在的强大动力来负责管理城乡居保制度的经办运行。

追根溯源，这样的制度设计源自中国在设计城乡居保制度时，混淆了社会福利与社会保险的界限，将两种制度模式合二为一，表面看似充分发挥了两种制度的优点，但是实则兼具了两种制度的缺陷。基金收入中的政府补贴属于政府转移支付，对城乡居民而言是一种社会福利，但其缺陷是待遇水平低；而个人缴费部分进入个人账户进行基金积累，又是一种保险安排，但由于其设计未遵循精算中性原则，制度吸引力不

---

① SSA FY2014 Budget Justification，pp. 104 - 105，引自美国社会保障总署网站，见http：//www.ssa.gov/budget/FY14Files/2014AE.pdf。

够，多数人选择最低缴费档次。如此选择的结果便是，城乡居民参保者的养老金待遇水平低，长期看难以真正起到保障老年居民生活的作用。所以，制度需要重新定位，要么界定为福利制度，为老年居民提供少额福利津贴；要么界定为社会保险，遵从精算中性原则。

第三，经费支出从养老保险基金中列支，作为制度运行的行政成本。

要想从根本上解决经办机构的经费不足问题，关键措施是将经费支出作为养老保险制度运行的行政成本，从基金收入中列支。这也是国际上的通行做法。不管是采取统一模式的美英等国，还是采取自治模式的欧洲大陆国家，抑或是采取公司模式的拉美国家，其养老保险经办机构的行政成本几乎都无一例外地从基金收入中列支，作为养老保险制度的一个成本对待。而且，行政成本支出占基金收入的比重多在 1% — 2%之间，美国和日本近几年的成本仅为 0.9%[①]。由此可见，要想解决经费不足问题，需要将基金收入用于城乡居保的行政成本支出。按照 2013 年的水平测算，城乡居保经办机构的经费支出仅占当年基金收入的 0.5%，如果能够将 1% 的基金收入用于经费支出，那么经办机构经费紧缺的问题将迎刃而解。

第四，加强基层平台建设，提升基层经办服务水平。

要想加强基层平台建设，关键是要解决基层经办服务提供者待遇水平低和基层平台资金投入不足的问题。建议，一是，经办服务提供者的待遇水平从城乡居保基金中列支，按照工作人员的服务绩效确定合理的待遇水平；二是，基层平台办公场地、服务设施、信息化建设的投入也从基金收入中列支，以改善服务环境，提升服务质量；三是，加强政策宣传的力度，采取多种形式和手段，以城乡居民喜闻乐见的方式，使其充分了解多缴多得、长缴多得的激励机制。

---

① 赵秀斋等：《国外社会保险经办服务体系现状》，载郑秉文主编：《中国养老金发展报告 2013》，经济管理出版社 2013 年版，第 161—166 页。

第四节　城乡居民基本养老保险的基金管理

一、基金管理现状

这里的基金管理是狭义的概念，主要包括基金管理层次和投资运营方式两部分。城乡居保制度整合之前，新农保基金和城居保基金分别纳入社会保障基金财政专户，实行收支两条线管理，单独记账、核算，按有关规定实行保值增值。试点阶段，新农保基金、城居保基金暂实行县级管理，随着试点扩大和推开，逐步提高管理层次；有条件的地方也可以直接实行省级管理。

制度整合后，《意见》规定，将新农保基金和城居保基金合并为城乡居保基金，完善城乡居保基金财务会计制度和各项业务管理规章制度。城乡居保基金纳入社会保障基金财政专户，实行收支两条线管理，单独记账、单独核算，任何地区、部门、单位和个人均不得挤占挪用、虚报冒领。各地要在整合城乡居保制度的基础上，逐步推进城乡居保基金省级管理。此外，《意见》明确规定，城乡居保基金按照国家统一规定投资运营，实现保值增值。

从目前情况看，各地城乡居保基金的管理层级主要是在县（区）一级，上海市步伐较快，已经在其出台的《城乡居民基本养老保险办法》（沪府发〔2014〕30号）中规定，城乡居保基金实行市级管理。在投资运营方式上，目前仍以存银行为主。从基金安全看，一些地区存在挤占挪用城乡居保基金的情况，故此《意见》规定，各地要逐步推进基金省级管理，以确保基金安全。

二、存在问题

存在的突出问题有两个，一是基金管理层次低，二是投资运营方式保守、保值增值效果差。

从真正意义上讲，城乡居保基金谈不上统筹层次，地方政府补贴和个人缴费都进入个人账户管理。所以，这里使用的是"管理层次"一词。目前实行的县（区）级管理层次还是非常低的，主要原因之一还是上文所提到的基金收入结构问题。五年来，地方政府补贴在基金收入中占到了 20% 多，所以地方政府有将基金管理层次限定为县（区）级的内在动力。加之地方银行也存在利益关系，并不希望提高基金的管理层次。如上文所指，管理层次低的原因之二是，城乡居保经办机构行政费用的属地化预算管理，也使各县（区）政府有理由将基金管理层次限定在本地。

从投资运营方式看，存银行的收益率很低，年收益率不过 2% —3%，甚至低于同期的通货膨胀率水平，连基金的保值都谈不上，何谈增值问题。而十几年来，中国社会保障基金理事会的年均投资收益率在 8% 以上①，远高于银行存款利率。截至 2018 年年末，中国城乡居保基金已经有 7250 亿元的累计结存②，养老金委托投资规模较小，还有大量的养老保险基金存在银行或者是购买国债，随着老龄化程度的加深，养老保险基金保值增值的风险也在加大。由此可见，加快包括城乡居保基金在内的养老保险基金的投资体制改革迫在眉睫。

三、对策建议

上述两个问题的解决，第一个问题更为关键。因为投资运营方式的改革有赖于管理层次的提高，只有基金汇集成大的资金池，才有利于采取多元化的投资运营，从而提高投资收益。要想从根本上解决管理层次低的问题，正如上文提到的，由中央政府承担起基本养老保险的应有之责是关键的解决办法。

而对于投资运营方式的改革，中国政府已经意识到问题的紧迫性。2013 年以来，人力资源和社会保障部会同有关方面开展了养老保险的顶层设计研究，其中就包括养老保险基金投资运营模式选择问题。总的

---

① 全国社会保障基金理事会网站，见 http://www.ssf.gov.cn/cwsj/ndbg/。
② 《2018 年度人力资源和社会保障事业发展统计公报》，人力资源和社会保障部网站，见 http://www.mohrss.gov.cn/wap/fw/rssj/201906/t20190611_320429.html。

方向是积极、稳妥拖进市场化、多元化投资运营。下一步，人力资源和社会保障部将抓紧制定养老保险基金投资运营办法，提出政策建议，努力促进养老保险基金的保值增值[①]。届时，城乡居保基金将按照全国统一规定投资运营，实现保障增值。

第五节　国外相关社会保险经办管理体制简介——以日本、波兰为例

在社会保险经办管理方面，日本和波兰两国的经办管理体制都较有特色，尤其是波兰建立了专门的农民社会保险经办机构，为农民参加各项社会保险、预防工伤和职业病、进行康复训练提供一系列优质服务，其经验值得借鉴。

一、日本基本养老保险的经办管理体制

（一）日本的基本养老保险制度

总体上，日本的社会保险项目是按照职业划分的。受雇者的主要社会保险项目包括雇员健康保险和雇员年金保险。自雇者和非从业人员的主要保险项目包括国民健康保险和国民年金。特殊行业保险包括针对船员的船员保险和面向国家和地方公务员的共济社团年金。[②]

日本的基本养老保险制度包括两部分，提供基础年金待遇的国民年金（又称"基础年金"）和收入关联型的雇员年金保险。凡是20—60岁之间的日本国民，必须加入国民年金制度。依据人群不同，国民年金参保者分为三类（见图9-2）。其中第一类参保者与我国的城乡居民群体

---

① 《人社部：抓紧制定养老保险基金投资运营办法》，搜狐网，见 http：// business. sohu. com/20140725/n402738079. shtml。

② *Overview of the Social Insurance Systems*，日本年金机构官网，见 http：// www. nenkin. go. jp/n/www/english/detail. jsp？id＝43。

比较类似。国民年金制度收入来自个人缴费。雇员年金保险的参保对象为私人部门的受雇者（类似于我国的城镇企业职工），其制度收入来自雇主和雇员缴费。

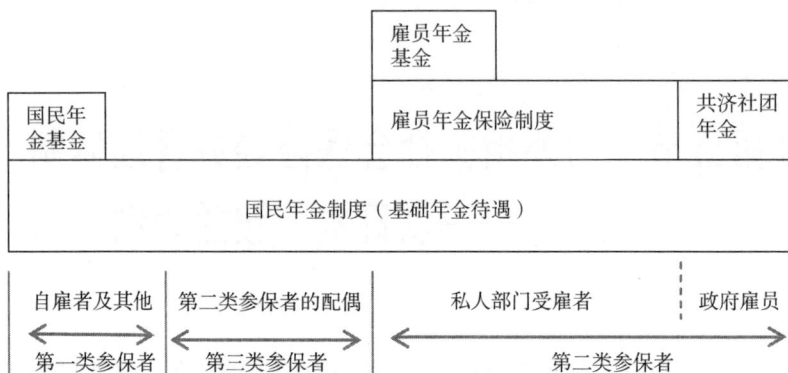

图 9-2　日本基本养老保险制度构成

资料来源：日本年金机构网站，见 http：//www.nenkin.go.jp/n/www/english/detail.jsp？id=38。

（二）日本基本养老保险的经办管理

1. 日本年金机构的机构职能

日本年金机构负责提供国民年金和雇员年金保险的经办服务。该机构成立于 2010 年初，受厚生劳动省（Ministry of Health, Labour and Welfare）委托，日本年金机构主要负责经办如下事项：参保登记/注销、保险费征收、参保记录管理、年金咨询、待遇支付等。厚生劳动省是日本负责劳动就业和社会保障事务的行政主管部门，在基本养老保险方面主要负责养老金资产和管理，具体经办业务交由日本年金机构负责。日本年金机构所经办的业务一类是厚生劳动省授权的业务，一类是厚生劳动省委托的业务。待遇领取资格认定、待遇支付、保存参保人记录等重要业务委托给日本年金机构办理，参保登记/注销、接受报告和申请、国民年金手册发放等一般性业务则直接授权日本年金机构负责。

2. 日本年金机构的组织架构

日本年金机构实行全国垂直管理，总部位于日本东京，机构下设 9 个地区分部和 312 个基层办事处。总部主要负责待遇发放、领取资格审核、数据管理等核心业务；地区分部分管的 47 个事务中心主要负责数据处理、报告审批等需集中处理的业务；基层办事处则主要向顾客提供工作地点审核、保费征收、年金咨询等一线服务。日本年金机构的信息化水平很高，机构总部、基层办事处以及事务中心之间全部联网，各级经办机构之间通过网络连接。

3. 日本年金机构的人员配备和经费来源

日本年金机构是一个特殊的公共机构，其工作人员为非政府雇员。截至 2013 年 4 月 1 日，日本年金机构共有 1.2 万名全职雇员和临时雇员。除此之外，日本年金机构还雇用了 3600 名临时雇员专门负责整理年金记录。[①]

日本年金机构的运营经费源自政府拨付的运营费交付金，主要由一般税收收入、企事业单位和个人缴纳的保险费两部分组成。[②] 按照《日本年金机构法》的规定，日本年金机构运营费交付金的使用方向和运行规则如下：来自保险缴费部分的运营费交付金主要用于（1）保险服务（包括参保登记、保费征收等），（2）信息化管理系统，（3）年金咨询服务；来自一般税收部分的运营费交付金主要用于（1）年金记录整理业务（专门针对年金记录错误问题而设立），（2）一般管理费（包括雇员工资待遇和内部管理事务费两部分）。

4. 日本年金机构的历史沿革

日本年金机构的前身为社会保险厅，机构性质为政府机构，雇员为政府雇员。机构改革的一项重要内容是人事制度改革。改革后，日本年金机构的工作人员不再是政府雇员，而是私人雇员。[③] 关于职员的人事晋升、工资待遇和人才培养方面，日本年金机构彻底从公务员型的人事、工资体制中摆脱出来，排除"年功序列制"，确立以能力、工作业

---

① *Japan Pension Service and its Operation*，p.1，日本年金机构网站，见 http：//www. nenkin. go. jp/n/www/share/pdf/existing/english/pdf/about_ jps_ operation. pdf。

② 以下关于日本年金机构经费保障的资料均源自日本年金机构网站，见 http：//www. nenkin. go. jp/n/open_ imgs/annual/0000014928EQUTB21PrN. pdf。

③ *Structural Reform of the former Social Insurance Agency*，p. 254，日本厚生劳动省网站，见 http：//www. mhlw. go. jp/english/wp/wp-hw6/dl/11e. pdf。

绩为标准的人才录用和薪资晋级体制。① 在人事干部的管理上，日本年金机构也进行了重大改革。改变过去分散、低效的人事干部管理体制，将所有的人事录用统一归口为年金机构本部，地方干部的人事管理也在本部进行。同时，本部、地方组织机构之间的人事变动以全国为单位进行，不再局限于以各都道府县为单位进行。除此之外，日本年金机构在服务内容和服务方式上也做了改进，以提供更加高效、便捷的服务。②

二、波兰农民社会保险的经办管理体制

（一）波兰的农民社会保险制度

在波兰的社会保障制度框架中，农民社会保险制度是一个独立部分。与其他人群相比，波兰农民的社会保险制度建立较晚。该制度覆盖对象为农民及其家庭成员，具体险种包括两种：老年和伤残保险，以及工伤、疾病和生育保险。保险制度的覆盖形式也有两种，强制参保和自愿参保。符合一定条件的农民及其家属必须同时参加上述两项保险；以从事农业种植为永久收入来源的农民可自愿参保，自愿参保者可以选择同时加入两项社会保险制度，也可以只加入工伤、疾病和生育保险。③ 截至 2012 年底，波兰的农民社会保险制度覆盖了 149 万参保者（这里的参保者不包括待遇领取者，下同），月均养老金领取者达 129 万人。④

按照规定，参保者必须按月缴纳保险费。对于强制参保者而言，每人缴纳的工伤、疾病和生育保险费都是等额的；但是对于只参加工伤、疾病和生育保险的自愿参保者而言，其所缴纳的保险费只相当于强制参保者保费额的 1/3。对于老年和伤残保险而言，通常情况下，其月缴费额为基础老龄年金额的 10%，但对于拥有较多土地者，缴费额会相应

---

① 有关机构改革的内容，参考孟昭喜、徐延君主编：《完善社会保险经办管理服务体系研究》，中国劳动社会保障出版社 2012 年版，第 179、181、193—195 页。

② *Structural Reform of the former Social Insurance Agency*, p. 254, 日本厚生劳动省网站，见 http：//www. mhlw. go. jp/english/wp/wp-hw6/dl/11e. pdf。

③ 更多有关强制参保和自愿参保的信息参见 Agricultural Social Insurance Fund. Basic Information-brochure, pp. 6-9, 波兰农业社会保险基金网站，见 http：//www. krus. gov. pl/en/。

④ Social Insurance in Poland, p. 88, 波兰社会保险局网站，见 http：//www. zus. pl/files/social _ insurance. pdf。

增加。不仅如此，对于在进行农业种植的同时也参与非农经济活动的农民而言，其所缴纳的保险费是月基础缴费额的 2 倍。①

（二）波兰农民社会保险的经办管理

1. 机构设立与机构职能

波兰农民社会保险的经办机构为农业社会保险基金（KRUS），该机构于 1990 年依法成立，机构性质为独立的公共机构。波兰成立该机构的主要目的是在本国建立一个独立的、特殊的农民社会保险管理机构，用于接管与农民社会保险服务相关的职能，并确保其有效完成，同时也负责承担一些尚无保险机构承担的新任务。机构的主要职能包括：（1）负责参保登记、征收保费等活动；（2）支付社会保险待遇；（3）管理医疗认证系统（如诊断永久性或长期无法从事农业生产，等等）；（4）负责预防活动（主要是预防农业生产中的伤害和农民的职业疾病）；（5）负责康复活动（帮助参保者和待遇领取者进行身体康复）；（6）鼓励农民自愿参保；（7）完成政府交办的其他任务。

2. 组织架构

波兰农业社会保险基金隶属于农业和农村发展部，基金的最高领导为理事长。理事长人选由农业和农村发展部部长提名、经农民社会保险委员会同意后由总理任命，同样，理事长一职的罢免权也归总理所有。

农业社会保险基金实行全国垂直管理，整个机构由机构总部、16 个地区分支机构和 256 个基层办事处组成。此外，农业社会保险基金还设有 6 个农民康复中心和 1 个训练康复中心②。其各自职能为：机构总部直接为理事长服务，负责协调和监管其他机构的工作；地区分支机构为省级设置，在省级范围内实现机构的基本职能，这些职能包括确定社会保险职责、评估和征收缴费、确定农业职业伤害的条件和原因、确定现金待遇权利并完成支付。基层办事处是更低一级的办事机构，在地区

---

① *Agricultural Social Insurance Fund. Basic Information-brochure*，pp. 9–10，波兰农业社会保险基金网站，见 http：//www.krus.gov.pl/en/。

② *Social Insurance in Poland*，p. 87，波兰社会保险局网站，见 http：//www.zus.pl/files/social_ insurance.pdf。

分支机构的框架内运行。①

3. 监督机制

农民社会保险委员会（以下简称"农民委员会"）是农业社会保险基金内设的一个监督机构，该机构代表了参保者和待遇领取者的利益。机构成员由农业和农村发展部部长任命，从全国农民的社会机构代表、职业机构代表以及工会组织代表等候选人中产生。农民委员会由 25 名成员组成，成员任期三年。农民委员会对农业社会保险基金理事长有控制权，同时对缴费基金有监督权。不仅如此，委员会还估算每季度的工伤、疾病和生育保险的缴费额，并代表参保者和待遇领取者的利益行事。

4. 经费来源

农业社会保险基金的财务状况是独立的，其负责经办管理一切事务的财务基础包括：（1）年金基金；（2）缴费基金；（3）行政管理基金；（4）预防和康复基金；（5）激励基金。农民年金基金是一项国家特别基金，主要用途是为养老保险和健康保险融资，基金收入来自老年和伤残保险的缴费收入、国家财政预算补贴等。缴费基金用于为工伤、疾病和生育保险融资，以及为法律规定的其他事务融资，这些包括为预防和康复基金做扣除、为行政管理基金做扣除、支付农民委员会的运营成本、支付农业社会保险基金的管理成本等；缴费基金收入包括保险缴费。行政管理基金，主要是为各种保险服务融资，基金收入包括三部分，一是缴费基金扣除，最高为缴费基金支出的 9%；二是老年和伤残保险基金扣除，最高为老年和伤残基金支出的 3.5%；三是其他部门对行政管理成本的补偿，如健康保险主管机构对经办健康保险相关业务进行补偿。预防和康复基金的收入源自缴费基金划拨和财政补贴，基金支出用于预防和康复活动支出。激励基金源自行政管理基金，基金支出由农业社会保险基金理事长决定，用于人员奖励。②

---

① 波兰农业社会保险基金网站，见 http://www.krus.gov.pl/en/structure/。

② 以上关于经费来源的描述源自 *Agricultural Social Insurance Fund. Basic Information-brochure*, pp.30-36，波兰农业社会保险基金网站，见 http://www.krus.gov.pl/en/。

5. 信息化建设

为了不断提升服务质量，波兰农业社会保险基金制定了一项名为"电子农业社会保险基金"的战略计划。该计划的实施年限为2007—2015年。计划的主要目标包括：为全方位服务农民提供支持、促进本机构与国内外公共部门的合作、整合已有IT平台并不断拓展现有方案和资源、降低IT系统的维护成本，等等。计划的资金来源主要是通过一项农村支持计划（Post-Accession Rural Support Project）筹资，该支持计划为波兰政府的一项计划。此项农村支持计划的实施依赖于波兰政府与世界银行的借款协议，协议规定，波兰农业社会保险基金要进行一场行政管理改革，改革目标是通过引入现代IT解决方案来增强基金的行政管理和数据分析能力，从而在农民社会保险服务中使用现代信息技术和高效管理工具。[①]

三、经验小结

综观日本和波兰的相关社会保险经办管理体制，对比中国城乡居保的经办管理体系，有以下几点经验值得借鉴。

第一，中央政府在基本养老保险管理中应承担主要责任，经办机构全国垂直管理。养老保险与其他社会保险项目不同，基金统筹层次适宜全国统筹，而且，这在我国《社会保险法》中已有明确规定。养老保险基金实行全国统筹的根本前提是中央政府在基本养老保险中承担主要责任，经办管理机构全国垂直管理。不仅如此，全国垂直管理可以一举解决中国目前存在的包括经办机构设置分散、转移接续困难、信息化水平不高等诸多问题。日本和波兰的养老保险经办机构设置便遵循了全国垂直管理这一原则，分别由日本年金机构和农业社会保险基金负责经办全国的基本养老保险和农民社会保险。

第二，信息化建设需全国统一，自上而下建立信息平台。目前，中国在社会保险经办管理中存在的突出问题之一便是信息化水平严重滞

---

① *Agricultural Social Insurance Fund. Basic Information-brochure*，pp. 41-43，波兰农业社会保险基金网站，见 http：//www. krus. gov. pl/en/。

后，各地分散投入、分别建设，数据质量水平不一、接口困难。城乡居保也不例外。这与自下而上的信息化投入体制有关，也与中央政府在信息化建设中的缺位有关。要想使信息化建设更好地为社会保险经办服务，应当由中央政府统一组织、投入信息化平台建设，自上而下建立信息平台。日本和波兰在管理实践中便是如此，整个经办机构自上而下建立一套信息系统，资金或者从缴费收入中列支（如日本），或者由中央政府负担（如波兰）。

第三，行政经费从基金收入中列支，将其作为制度运行的行政成本。目前，中国社会保险经办中存在的经费不足问题非常突出，这在城乡居保的经办管理中尤为明显。要想从根本上解决该问题，将经办机构的行政管理成本从基金收入中列支非常必要。世界各国也都实行这样的做法，日本和波兰也不例外。日本的养老保险缴费收入主要用于保险服务、信息化建设和年金咨询等项目的支出；波兰的行政管理成本主要也是由老年和伤残保险以及工伤、疾病和生育保险的缴费收入负担。

第四，经办机构不断变革，以完善养老保险制度的经办管理。只有机构不断变革，才能适应社会保险制度不断发展的要求和参保对象需求日益多样化的发展趋势。日本和波兰很好做到了这一点。为了改变日本原社会保险经办机构（社会保险厅）经办效率低下、体制不顺的问题，日本 2010 年成立了非政府雇员型的日本年金机构，在人事管理制度方面进行了重大变革。波兰农业社会保险基金为了提升行政管理水平，实施了一项名为"电子农业社会保险基金"的战略计划。这是一场行政管理的改革，旨在通过引入现代信息技术来增强机构的行政管理和数据分析能力。

第十章　城乡居民基本医疗保险管理

我国的城乡居民基本医疗保险和城镇职工基本医疗保险是我国覆盖全民的社会医疗保险制度的三大支柱。城乡居民基本医疗保险制度分为新型农村合作医疗和城镇居民基本医疗保险，两个制度在性质、制度设计理念和管理方式上类似，但和城镇职工基本医疗保险差异较大。① 本章将首先简要概述城乡居民医保制度的发展状况、设计理念和基本内容，然后重点以职工医保制度为参照分析析城乡居民医保制度的特殊性及由此带来的潜在风险，接着分析我国城乡医保改革探索实践情况及存在的问题，最后在总结我国实践探索和国外城乡居民医疗保险改革发展的经验教训的基础上提出相应的政策建议。

第一节　城乡居民医疗保险制度发展概述

一、新农合建立的背景和发展情况

我国在 20 世纪 50 年代中期起就逐步建立了由生产大队、生产队和社员共同筹资兴办合作医疗制度（以下简称"老农合"）。20 世纪 80 年代，随着农村经济体制改革的推进，老农合失去了赖以存在的集体经济融资渠道，再加上政府投入的减少、自身存在统筹层次低、管理不科

---

① 为行文方便，下文中新型农村合作医疗、城镇居民基本医疗保险分别简称"新农合"和"城镇医保"，整合后的城乡居民基本医疗保险简称"城乡居民医保"，城镇职工基本医疗保险，简称"职工医保"。

学等问题使农村医疗保障制度趋于瓦解。到 1985 年，全国坚持老农合的行政村由鼎盛时的 90% 迅速下降到 5%，1989 年又进一步下降到 4.8%，而且主要集中在上海郊区和苏南地区。①

1983 年，世界卫生组织提出了"2000 年人人享有健康"的目标，我国政府也做出积极响应和承诺。但老农合瓦解后，在农村医疗保障事实上处于空白状态，农民看病难、看病贵、有病不医称为普遍现象。在国内外双重压力下，政府出台一系列政策，力图改进和恢复农村合作医疗制度。政策上坚持"民办公助"的基本原则，但实际运行中，"公助"水平不断下降，集体融资在减轻农民负担政策下名存实亡，财政在卫生事业费用中补助农村健康保障的费用从 1979 年的 1 亿元，下降到 1992 年的 3500 万元，人均不足 4 分钱。② 农村居民仍缺乏有效医疗保障。

2002 年，《中共中央国务院关于进一步加强农村卫生工作的决定》出台，明确提出建立和完善新型农村合作医疗制度和农村医疗救助制度。2003 年 1 月，国务院转发卫生部等部门《关于建立新型农村合作医疗制度的意见》进一步指出，"新型农村合作医疗制度是由政府组织、引导、支持，农民自愿参加，个人、集体和政府多方筹资，以大病统筹为主的农民医疗互助共济制度"。新农保最大制度改进是强调政府的组织引导、支持，明确了各级政府的融资责任。《关于建立新型农村合作医疗保险制度的意见》，要求从 2003 年起，各省、直辖市、自治区至少选择 2—3 个县（市）现行试点，取得经验后逐步推广，到 2010 年，新型农村合作医疗制度要基本覆盖农村居民。

从 2003 年试点以来，新农合制度取得长足发展，到 2010 年基本实现了制度全覆盖目标，报销比例不断上升，农民的医疗负担得到一定程度缓解（见表 10-1）。2013 年，全国参加新农合人数为 8.02 亿人，参合率达到 99%。实际人均筹资达到 370 元，比 2012 年的 308 元增加了 62 元。参合农民政策范围内住院费用报销比例达到 75% 以上，实际补

---

① 王绍光：《中国公共卫生的危机与转机》，《比较》2003 年第 7 期。

② 曾理斌：《政府作用在我国农村合作医疗保险发展历程中的演变与启示》，《金融经济》2008 年第 14 期。

偿比继续提高,其中,乡级达到近 80%,县级超过 60%。门诊实际补偿比超过 50%。全国累计受益 19.4 亿人次,同比增长 11.3%。① 由于 2014 年国家提出要于"十二五"末在全国基本实现新农合和城居医保制度合并实施,因此,截至 2018 年年末,全国仅剩 7 个省份实施新型农村合作医疗保险制度,分别是辽宁、吉林、安徽、海南、贵州、陕西、西藏,其中参保人员 1.3 亿人,基金收入 875 亿元,基金支出 839 亿元,累计结存 318 亿元。②

表 10-1 新农合发展情况

年份	开展新农合县(市、区)(个)	参合人数(亿)	参合率(%)	人均筹资(元)	当年基金收入(亿元)	当年基金支出(亿元)	补偿收益人次(亿)
2004	333	0.8	75.2	50.36		26.37	0.76
2005	678	1.79	75.7	42.09		61.75	1.22
2006	1451	4.1	80.7	52.1		155.8	2.72
2007	2451	7.26	86.2	58.95		346.63	4.53
2008	2729	8.15	91.5	96.3	784.58	662.3	5.85
2009	2716	8.33	94.2	113.4	944.4	922.9	7.59
2010	2678	8.36	96	156.57	1308.33	1187.80	10.87
2011	2637	8.32	97.5	246.21	2047.56	1710.19	13.15
2012	2566	8.05	98.3	308.5	2484.70	2408.00	17.45
2013	2489	8.02	99	370.59	2972.48	2908	19.42
2014		7.36	98.9	410.89	2890.40	3025.28	16.52

资料来源:国家统计局在线数据库,http://data.stats.gov.cn/easyquery.htm? cn=C01。

---

① 中华人民共和国国家卫生和计划生育委员会:《2013 年新农合进展情况及 2014 年工作重点》,见 http://www.nhfpc.gov.cn/jws/s3582g/201405/6e9c1e197f0242b1b47647a348f220-35.shtml.

② 国家医疗保障局:《2018 年全国基本医疗保障事业发展统计公报》,见 http://www.nhsa.gov.cn/art/2019/6/30/art_7_1477.html.

二、城居医保建立的背景和发展情况

随着城镇职工基本医疗保险的全面实施和新型农村合作医疗试点的不断扩大，城镇非就业人员的医疗保障问题日益突出。从 2004 年开始，部分地区开始探索建立城镇居民的医疗保险制度，并积累了一定经验。2006 年，党的十六届六中全会《中共中央关于构建社会主义和谐社会若干重大问题的决定》提出，"建立以大病统筹为主的城镇居民医疗保险"。为实现基本建立覆盖城乡全体居民的医疗保障体系的目标，2007年，国务院印发了《国务院关于开展城镇居民基本医疗保险试点的指导意见》，全面部署试点工作。2007 年选了 88 个城市启动试点，2008年在 229 个城市扩大试点，2009 年全面推开。

试点以来，覆盖范围不断扩大，参保人数不断增加，筹资水平稳步提升，享受待遇人次快速增长。2007 年覆盖群体包括不属于城镇职工基本医疗保险制度覆盖范围的中小学阶段的学生、少年儿童和其他非从业城镇居民。2008 年将大学生也纳入城镇居民基本医疗保险试点范围。2009 年，灵活就业人员和参加职工医保的困难农民工也可以自愿参加城居医保。参保人数从 2007 年的 4291 万人，增加到 2018 年的 102778万人，增加了近 24 倍。① 人均筹资额 2007 年为 119 元，2018 年增加到693 元，增长了 5.8 倍。享受待遇人数从 2007 年的 364 万人次增加到2018 年的 161857 万人，增长了 445 倍。

表 10-2　城居医保发展情况

年份	参保人数（万人）	人均筹资额（元）	享受待遇人次（万）
2007	4291	119	364
2008	11826	140	3035
2009	18210	130	7383
2010	19528	164	9750
2011	22116	246	13493

---

① 数据由人力资源和社会保障部社会保险事业管理中心提供。

续表

年份	参保人数（万人）	人均筹资额（元）	享受待遇人次（万）
2012	27156	313	23223
2013	29629		32953
2014	31451		41460
2015	37689		58188
2016	44860		79186
2017	87359		149281
2018	102778	693	161857

资料来源：人力资源和社会保障部社会保险事业管理中心提供。

三、两个制度整合情况

城居医保的制度设置与新农合近似，分别设立主要是基于户籍和缴费承担能力差异。由于种种原因，两个制度分属不同的部门管理。随着覆盖面的扩大，这种并行管理模式弊端不断显现。第一，实践中城居医保与新农合两套经办机构、两套经办人员、两套信息系统，互不联系，互不兼容，不仅重复建设严重，而且重复参保现象日益突出，损害参保人的权益。据统计，我国三大基本医疗保险的重复参保人数超过 1 亿人，造成每年财政无效补贴 200 多亿元。[①] 第二，并行管理模式造成新农合资金游离于社会保险资金之外，导致风险不能在更大范围分散，增加医疗保险基金潜在不可持续风险。第三，医疗行政机构既管医保，又管医疗服务提供，无法有效发挥第三方购买和监督作用。

为此，《社会保险法》第二十二条规定，省、自治区、直辖市人民政府根据实际情况可以将城镇居民基本医疗保险和新型农村合作医疗统一标准合并实施这一立法规定为两个制度的并轨提供了法律依据。国务院于 2013 年 3 月下发的机构改革和职能转变方案中明确表明为减少部门之间职责的交叉，国务院不同部门之间对重复的职责要进行最大力度

---

① 《中国医药报》，2014 年 8 月 21 日，见：http://www.yybnet.com/site1/zgyyb/html/2014-08/21/content_ 129270. htm.

的整合，职工医保、城居医保、新农合的职责等将分别整合由一个部门承担，这给新农合与城居医保并轨提供了政策依据。2016年1月，《国务院关于整合城乡居民基本医疗保险制度的意见》正式发布，对于两个制度的整合作出了详细的规定。截至2018年末，已经有大多数省份完成了新农合和城居医保的合并，根据国家医保局发布的通知显示，新农合与城居医保在2019年底实现两项制度的并轨运行向统一的居民医保制度过度。

第二节 城乡居民基本医疗保险管理的基本内容及其制度设计特征

一、城乡居民医保管理的内容

虽然城乡居民医保与职工医保都称为"保险"，但在制度属性和设计上存在明显差异。从参保对象上看，职工医保覆盖的是有工薪收入的正规就业者，而城乡居民医保覆盖的是没有固定收入的城镇居民和农民。从融资上看，基于覆盖群体收入特征差异，城乡居民医保是自愿性制度，资金来源主要是政府财政补助和个人缴费，城居医保个人参保，新农合以家庭为单位参保但缴费和补助仍是按人口数目计算。从保障的风险看，城乡居民医保只有大病统筹，没有个人账户，门诊及小病额支出仍由个人或家庭承担。从缴费期限上看，城乡居民医保不设立最低缴费年限，必须每年缴费，不缴费不享受待遇。从待遇水平上看，城乡居民医保坚持低缴费低待遇水平的原则，报销比例低于城镇职工医保。从经办管理看，新农合主要由卫生部门经办，城居医保与其他社会保险由社保部门经办。从基金管理看，新农合和城居医保都只有统筹基金，按"以收定支、收支平衡、略有结余"的原则管理，城居医保一般与所在地城镇职工医保统筹层次相同，新农合除整合地区外基本是县级统筹（见表10-3）。

表 10-3 三大医疗保障制度的内容

	职工医保	城居医保	新农合
覆盖群体	城镇所有用人单位，包括企业（国有企业、集体企业、外商投资企业、私营企业等）、机关、事业单位、社会团体、民办非企业单位及其职工；乡镇企业及其职工、城镇个体经济组织业主及其从业人员是否参加基本医疗保险，由各省、自治区、直辖市人民政府决定	不属于城镇职工基本医疗保险制度覆盖范围的中小学阶段的学生、大学生、少年儿童和其他非从业城镇居民；灵活就业人员和困难农民工	农村居民
融资方式	基于工薪强制缴费	自愿（个人）	自愿（家庭）
融资来源	工薪，单位约 6%、个人 2%	财政补助＋个人定额缴费	财政补助＋集体补助＋个人定额缴费
缴费期限	男 25 年、女 20 年	每年缴费	每年缴费
保障风险	统筹保障大病，个人账户小病支出和共付	大病统筹	大病统筹，家庭账户
基金管理	县级或市级统筹，包括统筹基金和约个人工薪 4.2% 的个人账户基金	一般无个人账户，县级或市级统筹	一般无个人账户，县级统筹
经办机构	社保部门管理	社保部门管理	卫生部门
享受待遇	起付标准原则上控制在当地职工年平均工资的 10% 左右，最高支付限额原则上控制在当地职工年平均工资的 4 倍左右。医疗机构级别越高报销比例越低，2018 年政策范围内住院费报销比例为 81.6%，实际住院费报销比例为 71.8%	补偿模式：1. 补偿住院费用和大额费用；2. 补偿住院费用和大额费用；3. 住院和门诊费用都补偿；4. 补偿住院费用，同时采用门诊个人账户。待遇水平低于城镇职工医保，新农合政策范围内住院报销比例约为 75%（2013 年）[①]，城居医保一级及以下医疗机构住院费用报销比例为 76.2%，二级医疗机构为 69.1%，三级医疗机构为 59.3%（2018 年）	

资料来源：根据相关政策文件整理，部分数据由人力资源和社会保障部社会保险事业管理中心提供。

---

① http://www.gov.cn/wszb/zhibo536/content_2226326.htm.

二、城乡居民医疗保险制度的设计特征

（一）自愿加入原则

由于城乡居保制度覆盖的群体收入相对较低或没有稳定的收入，因此在制度设计时坚持自愿加入原则。自愿加入原则必然会导致"逆向选择"和覆盖面扩大困难问题。为此我国政府通过以下措施加以解决，一是通过财政共同缴费激励参保；二是设置较长的待遇享受等待期，连续缴费期限越长，报销比例适当提高；三是新农合中强调以家庭为单位捆绑参合；四是对困难家庭学生儿童、享受低保待遇人员和重度残疾人员免缴个人缴费，未成年人降低个人缴费标准，与一般参保人差额由财政补足；五是起点设置较低保费，通过试点证明制度的惠民价值，逐步增加财政支持和个人缴费水平，提高待遇水平。

（二）大病统筹原则和合理分流引导病人到基层医疗机构就诊原则

为降低参保者的缴费负担，实现人人享有医疗保障目标，城乡居民医疗保险没有统一要求设立个人积累账户。有的地区开展了门诊统筹以降低参保者负担，但一般占基金分配比例较少，例如河南省2014年规定门诊统筹基金分配比例控制在基金总额的25%—30%①。大病统筹基金主要用于居民的大额医疗支出，一般通过设定门诊医疗机构分级和医疗费用分段设置起付线和付补偿比例方法实现该目标。2017年1月1日，河南省宣布农村新农保和城镇居民保合并，不再实行两种医保管理制度，同时下发了河南省城乡基本医疗保险实施办法。办法规定以后的河南省农村和城市看病、报销统一实行一个标准，统一覆盖范围，统一筹资政策，统一医保待遇，统一药物目录，统一定点管理，统一基金管理。下面以河南省的为例加以说明（见表10-4）。

从表10-4可以看出，无论哪一级医院都设定起付线，线下医疗支出不予补偿，线上医疗支出超过一定金额后补偿比例提高，这在一定程度上可以保证统筹资金用于大病医疗；医疗机构所在地行政级别越高，

---

① 河南省卫生厅、财政厅、中医管理局：《河南省新型农村合作医疗统筹补偿方案指导意见（2014年版）》，见 http://www.hnhzyl.com/content.aspx?id=881992146470。

等级越高，起付线设置越高，补偿比例越低（省级三级和省外医疗机构补偿比例相同），这样的设置在一定程度上可以分流病人，引导病人到基层医疗机构就诊。

表 10-4　河南省城乡居民医疗保险住院补偿规定

医疗机构级别		起付线（元）	纳入补偿范围的住院医疗费用	补偿比例（%）
乡级		150	1500 元<医疗费用≤800 部分	70
			医疗费用>800 元部分	90
县级（Ⅰ类）		400	400 元<医疗费用≤1500 部分	63
			医疗费用>1500 部分	83
市级	Ⅰ类	500	500 元<医疗费用≤3000 部分	55
			医疗费用>3000 部分	75
	Ⅱ类	1200	1200 元<医疗费用≤4000 部分	53
			医疗费用>4000 部分	72
省级	Ⅰ类	600	600 元<医疗费用≤4000 部分	53
			医疗费用>4000 部分	72
	Ⅱ类	2000	2000 元<医疗费用≤7000 部分	50
			医疗费用>7000 部分	68
省外		2000	2000 元<医疗费用≤7000 部分	50
			医疗费用>7000 部分	68

注：Ⅰ类指二级（含二级）以下医院，Ⅱ类指市级三级医院。

资料来源：河南省人力资源和社会保障厅、医疗保障局：《关于做好 2018 年城乡居民基本医疗保险工作的通知》，见 http://ylbz. henan. gov. cn/2019/09-18/952420. html。

（三）财政补助推动特征

城乡居民医保在属性上是社会保险而不是社会福利，但为尽快实现人人享有医疗保障的目标，在缴费上资金来源主要是财政投入，福利色彩浓重。2003 年，新农合缴费为个人 10 元，中央和地方财政各 10 元，个人缴费为融资总额的 33.3%，2017 年各级财政对新农合的人均补助标准在 2016 年的基础上提高 30 元，达到 450 元。2018 年各级财政对城乡居民医疗保险的人均补助标准在 2017 年的基础上新增 40 元，达到每人每年不低于 490 元，个人缴费则在 2017 年的基础上提高 40 元，达到每年每人 220 元。①

城居医保制度在 2007 年试点启动时，个人人均缴费占筹资总额的比重为 52%，此后虽然有所提高，但提高幅度远低于财政补助。2019 年人均缴费提高到每人每年 250 元，较 2007 年增加 303%，而同期财政补助提高到 520 元，增加 882%（见图 10-1）。

（元）

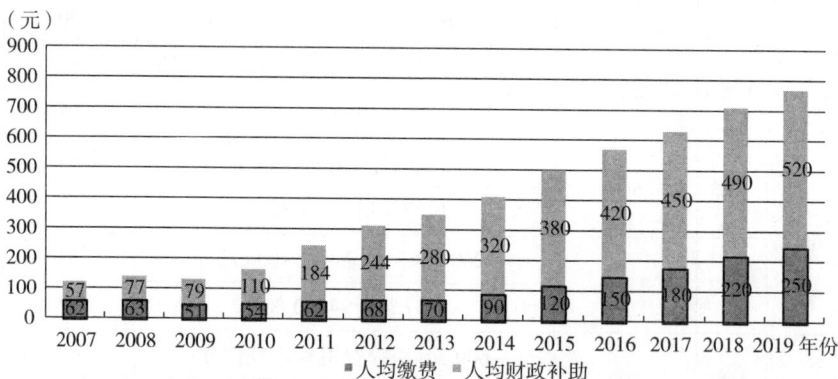

图 10-1　2007—2019 年城居医保筹资水平

资料来源：2012 年以前数据由人力资源和社会保障部社会保险事业管理中心提供，2013—2019 年的数据由国家医保局统计并发布。

（四）坚持低水平、广覆盖、多层次特征

我国城乡居民医保制度建立的首要目标是实现制度全覆盖。作为一项惠民政策，政府财政成为事实上的主要筹资来源，但明显低于职工医保约占工薪收入 8% 的筹资水平。2004 年，新农合人均筹资（包括各级财政补助）为 50.35 元，约占当年农村居民人均纯收入 2936.4 元的 1.72%。虽然随着农村居民收入的提高筹资水平有所提高，且增速超过农村居民人均纯收入，但由于基数低，到 2013 年新农合人均筹资仅为当年农村人均纯收入的 4.17%（见图 10-2）。低缴费水平是新农合制

---

① 国家医保局、财政部、人社部、国家卫健委：《关于做好 2018 年城乡居民基本医疗保险工作的通知》。

度迅速实现全覆盖的重要原因。

　　然而，低筹资水平意味着较低的待遇水平和补偿比例，城乡居民医保制度无法应对灾难性医疗支出引起的因病致贫和因病返贫风险。2012年8月，国家发展和改革委、卫生部、财政部、人社部、民政部、保监会等六部委发布《关于开展城乡居民大病保险工作的指导意见》，提出从统筹基金划出一定比例或额度建立城乡居民大病医疗保险制度。截至2013年11月底，全国已有25个省份制定了城乡居民大病保险试点实施方案，确定了134个试点城市，其中59个试点城市已经启动并开始支付待遇。① 2015年10月国家决定全面实施城乡居民大病保险制度。2017年10月，党的十九大报告提出要完善统一的城乡居民基本大病保险制度。绝大多数试点地区采取向商业保险公司购买再保险的形式，这在一定程度上延伸了城乡居民医保制度风险覆盖范围。此外，我国还建立了城乡居民医疗救助制度，为城乡居民医保制度实现低水平广覆盖发挥了重要作用。

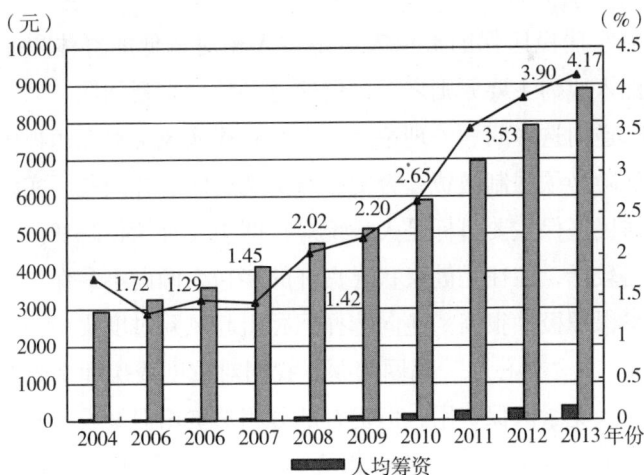

图10-2　2004—2013年新农合人均筹资情况

资料来源：国家统计局在线数据库，见 http：//data. stats. gov. cn/workspace/index？ m = hgnd；国家卫生和计划生育委员会：《2013年我国卫生和计划生育事业发展统计公报》，见 http：//www. nhfpc. gov. cn/guihuaxxs/s10742/201405/886f82dafa344c3097f1d1658-1a1bea2. shtml。

---

① http：//www. chinanews. com/gn/2014/02-10/5820111. shtml。

（五）特殊的缴费方式

城乡居民医保制度缴费采取人头费的方式，这主要基于参保对象收入来源不稳定，且政府无法确定其费基。在新农合中还加入"家庭捆绑参保"设计，主要的目的是减少自愿参保引起的逆向选择风险。在缴费与待遇对应关系上，当年缴费，当年可以享受待遇，断保后，原有缴费记录清零，再次参保6个月等待期后方可享受待遇。

第三节　城乡居民基本医疗保险制度存在的问题

一、自愿加入原则引起的问题

由于城乡居民医保的参保人员是收入相对偏低的群体和非就业群体，自愿加入成为主要原则之一，但这也导致一系列问题。

第一，逆向选择问题。理论上，人们对疾病风险存在短视倾向，缴费型医疗保险必须强制缴费，否则必然出现逆向选择问题。实践上，在我国城乡居民医保主要目标是大病统筹，即主要补偿住院费。大病住院的概率相对较低，往往是健康状况良好的年轻人倾向不参保，健康情况不佳人员参保积极性很高。逆向选择问题引起风险过度集中并使制度收支恶化。第二，"夹心层"漏网问题。我国对重度残疾和享受低保待遇的参保人个人免缴医保费用，但仍有部分相对贫困但又没达到政策免缴标准的"夹心层"自愿不参保。因无力缴费而享受不到份额更大的财政补贴，造成事实上的逆向再分配（穷人补贴富人），影响制度的公平性。第三，自愿加入原则引起的其他问题。为克服自愿加入引起的逆向选择问题，我国在新农合制度中加入"家庭捆绑参保""家庭账户"等制度设置。这些制度设置事实上违反了自愿参保原则和"大病统筹"的制度设计初衷。第四，高征收成本和其他社会问题。政策规定自愿参保，但行政部门为实现扩面征缴目标，在具体运行上向各级社保经办部门层层分配任务，动员农民参保成本较高。政策和执行矛盾以及执行过程中的一些偏差还可能引起干群关系紧张、群众对政府不满等问题。

二、居民医疗负担较重，筹资和补偿方式有待完善

尽管城乡居民医保筹资水平增长很快，但由于缴费水平低且没有根据经济和收入增长自动增长机制。按照保险相同保费相同的保障待遇原则，城乡居民医保筹资水平必然意味着低待遇水平，居民自费医疗负担必然较高。以新农合为例，各地公布的政策范围内补偿比县乡医院在70%—90%，市级医院在50%—70%，省级及省外在45%—65%。[1] 由于医疗资源分布不均等原因，相当多的参合患者需要到报销比例相对较低的市级及以上医疗机构治疗，因此实际报销比例并不高。这种现象可用城镇居民与农村居民医疗保健支出的比重变化趋势反映。2000—2012年以来城镇居民家庭人均医疗保健支出比重维持在6.5%左右，而农村居民则从5.2%上升到8.7%。[2]

城乡居民医疗负担过重的原因既有筹资机制不合理因素，也有补偿方式不合理因素。由于大病风险概率低，小病门诊是城乡居民医疗费用支出的主要部分，大病统筹制度设计虽然能有效降低大病参保人员的大额医疗支出风险，但并不能有效降低全体参保人员的支出负担，反而抑制了参保缴费的积极性。为解决该问题，有的地方推出家庭账户，有的地方开始探索门诊统筹。实践中补偿模式共有四种：只补偿住院费用；补偿住院费用和大额费用；住院和门诊费用都补偿；补偿住院费用，同时采用门诊个人账户。[3] 地方实践探索已经多年，积累了许多好的经验和做法，但国家尚没有确定完善制度的方法，制度建立之初的缺陷仍然存在。

---

① 河南省卫生厅、财政厅、中医管理局：《河南省新型农村合作医疗统筹补偿方案指导意见（2014年版）》，见 http：//www.hnhzyl.com/content.aspx？id=881992146470。

② 《中国统计年鉴2013》，国家统计局在线数据库，见 http：//www.stats.gov.cn/tjsj/ndsj/2012/indexch.htm。

③ 封进、李珍珍：《中国农村医疗保障制度的补偿模式研究》，《经济研究》2009年第4期。

三、过度医疗与医疗不足

城乡居民医保制度存在过度医疗问题的根源在于保大病不保小病的制度设计。该制度设计使参保者生小病时要么有病不治导致小病变大病，要么小病大治，结果是医疗不足与医疗过度并存，医疗资源的过度使用。表10-5中公立医院和乡镇卫生院医疗费用的增长率差异一定程度上可以反映新农合制度的确存在过度医疗行为。2008—2011年主要为新农合参保人员服务的乡镇卫生院无论是人均医药费，还是人物医药费的增长率都比公立医院高，说明乡镇卫生院较公立医院更难控制医疗费用的增加。

政府为控制医疗费用的过快增长，加强了待遇支付的管理，尤其是医疗保险付费总额控制在2012年后的大力推广在一定程度上抑制了过度医疗行为。例如，2012年公立医院和乡镇卫生院人物医疗费用和人均药费增长率都是下降的，但后者下降的幅度更大，分别从上年14.3%和6.8%的高位增长变为-0.1%和-3%的负增长。这说明乡镇卫生院前期的过度医疗行为较公立医院更严重。

表10-5 中国公立医院和乡镇卫生院医疗费用

	公立医院				乡镇卫生院			
	人均医药费（元）	增长率%	人均药费（元）	增长率%	人均医药费（元）	增长率%	人均药费（元）	增长率%
2007	4834.5		2069.6		691.6		328.9	
2008	5363.8	10.9	2349.1	13.5	790.8	14.3	403.9	22.8
2009	5856.2	9.2	2573.0	9.5	897.2	13.5	479.6	18.7
2010	6415.9	9.6	2784.3	8.2	1004.5	12.0	531.1	10.7
2011	6910.0	7.7	2903.7	4.3	1148.4	14.3	567.2	6.8
2012	7293.8	5.6	3022.3	4.1	1140.7	-0.7	550.0	-3.0

资料来源：国家卫生与计划生育委员会：《中国卫生统计提要》（2012年、2013年），见 http://www.nhfpc.gov.cn/zwgkzt/tjty/list.shtml。

然而，实行总额控制锁定了医疗支出，医疗资源过度使用和不足现象以前半年过度医疗和后半年医疗不足的形式出现。例如潍坊市早在2011年就与13家医疗机构签订新农合定点医疗机构服务协议书实行补偿总额控制制度，规定了年度补偿总额、住院次均费用、目录外医药费用比例等明细指标，并明确规定对于新农合发生费用超出总补偿额的部分由医疗机构承担。然而仅2013年1—6月，潍坊市新农合定点医院实际报销已达1495万元，占到了全年应补偿额的87%。按照此速度，下半年必然超出总额。[①] 医院出于经济考虑往往就采取限制收治参合患者或推诿以转诊治疗的方式控制全年新农合报销费用总额。因此下半年就会出现部分参合者无法正常就医的现象。

四、资金不足和地区差距问题

我国城乡居民医保制度持以收定支、收支平衡、略有结余的原则，但对比人均筹资额和政策规定的补偿比例看很难做到精算平衡。2012年，全国新农合的基金使用率为96.9%，符合略有结余原则，但北京、吉林、上海、江苏、浙江、福建、江西、湖北、四川、陕西等10个省（直辖市）出现基金使用率超过100%[②]；2018年城乡居保当期支出大于当期收入的省份有内蒙古、甘肃省、河南省、陕西省和上海市[③]。因此，我国城乡居民医保制度仍然存在较重的财务不可持续风险。

从2012年基金收支情况还可以看出，出现赤字的地区很多是东部地区。东部地区医疗服务费用偏高是原因之一，但更重要的原因是城乡居民医保制度按人头定额缴费和财政补助激励机制设置不合理。虽然中央要求各省份根据自身的情况制定了本地区的融资标准，但从实际情况看大部分东部省份是照搬卫生部拟定的融资标准完全没有参考本省市的经济发展状况来确定一个适度的标准并提供相应的地方财政补助。以新农合为例，2012年全国平均筹资额为308.5元，东部的辽宁、河北、

---

① 张静：《关于新农合过度医疗问题的思考》，《财经界》2014年第2期。

② 国家卫生和计划生育委员会：《中国卫生统计年鉴2013》，见http://www.nhfpc.gov.cn/htmlfiles/zwgkzt/ptjnj/year2013/index2013.html。

③ 国家统计局：《中国统计年鉴2018》。

福建、山东均低于全国平均水平,江苏略高但仅为 327.8 元,而西部的陕西、甘肃、宁夏、新疆、西藏均高于全国平均水平。① 城乡居民医保是一个财政补助超过 2/3 的制度,中央财政主要用于对中西部地区的补助,东部地区主要是地方财政补助。虽然东部个人缴费和人均筹资绝对额超过中西部地区,但东部地区地方财政补助的积极性也低于中西部地区,存在通过赤字争取中央财政转移的倾向。

五、统筹层次过低问题

城乡居民医保制度建立时,我国社会保险统筹层次低引起的"制度碎片化"弊端已经显现。但城乡居民医保制度并没有发挥后发优势在较高的统筹层次上建立,大部分地区仍是县级统筹,新农合建立之初甚至有乡级统筹。统筹层次低,基金池太小导致风险不能有效分散、基金管理和经办成本高、转移接续难、异地就医难等问题非常突出。

六、不同医疗保险制度的衔接问题

按人群分别设立不同的医疗保险制度在我国用较短的时间建立起覆盖全民的基本医疗保障体系中发挥了巨大作用。但目前不用缴费的公费医疗,缴费和待遇差异巨大的职工医保、城居医保和新农合四个制度分别独立运行带来较多社会问题,并被广泛诟病。

第一,"同病不同费"问题。虽然从保险精算的角度看,城乡居民医保的待遇缴费比还高于职工医保,但人们往往是从自费数额和比例,而不是精算的缴费待遇上评价不同医保制度。从社会保障角度看(人人有权获得合理治疗)城乡居民医保待遇水平过低,的确是一种不公平。第二,重复参保问题。各种医疗保险制度分离且由不同部门管理,信息网络无法联通必然会产生重复参保。例如农民工可能会参加工作地的职工医保和城镇居保,但在新农合"家庭捆绑"参保的情况下可能

---

① 国家卫生和计划生育委员会:《中国卫生统计年鉴 2013》,见 http://www. nhfpc. gov. cn/htmlfiles/zwgkzt/ptjnj/year2013/index2013. html。

又被迫重复参保。第三，不同医疗保险制度分立与人口流动和身份转换不断增多、统筹城乡发展、实现医疗服务均等化的战略目标冲突。第四，对收入水平相对低且不稳定的城乡居民单设医疗保险制度，风险只能在相对低收人者之间分散，单靠财政配比补助不能实现以工补农、城乡统筹的目标，而且随着城镇化进程的加深，还可能出现因病致贫现象在农村的集中。

第四节 国外居民医疗保险管理的经验

通过财政补助建立非正规部门（尤其是农村）居民医疗保险制度在发展中国家以及部分发达国家早期广泛存在，下面以墨西哥、哥伦比亚和韩国为例介绍相关经验①。

一、墨西哥

2003 年，墨西哥开启旨在为近 50 万没有任何医疗保障的失业人员、非正规部门就业人员建立医疗保险的改革，在此之前已建立了覆盖公务员和正规部门就业的工薪关联医疗保险，新医疗保险计划称为人民保险（Seguro Popular）。墨西哥人民保险制度的特征见表 10-6。

表 10-6 墨西哥的人民保险制度

	非正规部门	贫困人口
计划覆盖对象	城市非正规部门就业人员、无业人员、农民	家庭收入在最低的 20% 内
参保方式	自愿	

---

① 以下案例介绍如无特殊注释均编译自：The World Bank，"Making Health Financing Work for Poor People in Tanzania：A Health Financing Policy Note"，September 9，2011，p. 50，http：//p4h-network. net/wp-content/uploads/2013/10/WB_ TanzaniaHealthFinancingPolicyNoteFinal. pdf。

	非正规部门	贫困人口
筹资方式	缴费与家庭收入关联，在由低到高十分位收入排序中，一、二分位免缴，从三分位的约56美元到十分位的887美元；联邦和州财政补助	政府财政
经办管理	州医疗保险经办机构	
基金池（统筹单位）	32个	
基金支付	预算封顶	
保障范围	226项初级和二级医疗项目、17项三级诊疗项目	
医疗服务提供管理	指定机构，大多数是州初级和二级医疗机构，州和联邦更高级三级医疗机构	
监督管理	保险人（州经办机构）和服务提供者分离，从而主动吸引私人医疗机构提供服务	

资料来源：The World Bank，"Making Health Financing Work for Poor People in Tanzania：A Health Financing Policy Note"，September 9，2011，p. 50，http：//p4h-network. net/wp-content/uploads/2013/10/WB_ TanzaniaHealthFinancingPolicyNoteFinal. pdf。

墨西哥的人民保险制度在与正规部门医疗保险关系、基金支付方式、两级财政补助、对贫困人口资助等方面与我国城乡居保相似。差异主要体现在以下几个方面：（1）墨西哥的城乡居民医疗保险制度是统一，我国则是城乡分设；（2）墨西哥是基于家庭收入细分个人缴费要求，我国是定额人头费；（3）墨西哥是州级（相当于我国的省级）统筹，有32个基金池，我国基本上是县级统筹，基金池分散得多；（4）墨西哥实现了管办分离，我国的新农合管办合一，不利于吸引私人医疗机构提供服务，提高医疗服务的竞争性。

总体看，墨西哥人民保险制度基本实现了改革之初的目标。2012年8月，在人民保险制度成立10周年之际，参保人达到52万，整个医疗保险体系覆盖率达98%；人民保险使相对贫困人口自付医疗费和毁灭性的疾病支出下降23%。[1]

---

[1] World Health Organization，*The World Health Report 2013：Research for Universal Health Coverage*，WHO Press through the WHO web site（www. who. int/about/licensing/copyright _ form/en/index. html），p. 82.

二、哥伦比亚

1993 年以前，由于原有的医疗保险制度效率低下，市场分散以及严重的针对性的公共部门补贴等问题，导致只有 20% 左右的哥伦比亚人没有任何应对医疗支出风险的保障。此外，由于自付比例过高，导致六个生病者只有一人能够就医。在这样的背景下，哥伦比亚对整个医疗保险体系进行了改革，并将支付覆盖对象覆盖到全民。新医疗保险制度包括两个子系统：缴费型计划覆盖正规就业者和以个人身份参保人员，资助计划覆盖不能承担任何缴费的贫困和弱势群体。哥伦比亚新医疗保险制度的特征见表 10-7。

表 10-7 哥伦比亚的非正规部门和贫困人口医疗保险制度

	非正规部门	贫困人口
计划覆盖对象	城市非正规部门就业人员、无业人员、农民	社会开支受益人选择体系（SISBEN）确定的贫困人口
参保方式	自愿	
筹资方式	每月收入超过 170 美元者每年缴费约 137 美元；中央和地方财政补助	中央和地方财政资助加缴费型计划缴费总额的 1.5%；个人免缴
经办管理	社会保险基金（SSF）+保险公司	
基金池（统筹单位）	43 个签约保险人	
基金支付	缴费项计划：所有签约医疗机构，大部分初级和预防服务费、按服务项目付费、按服务单元付费；资助型计划：按前期运行情况由财政拨付给提供服务公共医疗机构	
保障范围	缴费项计划：包括三级医疗服务的综合福利包；资助型计划：简单护理、灾难性疾病、覆盖面很窄的住院护理（不包括短期伤残）	
医疗服务提供管理	缴费项计划：签约保险人与公立、私立或自营医疗机构签约；资助型计划：基金额至少 40% 要与公立医疗机构签约	
监督管理	保费和待遇由政府决定，保险公司市场竞争	
其他补充计划	资助型计划资格不及人员部分资助计划，军人、警察和其他人员计划	

资料来源：The World Bank，Making Health Financing Work for Poor People in Tanzania：A Health Financing Policy Note，September 9，2011，p. 48，http：//p4h-network. net/wp-content/uploads/2013/10/WB_ TanzaniaHealthFinancingPolicyNoteFinal. pdf。

哥伦比亚非正规部门和贫困人口医疗保险和我国城乡居民医保相比具有以下突出特点：（1）城乡非正规就业者和无业人员制度统一；（2）缴费型计划基金 1.5%转移到向资助型计划，以维持社会团结；（3）除缴费外，其他经办服务由的私营保险公司提供社会化服务，医疗服务由公共、私立和签约保险公司自营医疗机构提供，参保人可以选择保险公司和医疗服务机构，市场竞争性强；（4）哥伦比亚城乡居保财政补助是直接补贴给缴费人而不是保险人或提供服务的医疗机构。

哥伦比亚政府在 2010 年就宣布医疗保险体系覆盖率达 97%，基本实现全民医保。该国医疗保障体制最受诟病的是过度市场化、财政资助低、待遇水平过低、腐败和欺诈行为。尤其是过度市场化问题，总统卡尔德隆（Calderón）指出，"医疗保健是一项社会服务，不是商业活动也就无法通过商业方式达到目标，健康哥伦比亚人的一项基本权利，混合市场化医疗保障模式必须改革"[1]。

三、韩国

目前韩国的社会医疗保险是覆盖全民的单一制度，但其发展过程对我国具有巨大的启示意义。

第一，根据经济发展逐步将自愿参保改为强制参保[2]。韩国在 1963 年就通过《国家医疗保险法》，考虑到当时落后的经济社会条件，采取自愿参保方式。随着经济开始起飞，在政治意志强力推动下。1977 年首先要求雇员在 500 人以上的大企业建立医疗保险计划。1979 年又进一步扩展到雇员在 300 人以上的企业、私立学校教师和公务员。1981 年开始在农村地区试点，从第二批试点开始，政府财政和个人各负担缴费的 50%，到 1988 年，农村参保人口约 840 万，强制性医疗保险在农村基本普及。[3] 1989 年，强制医疗保险制度扩展到自雇者。2000 年所

---

① http：//www.ncbi.nlm.nih.gov/pmc/articles/PMC3314050/.

② 韩国资料如果无特殊注释均来自："Young Joo SONG, The South Korean Health Care System"，JMAJ 52（3），2009，pp.206-209。

③ 罗元文、梁宏毅：《中日韩医疗保险制度比较及对中国的启示》，《日本研究》2008 年第 4 期。

有计划整合为一个统一的制度。

第二，医疗保险管理体制分工明确合理。医疗福利和家庭事务部（MIHWAF）负责政策制定和监督；国家医疗保险公司（NHIC）负责经办服务和管理，承担第三方支付角色；医疗保险评估机构负责对医疗服务收费、服务质量、报销情况进行评估，接受参保人的投诉；医疗机构在医疗福利和家庭事务部指导和监督下提供诊疗和保健服务。

第三，政府从影响健康的增加医疗支出的烟草消费中额外征税，拿出一定比例补助医疗保险（见表10-8）。

表10-8 2002—2011年韩国财政补助医疗保险

	2002年	2003年	2004年	2005年	2006年	2007年	2008年	2009年	2010年	2011年
一般税收（亿韩元）	2575	2779	2857	2770	2870	2704	3002	3657	3793	4072
烟草附加税（亿韩元）	439	645	626	925	966	968	1024	1026	1063	957
合计（亿韩元）	3014	3424	3483	3695	3836	3672	4026	4683	4856	5029
烟草税比例（%）	14.6	18.8	18.0	25.0	25.2	26.4	25.4	21.9	21.9	19.0

资料来源：NHIC，*National Health Insurance System of Korea：Pursuing the Best in the World*，*2013*，http：//www. nhic. or. kr/english/community/down_ list. html.

第五节 完善我国城乡居民基本医疗保险制度的政策建议

一、废除自愿加入原则，改为强制性保险制度

从国际经验看，自愿加入原则在城乡居民医保制度实现覆盖面迅速扩大中发挥了重要作用。但该原则与政府主导的具有再分配性质的社会

保险有根本性冲突。韩国经验的启示是随着经济发展和居民缴费能力的提升逐步扩大强制参保覆盖面是可行和必要的。韩国整个过程用了 12 年，我国新农合和城居医保已分别运行多年，城乡居民医保制度的惠民性已经得到社会的认可，收入的增加尤其是农村收入的增加也提供了较为坚实的经济基础。在明确各级财政为贫困和残疾人口缴费的前提下，将城乡居民医保改为强制缴费制度，既可以克服逆向选择，实现人人享有基本医疗保障，又可以降低扩面征缴的经办和宣传成本。

二、建立法定筹资增长机制，优化财政补助方式

较低的定额缴费率是城乡居民医保制度待遇水平偏低的重要原因。第一，改变目前相机提高筹资水平的做法，以地区收入增长率确定城乡居民医保个人缴费和财政补助法定增长率；第二，根据上一年不同地区医疗保险收支缺口，确定本年度中央和地方财政补助总额；第三，按照上一年度每个地方总财政收支及增长情况划分中央和地方补助比例，而不是目前简单的东中西部划分；第四，可以考虑将职工医保基金的一定比例转移到城居医保基金，使后者分享经济发展和工资增长的成果。

三、设定适当的个人自愿缴费空间，并建立缴费与待遇关联的机制

考虑到目前筹资水平过低是城乡居民医保和职工医保整合的最大难点，可以设定一定的自愿缴费空间，将个人缴费总额（自愿+法定）与待遇挂钩，鼓励富裕居民提高筹资水平，逐步缩小与职工医保的筹资差距，为建立全民统一的医疗保险制度创造条件。政府可以适当为自愿缴费提供优惠，但考虑到这种优惠具有逆向再分配倾向，必须制定一个封顶值。

四、取消新农合家庭账户，积极推广门诊统筹优

从国际经验看，盛行个人账户的拉美国家也没有建立医疗保险账户。实践证明医疗保险个人账户由于监管困难、金额太小并不能解决农民的大概率小病医疗支出问题，而且占用统筹资金，影响大病和住院补

偿。为解决小病支出，各地开始推行门诊统筹，为解决住院补偿比率低、因病致贫和返贫问题，又推出大病医疗保险制度。笔者建议应顺势取消家庭账户置换出部分资金购买大病再保险，以提高大病支出的补偿水平。当大病医疗保险补偿提高后，城乡居民医保的大病统筹支出压力就会降低，此时可以考虑进一步降低大病统筹基金份额，置换出的基金一部分分配到门诊统筹，一部分用于追加大病医疗保险再保险费。最终形成基本医疗保险主要负责门诊统筹，大病医疗保险主要负责大额支出的局面。如果顺势也将职工医保的个人账户改造为补充医疗保险，将会加速我国三大基本医疗保险制度的整合和统一。

五、优化基金对医疗机构的支付方式，按人头付费和总额控制结合

关于城乡居保制度的过度医疗和医疗不足问题，主要根源在医疗卫生体制上。就医疗保险而言，应该建立按人头付费和总额控制结合的政策包，决定基金对医疗机构的支付。医疗机构必须在总额控制指标约束下完成规定的诊疗人数才能得到全额支付。需要指出的是，由于医疗服务信息不对称，政策包应该规定诊疗人数而不是人次，以防止医疗机构分解同一病人的治疗次数。

六、逐步推进医疗保险制度的整合，提高统筹层次

分人群设立不同的制度，尤其是为收入水平相对较低的群体单设制度，既不公平也不符合医疗保险合作共济分散风险的性质，而且不利于城乡统筹和劳动力流动。目前应该积极支持新农合和城镇居民医保的整合，并通过综合改革创造条件逐步实现三个医保制度的统一。此外，还要在整合过程中顺势提高统筹层次，短期目标是与职工医保一样提高到市级统筹，长期目标应是将整个医疗保险提高到省级统筹。

七、探索与商业保险和医疗救助协调的途径

医疗保障是一个多层次体系，在完善城乡居民医保制度本身的同时需要与医疗救助和商业保险建立衔接和协调机制。商业保险是按缴费和

待遇及适度利润精算平衡的原则运营的，应积极探索增加商业保险基金分配比例，使其提高大病支出的补偿比率。在商业保险大病补偿和城乡居民医保统筹补偿后，优化对困难参保人的医疗救助的条件和待遇水平，通过多层次体系分散风险，实现人人享有医疗保障。

参考文献

（一）中文文献

[1]蔡文俊、李一平、丁义民等：《总量控制与个人付费相结合的费用控制机制的探索》，《中国卫生经济》2000年第4期。

[2]曹春：《社会保障筹资机制改革研究》，财政部财政科学研究所博士学位论文，2012年。

[3]曹信邦：《政府社会保障绩效评估指标体系研究》，《中国行政管理》2006年第7期。

[4]陈浩、周绿林：《日、德医疗保险制度中对个人责任的激励及启示》，《中国卫生经济》2005年第10期。

[5]成思危：《中国社会保障体系的改革与完善》，民主与建设出版社2012年版。

[6]戴相龙：《戴相龙社保基金投资文集》，中国金融出版社2013年版。

[7]邓大松、吴汉华、刘昌平：《论中国社会保障基金治理结构与管理模式》，《经济评论》2005年第5期。

[8]段淼、吴宗之：《工伤保险中行业风险分类指标研究》，《中国安全科学学报》2007年第8期。

[9]房连泉：《中国社会保险经办服务体系改革的紧迫性》，转引自郑秉文主编：《中国养老金发展报告2013》，经济管理出版社2013年版。

[10]房连泉：《合并城乡居民养老保险制度引发的思考》，《社保改革评论》2014年第2期。

[11]封进、李珍珍：《中国农村医疗保障制度的补偿模式研究》，

《经济研究》2009 年第 4 期。

[12]高端君：《我国养老保险转移接续模式创新研究——基于大数据技术》，《社会保障研究》2015 年第 4 期。

[13]葛延风：《对中国医疗卫生体制改革的评价与建议》，《中国发展评论》2014 年第 2 期。

[14]国际劳工组织：《对中国社会保障制度改革的评论与建议》2001 年第 2 期。

[15]国务院发展研究中心：《对中国医疗卫生体制改革的评价与建议》，《中国发展评论》2005 年第 1 期。

[16]郭晓宏：《日本劳动安全管理与工伤保险体制研究》，中国劳动社会保障出版社 2010 年版。

[17]韩伟、朱晓玲：《农民工对失业保险的潜在需求研究——基于河北省的社会调查》，《人口学刊》2011 年第 1 期。

[18]胡炳志、张颖：《论完善中国工伤认定制度》，《社会保障研究》2010 年第 4 期。

[19]胡继红、邓大松：《浅析社会保险基金的会计核算基础》，《江西财经大学学报》2004 年第 1 期。

[20]胡继晔：《美国社保基金分类监管的法律体系及其对中国的启示》，《国际经济评论》2007 年第 5 期。

[21]胡善联：《基本医疗卫生服务的界定和研究》，《卫生经济研究》1996 年第 2 期。

[22]胡晓义主编：《走向和谐：中国社会保障发展 60 年》，中国劳动社会保障出版社 2009 年版。

[23]胡晓义：《社会保险经办管理》，中国劳动社会保障出版社 2011 年版。

[24]黄秀萍：《工伤认定若干问题及建议》，《中国劳动》2003 年第 4 期。

[25]江红莉、何建敏、姚洪兴：《社会养老保险征缴过程中"逃费"问题的演化博弈分析》，《统计与决策》2017 年第 4 期。

[26]江玉荣：《养老基金投资监管法律制度研究》，安徽大学博士

学位论文，2014 年。

[27]赖永东、黎家誉：《广西社会保险信息化建设问题研究》，《人事天地》2011 年第 9 期。

[28]赖永东：《广西社会保险经办机构整合的现状及对策》，《人事天地》2012 年第 4 期。

[29]雷海潮、胡善联、李刚：《CT 检查中的过度使用研究》，《中国卫生经济》2002 年第 10 期。

[30]李爱玲：《论工伤认定程序存在的问题与对策》，《人民论坛》2010 年第 20 期。

[31]李东平、孙博：《集中式综合社会保障及市场化运作——新加坡中央公积金制度的经验与启示》，中国证监会研究中心 2013 年。

[32]李亚男：《我国工伤保险参保率较低之原因分析与对策探讨》，《重庆科技学院学报（社会科学版）》2011 年第 2 期。

[33]李朝晖：《农民工工伤保险参保率低下障碍因素分析——于企业视角的实证调查》，《中国经济与管理科学》2009 年第 4 期。

[34]李珍、孙永勇、张昭华：《中国社会养老保险基金管理体制选择——以国际比较为基础》，人民出版社 2005 年版。

[35]梁鸿、朱莹、赵德余：《我国现行基本医疗服务界定的弊端及其重新界定的方法与政策》，《中国卫生经济》2005 年第 12 期。

[36]林治芬：《中央与地方社会保障事责划分与财力匹配》，《财政研究》2014 年第 3 期。

[37]刘波：《社会保障基金监管政策执行中的问题与对策研究》，《河南师范大学学报（哲学社会科学版）》2010 年第 2 期。

[38]刘从龙：《统一城乡养老彰显社会公平》，《中国社会保障》2014 年第 3 期。

[39]刘洪清、杨建敏、叶烨：《"五险合一"广西行动》，《中国社会保障》2013 年第 2 期。

[40]柳清瑞、刘波、张晓蒙：《城镇基本养老保险扩大覆盖面问题研究——以辽宁为例》，《辽宁大学学报（哲学社会科学版）》2009 年第 4 期。

［41］刘彦博：《浅论工伤认定中的若干问题》，《法制与社会》2010年第 24 期。

［42］刘玉璞：《统筹构建多元社保服务平台》，《天津社会保险》2013 年第 2 期。

［43］鲁全：《中国养老保险费征收体制研究》，《山东社会科学》2011 年第 7 期。

［44］罗元文、梁宏艺：《中日韩医疗保险制度比较及对中国的启示》，《日本研究》2008 年第 4 期。

［45］马伯寅：《我国企业年金信托受托模式质疑》，《金融法苑》2009 年第 1 期。

［46］［美］马尔科姆·K. 斯帕罗：《监管的艺术》周道许译，中国金融出版社 2006 年版。

［47］马杰、郑秉文：《计划经济条件下新中国社会保障制度的再评价》，《马克思主义研究》2005 年第 1 期。

［48］孟迪云、尹玉林：《完善农民工工伤保险制度的法律思考》，《行政与法》2010 年第 1 期。

［49］孟昭喜：《社会保险经办管理》，中国劳动社会保障出版社 2005 年版。

［50］孟昭喜、徐延君：《完善社会保险经办管理服务体系研究》，中国劳动社会保障出版社 2012 年版。

［51］《OECD 养老金发展与改革》，于小东译，中国发展出版社 2007 年版。

［52］《OECD 养老金规范与监督》，郑秉文译，中国发展出版社 2006 年版。

［53］《OECD 养老金趋势与挑战》，董克用、邢伟译，中国发展出版社 2007 年版。

［54］《OECD 养老金制度与体系》，史建平译，中国发展出版社 2007 年版。

［55］《OECD 养老金治理与投资》，孙建勇、杨长汉译，中国发展出版社 2007 年版。

[56]庞凤喜、贺鹏皓、张念明：《基础养老金全国统筹资金安排与财政负担分析》，《财政研究》2016年第12期。

[57]彭雪梅、刘阳、林辉：《征收机构是否会影响社会保险费的征收效果？——基于社保经办和地方税务征收效果的实证研究》，《管理世界》2015年第6期。

[58]孙树菡：《社会保险学》，中国人民大学出版社2008年版。

[59]孙树菡、朱丽敏：《中国工伤保险制度30年：制度变迁与绩效分析》，《甘肃社会学》2009年第3期。

[60]孙永勇、石蕾：《我国城镇职工基本养老保险制度财务风险的主要来源及对策》，《中国行政管理》2012年第11期。

[61]陶建军：《工伤认定的若干问题探讨》，《经济师》2009年第1期。

[62]田芬、赵志岚、杨慧扬：《医疗保险个人账户的是与非》，《中国劳动保障》2008年第4期。

[63]田古：《社保基金监管法律制度研究》，中国政法大学硕士学位论文，2009年。

[64]田清：《广西企业退休人员社会化管理现状与对策》，《人事天地》2011年第11期。

[65]田清：《广西社会保险业务档案管理存在的问题与对策》，《人事天地》2013年第10期。

[66]王飞：《中国社会保险费征缴管理体制的问题与建议》，《首都经济贸易大学学报》2009年第10期。

[67]王积全：《论医疗保险个人账户的建制效力》，《甘肃联合大学学报（社会科学版）》2006年第1期。

[68]王俊豪：《政府管制经济学导论》，商务印书馆2001年版。

[69]王绍光：《中国公共卫生的危机与转机》，《比较》2003年第7期。

[70]王显勇：《社会保险基金投资监管法律制度研究》，转引自张守文：《经济法研究》，北京大学出版社2003年版。

[71]王艳丽：《浅谈工伤认定的范围——兼谈过劳死》，《法制与社

会》2007 年第 10 期。

[72]王宗凡：《基本医疗保险个人账户的成效、问题与出路》，《中国卫生经济》2005 年第 3 期。

[73]吴丽萍：《我国农民工工伤保险的缺失及完善》，《甘肃理论学刊》2009 年第 4 期。

[74]韦樟清：《省级统筹模式下地区间养老基金平衡研究——基于养老保险关系转移接续视角》，《福建论坛（人文社会科学版）》2016 年第 12 期。

[75]武汉市地税局课题组：《武汉市社会保险费征缴模式改革研究》，《经济研究参考》2013 年第 67 期。

[76]武汝廉、杨辉：《药品使用和费用问题及国内外控制措施》，《中国初级卫生保健》1999 年第 7 期。

[77]夏波光：《工伤保险覆盖面再扩大的三个"瓶颈"》，《劳动保护》2005 年第 1 期。

[78]夏育文：《统筹城乡养老新征程》，《中国社会保障》2014 年第 5 期。

[79]向春华：《新〈工伤保险条例〉的五大亮点》，《中国社会保障》2011 年第 2 期。

[80]项怀诚：《关于全国社会保障基金的几个问题》，《中央财经大学学报》2006 年第 1 期。

[81]肖盛辉：《工伤保险维护劳动者合法权益的护身符》，《天津社会保险》2011 年第 4 期。

[82]熊军：《关于养老基金投资运营的几点认识》，见 http://www. ssf. gov. cn/yjypz/201206/t20120611_ 5578. html。

[83]熊军：《委托投资模式对养老基金投资管理的作用和影响》，见 http://www. ssf. gov. cn/yjjypz/201206/t20120611_ 5576. html。

[84]熊军、刘江浪：《建设一流养老基金管理机构的三项任务》，见 http://www. ssf. gov. cn/yjjypz/201206/t20120611_ 5577. html。

[85]熊军、夏荣静：《从积极投资的角度认识养老基金投资管理》，《国有资产管理》2011 年第 6 期。

[86]徐孟州：《金融监督法律研究》，中国法制出版社 2010 年版。

[87]薛新东、赵曼：《医保个人账户低效率的经济学分析》，《中国卫生经济》2007 年第 9 期。

[88]严忠勤：《当代中国的职工工资福利和社会保险》，中国社会科学出版社 1987 年版。

[89]杨立雄：《加强养老保险征缴管理的对策研究》，《经济纵横》2010 年第 9 期。

[90]杨燕绥：《社会保险经办机构能力建设》，中国劳动社会保障出版社 2010 年版。

[91]杨燕绥：《社会保险经办机构能力建设研究》，中国劳动社会保障出版社 2011 年版。

[92]杨燕绥、胡乃军：《医疗保险体制和经办机构能力建设》，《中国医疗保险》2012 年第 10 期。

[93]杨燕绥、鹿峰、修欣欣：《中国养老金市场的公共治理——企业年金市场恶性竞争成因分析》，《西安交通大学学报（社会科学版）》2011 年第 3 期。

[94]杨燕绥、罗桂连：《政府主导下的医疗卫生服务治理结构和运行机制》，《中国卫生政策研究》2009 年第 2 期。

[95]杨燕绥、吴渊渊：《社保经办机构：服务型政府的臂膀》，《中国社会保障》2008 年第 3 期。

[96]于欣华、霍学喜：《农民工工伤保险困境分析》，《北京理工大学学报（社会科学版）》2008 年第 6 期。

[97]袁长海：《基本医疗界定的模式和层次》，《中国卫生经济》1999 年第 1 期。

[98]曾理斌：《政府作用在我国农村合作医疗保险发展历程中的演变与启示》，《金融经济》2008 年第 14 期。

[99]曾维涛、张国清：《养老基金投资的谨慎人规则及其在我国社保基金投资管理中的适用》，《当代财经》2005 年第 8 期。

[100]翟玉娟：《我国工伤保险程序存在的问题及完善》，《政法论丛》2009 年第 4 期。

[101]翟玉娟：《工伤保险覆盖面存在的制度缺失及完善》，《深圳大学学报（人文社会科学版）》2009 年第 5 期。

[102]张伯玉、郭静：《日本：养老金记录丢失后如何"补牢"——社会保障经办机构国际比较之五》，《中国社会保障》2011 年第 8 期。

[103]张静：《关于新农合过度医疗问题的思考》，《财经界》2014 年第 2 期。

[104]张开云、许国祥、李倩：《农民工工伤保险现状评价——基于对广州市农民工问卷调查的分析》，《中国社会保障》2010 年第 12 期。

[105]郑秉文：《建立社保基金投资管理体系的战略思考》，《公共管理学报》2004 年第 4 期。

[106]郑秉文：《社保立法应考虑征缴模式选择的约束性》，《中国社会保障》2007 年第 10 期。

[107]郑秉文：《"三个联动"推进事业单位公务员社保改革》，见 http：//news. xinhuanet. com/video/2009-08/12/content_ 11868278. htm。

[108]郑秉文：《中国失业保险基金增长原因分析及其政策选择——从中外比较的角度兼论投资体制改革》，《经济社会体制比较》2010 年第 6 期。

[109]郑秉文：《费改税不符合中国社会保障制度发展战略取向》，《中国人民大学学报》2010 年第 5 期。

[110]郑秉文：《中国基本养老保险个人账户基金研究报告》，中国劳动社会保障出版社 2012 年版。

[111]郑秉文：《中国社会保险经办服务体系的现状、问题及改革思路》，《中国人口科学》2013 年第 6 期。

[112]郑秉文：《中国养老金发展报告 2013——社保经办服务体系改革》，经济管理出版社 2013 年版。

[113]郑秉文：《防止制度"碎片化"仍需努力——"新农保"与"城居保"合并后的深层思考》，《快讯》2014 年第 30 期。

[114]郑秉文、房连泉：《智利养老金改革 25 周年：养老金投资与

资本市场》,《国际经济评论》2006 年第 6 期。

[115]郑秉文、房连泉:《社会保障供款征缴体制国际比较与中国的抉择》,《公共管理学报》2007 年第 4 期。

[116]郑秉文、孙永勇:《对中国城镇职工基本养老保险现状的反思——半数省份收不抵支的本质、成因与对策》,《上海大学学报(社会科学版)》2012 年第 29 期。

[117]郑功成主编:《社会保障学》,中国劳动社会保障出版社 2005 年版。

[118]郑功成:《实现全国统筹是基本养老保险制度刻不容缓的既定目标》,《理论前沿》2008 年第 18 期。

[119]郑木清:《养老基金投资监管立法研究》,中国法制出版社 2005 年版。

[120]郑尚元:《中德工伤保险法律制度比较》,《法学杂志》1996 年第 4 期。

[121]中国保险监督管理委员会:《养老保险国别研究及对中国的启示》,中央财政经济出版社 2007 年版。

[122]《中国社会保障制度总览》编辑委员会:《中国社会保障制度总览》,中国民主法制出版社 1995 年版。

[123]周宝妹、郎俊义:《试论社会保险基金的刑法保护》,《法学杂志》2001 年第 4 期。

[124]周绿林、胡大洋、陈新中、王海荣:《医患保和谐共赢——构建医保谈判机制的着力点》,《中国医疗保险》2009 年第 12 期。

[125]周慧文、刘辉:《我国工伤保险基金管理的现状与发展研究》,《社会保障研究(北京)》2007 年第 2 期。

[126]周元洪:《工伤保险生育保险》,机械工业出版社 2004 年版。

[127]朱慧:《我国基本养老保险管理体制的三种模式比较研究》,《中国社会保障的科学发展第三届中国社会保障论坛文集》,中国劳动保障出版社 2008 年。

[128]周晓明:《信托制度比较法研究》,法律出版社 1996 年版。

（二）外文文献

［129］Anusic, Zoran, "International Experience in Consolidated Social Contributions and Tax Collection, Reporting and Administration", Report on Professional Development Matching Grant, September 5, 2005.

［130］AARP, "Administrative Costs for Social Security Private Accounts 1985-2005", 2005, http：//www. aarp. org/ppi.

［131］Anna Siporska, *Social Insurance in Poland*, p. 88, http：// www. zus. pl/files/social_ insurance. pdf.

［132］Asian Development Bank, *Public-Private Partnership Handbook*, ADB online Publishing, 2008, p. 2, http：//www. adb. org/sites/ default/files/pub/2008/Public-Private-Partnership. pdf.

［133］Bruno Galland, Josselin Guillebert and Alain Letourmy, "A Public/Private Partnership Experiment in the Area of Social Health Protection in Tanzania", Field Actions Science Reports [Online], Special Issue 8, 2012, pp. 2-3.

［134］Bauer, Rob M. M. J. and K. J. MartijnCremers and Rik G. P. Frehen, "Pension Fund Performance and Costs：Small is Beautiful", Yale International Center for Finance, Working Paper No. 10-04, 2010.

［135］Bebczuk, Ricardo N. and Alberto R. Musalem, *Public Pension Funds around the World：Governance, Investment Policies, and Performance*, Mimeo. April 7, 2008.

［136］"Best-Practice Investment Management：Lessons for Asset Owners from the Oxford-Watson Wyatt Project on Governance", Gordon L. Clark and Roger Urwin, September 2007.

［137］Bikker, Jacob A. and Jan de Dreu, *Operating Costs of Pension Schemes. Published in Costs and Benefits of Collective Pension Systems*, ed. by Onno W. Steenbeek, S. G. van der Lecq. 2007.

［138］Barbara E. Kritzer, "Individual Accounts in Other Countries", *Social Security Bulletin*, Vol. 66, No. 1, 2005.

［139］Chilean Pensions Supervisor, Then Pension System and Statistical

Center, 2014, http: //www. spensiones. cl/portal/institucional/578/w3 - prop-ertyvalue-5925. html。

[140] Chłoń-Domińczak, Agnieszka, and PiotrDenderski, Mariusz-Kubzdyl, DariuszStańko, *Costs and Charges of Pension Funds*: *International Comparison and Methods of Approximation*, Institute for Structural Research, Warsaw, September 2007.

[141]Corvera, F. Javier and J. Mateo Lartigue, David Madero, *Comparative Analysis of Administrative Fees of Pension Funds in Latin American Countries*, Mimeo, May 25, 2006.

[142]Chen, Vivian Yi, "Liaoning Analysis of Eligibility Requirement for the Unemployment Insurance Program and International Experiences", World Bank and Liaoning Provincial Department of Finance, processed, 2004.

[143] Chilean Pensions Supervisor, *The Chilean Pension System* (fourth edition), 2003, http: //www. spensiones. cl/portal/informes/581/w3-article-3523. html。

[144] Chlon, Agnieszka, "Administrative Costs of Pension Funds", in Poland in International Perspective, Regional Meeting for the Eastern and Central European Countries, Tallin, Estonia, February 2002.

[145]Department of Social Protection, *Report on Pension Chargesin Ireland* 2012.

[146] Denise Gomez Hernandez, Fiona Stewart, "Comparison of Costs + Fees in Countries with Private Defined Contribution Pension Systems", IOPS Working Paper No. 6, May 2008.

[147]Dobronogov, Antonand MamtaMurthi, "Administrative Fees and Costs of Mandatory Private Pensions in Transition Economies", PEF, 4 (1), March 2005.

[148]Demarco, Gustavo and Rafael Rofman, "Collecting and Transferring Pension Contributions". Social Protection Discussion Paper Series No. 9907, World Bank, February 1999.

[149] Diamond, Peter, "Administrative Costs and Equilibrium Charges with Individual Accounts'", Working Paper no. 7050, National Bureau of Economic Research, Cambridge, Mass, 1998.

[150] European Commission, *European Employment Observatory Review: Adapting Unemployment Benefit Systems to the Economic Cycle*, 2011, pp. 18-29.

[151] FIAP, "Collection costs in Pension Fund Systems", International Federation of Pension Funds Administrators (FIAP), Santiago, March 2006.

[152] Fultz, Elaine and Tine Stanovnik (eds.), *Collection of Pension Contributions: Trends, Issues, and Problems in Central and Eastern Europe*, Budapest, International Labour Organization, 2004

[153] Gómez Hernández, Denise and Fiona Stewart, "Comparison of Costs and Fees in Countries with Private Defined Contribution Pension Systems", The International Organization of Pension Supervisors, Working Paper No. 6. June 2008.

[154] GAO, "Cost Assessment Guide. Best Practices for Estimating and Managing Program Costs", Exposure Draft, United States Government Accountability Office, July 2007.

[155] Genetski Robert, "Administration Costs and the Relative Efficiency of Public and Private Social Security Systems", The Cato Project on Social Security Privatization, SSP No. 15, March 9, 1999.

[156] Government Pension Investment Fund, Organization Chart, http://www.gpif.go.jp/en/about/.

[157] Johannes Jutting, "Public-Private-Partnership and Social Protection in Developing Countries: The Case of the Health Sector", Paper presented at the ILO workshop on "The extension of social protection", 1999.

[158] Holzmann, Robert, and Robert Palacios, Asta Zviniene, "Implicit Pension Debt: Issues, Measurement and Scope inInternational Perspective", Social Protection Discussion Paper Series, No. 0403, The World Bank, March 2004.

[159] Hart, Lawrence E. and Mark Kearney, Carol Musil, Kelly Olsen, *SSA's estimates of Administrative Costs under a Centralized Program of Individual Accounts*, Social Security Administration, January 9, 2001.

[160] Holzmann, Robert and Joseph E. Stiglitz (eds.), *New Ideas about Old Age Security*, The World Bank, 2001.

[161] ILO, *Global Employment Trends* 2012: *Preventing a Deeper Jobs Crisis*, 2012.

[162] ISSA: *High Performance in Social Security Administration by Innovation, Change Management and Risk Management Summary of Findings 2008 - 2010*, World Social Security Forum 30th ISSA General Assembly, Cape town, 29 November-4 December, http://www.issa.int/Resursy/Conference-Reports/High-Performance-in-social-security-administration-by-innovation-change-management-and-risk-management.

[163] ISSA, *Good Governance Guidelines for Social Security Institutions*, http://www.issa.int/Resources/ISSA-Publications/Good-Governance-Guidelines-for-Social-Security-Institutions.

[164] Juan Yermo, "Governance and Investment of Public Pension Reserve Funds in Selected OECD Countries", OECD Working Paper on Insurance and Private Pensions, No. 15 OECD Publishing, January 2008.

[165] Kwang Cheak Tan, *Service Canada-A New Paradigm in Government Service Delivery Kennedy School of Government Case Study*, Harvard University, Cambridge, Mass, 2007.

[166] Jane Linder, Richard Wheeler and Tim Wiley, Technical Commission on Administrative Management, Organization and Methods, International Social Security Association and Accenture, 2004.

[167] Jane Linder, Richard Wheeler and Tim Wiley, "Technical Commission on Administrative Management, Organization and Methods", International Social Security Association and Accenture, 2004.

[168] James, Estelle and James Smalhout, DimitriVittas, *Administrative Costs and the Organization of Individual Account Systems: A*

Comparative Perspective. Published in New Ideas About Old Age Security, Robert Holzmann and Joseph Stiglitz ed. , Washington DC: World Bank, 2001.

[169] James, Estelle and Robert Palacios, "Costs of Administering Public and Private Pension Plans", *Finance and Development* 32 (2), 1995.

[170] Japan Pension Service, *Overview of the Social Insurance Systems*, http: //www. nenkin. go. jp/n/www/english/detail. jsp? id=43.

[171] Japan Pension Service, *Japan Pension Service and its Operatio*, http: //www. nenkin. go. jp/n/www/share/pdf/existing/english/pdf/about_ jps _ operation. pdf.

[172] KRUS, Agricultural Social Insurance Fund. Basic Information-brochure, http: //www. krus. gov. pl/en/.

[173] Lum, Hubert, *The World's Lowest Cost Funds*, CEM Bench-marking Inc, 2006.

[174] Mark Hellowell, "The Role of Public-Private Partnerships in Health Systems is Getting Stronger", *Commonwealth Health Partnerships 2012*, 2012.

[175] Milan Vodopivec, Dhushyanth Raju, "Income Support Systems for the Unemployed: Issues and Options", Social Protection Discussion Paper Series No. 0214, World Bank, 2002.

[176] Mackenzie, George A. , "The Role of Private Sector Annuities Markets in an Individual Accounts Reform of a Public Pension Plan", IMF Working Papers 02/161, International Monetary Fund, 2002.

[177] Murthi, Mamta, J. Michael Orszag, Peter Orszag, "Administrative Costs Under A Decentralized Approach to Individual Accounts: Lessons from the United Kingdom", in Holzmann, Robert and Joseph E-. Stiglitz (eds.), *New Ideas about Old Age Security*, The World Bank, 2001.

[178] Mitchell, Olivia S. and Ping-Lung Hsin, Annika E. Sunden, *An*

Appraisal of Social Security Administration Costs, The World Bank, June 1993.

［179］Mitchell, Olivia S. and Emily S. Andrews, "Scale Economies in Private Multi-Employer Pension Systems", *Industrial and Labor Relations Review*, Vol. 34, No. 4, July 1981.

［180］Ministry of Health, Labor and Welfare of Japan, *Structural Reform of the former Social Insurance Agency*, http://www. mhlw. go. jp/ english/wp/wp-hw6/dl/11e. pdf.

［181］NHIC, *National Health Insurance System of Korea: Pursuing the Best in the World*, http://www. nhic. or. kr/english/community/down _ list. html, 2013.

［182］Neelam Sekhri, Richard Feachem, and Angela Ni, "Public-Private Integrated Partnerships Demonstrate The Potential To Improve Health Care Access, Quality, And Efficiency", *Health Affairs* 30, No. 8, 2011.

［183］Nicolas Barr, Peter Diamond, "The Economics of Pensions", *Oxford Review of Economic Policy*, Vol. 22, No. 1.

［184］New Zeeland, NZ Super Fund, Governance and Management, https://www. nzsuperfund. co. nz/nz-super-fund-explained/governance.

［185］Oleksiy Sluchynsky, "Defining, Measuring and Benchmarking Administrative Expenditures of the Mandatory Social Security Programs", World Bank Working Paper (forthcoming), 2014.

［186］OECD, *Pension at a Glance 2013*.

［187］OECD, Social Expenditure-Aggregated data: Public expenditure on old-age and survivors cash benefits, in % GDP, stats. oecd. org/ Index. aspx? DataSetCode=SOCX_ AGG.

［188］OECD, *the Fifteen Rules for Regulation on Supervision of Privater Pension Schemes*, http://www. oecd. org/finance/private-pensions/2403207. pdf.

［189］Palacios, Robert, "Systemic Pension Reform in Latin America: Design and Early Experiences", in P. Desmond Brunton and Pierto Masci (eds.), Workable Pension Systems: Reforms in the Caribbean. Inter-

American Development Bank, Caribbean Development Bank, 2005.

[190] Palacios, Robert and Montserrat Pallarès-Miralles, *International Patterns of Pension Provision*, The World Bank, April 2000.

[191] *Review of the Guardians of New Zealand Superannuation*, New Zealand Treasury on behalf of The Minister of Finance, Mercer, 28 October 2009, https://www.nzsuperfund.co.nz/sites/default/files/documents-sys/Independent%20Review%20by%20Mercer%202009.pdf.

[192] Rocha, Roberto and Craig Thorburn, "Developing Annuities Markets: The Experience of Chile", The World Bank, 2006.

[193] SSA, *Social Security Programs Throughout the World: Europe, 2006*, September 2006; SSA, *Social Security Programs Throughout the World: Europe, 2012*, August 2012; SSA, *Social Security Programs Throughout the World: Asia and the Pacific, 2012*, March 2013; SSA, *Social Security Programs Throughout the World: The Americas, 2013*, March 2014.

SSA FY2014 Budget Justification, http://www.ssa.gov/budget/FY14Files/2014AE.pdf.

[194] Singapore Government Central Provident Fund Board, *CPF Statistics and CPF Annual Report 2013*, http://mycpf.cpf.gov.sg/CPF/About-Us/CPF-Stats/CPF_ Stats; http://mycpf.cpf.gov.sg/CPF/About-Us/Ann-Rpt/AnnualReport_ PDF_ 2013.htm, 2014.

[195] SWEDEN FÖRSTA AP-FONDEN (AP1), *Ownership Report 2013*, http://www.ap1.se/upload/Rapporter/AP1% 20Ownership% 20Report%202013.pdf.

[196] SWEDEN FÖRSTA AP-FONDEN (AP1), *Organization and Facts*, http://www.ap1.se/en/About-AP1/Organization/.

[197] Tapia, Waldo and Juan Yermo, "Fees in Individual Account Pension Systems: A Cross-Country Comparison", OECD Working Papers on Insurance and Private Pensions, No. 27, 2008.

[198] The Congress of the United States, Congressional Budget Office,

Administrative Costs of Private Accounts in Social Security, 2004.

[199] The U. S. Government, Social Security Administration, Research, Statistics, & Policy Analysis, *Annual Social Security Bulletin and Annual Statistical Supplements*, http: //www. ssa. gov/policy/docs/statcomps/supplement/index. html.

[200] The U. S. Government, Social Security Administration, Status of The Social Security And Medicare Programs, *A SUMMARY OF THE* 2014 *ANNUAL REPORTS*, http: //www. ssa. gov/oact/trsum/, 2014.

[201] The World Bank, "Making Health Financing Work for Poor People in Tanzania: A Health Financing Policy Note", http: //p4h-network. net/wp-content/uploads/2013/10/WB _ TanzaniaHealthFinancingPolicyNoteFinal. pdf, 2011.

[202] The Minister of Finance, Mercer, https: //www. nzsuperfund. co. nz/sites/default/files/documents-sys/Independent% 20Review% 20by% 20Mercer%202009. pdf, 2009.

[203] Valdes-Prieto, Salvador, "Administrative Charges in Pensions in Chile, Malaysia, Zambia, and the United States", Policy Research Working Paper 1372, Policy Research Department, The World Bank, October, 1994.

[204] World Health Organization, *The world health report* 2013: *research for universal health coverage*, www. who. int/about/licensing/copyright_ form/en/index. html, 2013.

[205] World Bank, *Worldwide Governance Indicators*, 2012.

[206] ILO, "World Social Security Report 2010-2011: Providing coverage in times of crisis and beyond", p. 59, 2010.

[207] Whitehouse, Edward, "Administrative Charges for Funded Pensions: An International Comparison and Assessment", Human Development Network, TheWorld Bank, Washington DC, 2000.

[208] Whitehouse, Edward, "Administrative Charges for Funded Pensions: Comparison and Assessment of 13 countries"; in OECD, *Private*

Pension Systems: *Administrative Costs and Reforms*, Private Pensions Series, Paris. , 2001.

[209] Young Joo SONG, "The South Korean Health Care System", JMAJ 52 (3), pp. 206-209, 2009.

后　记

　　历时多年，这本书终于面世了。它是国家教育部人文社会科学重点研究基地武汉大学社会保障研究中心重大研究项目的成果，也是中国社会科学院世界社会保障研究中心研究团队集体创作的结晶。参与撰写工作的有：魏礼群教授（序言）、郑秉文教授（第一章第一节和第二节、第二章第一节）、孙永勇博士（第八章）、于环博士（第二章第三节和第四节、第六章）、李亚军博士（第四章、第十章）、张盈华博士（第二章第二节、第七章）、高庆波博士（第五章）、王美桃博士（第一章第五节）、杨建海博士（第三章）、张昊博士（第一章第三节和第四节）、赵秀斋博士（第九章）。另外，孙永勇博士负责全书的统稿和校对工作。

　　在本书写作的过程中，武汉大学社会保障研究中心邓大松教授、向运华教授、张奇林教授、殷俊教授等专家学者提出了很好的建议，在此表示衷心的感谢！

　　此外，武汉大学社会保障研究中心的吴振华博士、张怡博士、俞乐博士和人民出版社的陈登同志等也给予了大力支持，谨致谢意。

　　本书的作者们曾站在社会保障管理体制研究的最前沿，努力将理论知识、国际经验与中国的实际情况结合起来，剖析中国社会保障管理体制存在的问题，提出对策建议，为推进社会保障管理体制改革贡献了微薄之力。时至今日，书中的绝大部分理论和观点仍不过时，仍然可以为当前的社会保障管理体制改革及相关研究提供支撑。但是，中国社会在飞速发展，社会保障管理体制改革也在不断迈进，各种客观环境和因素都已经发生了变化，因此本书难免有不足之处，期待读者指正。

郑秉文

2019 年 4 月

责任编辑:陈 登
封面设计:林芝玉
责任校对:白 玥

图书在版编目(CIP)数据

社会保障管理体制研究/孙永勇等 著. —北京:人民出版社,2020.9
　(社会保障重大项目文库)
ISBN 978-7-01-022350-6

Ⅰ.①社… Ⅱ.①孙… Ⅲ.①社会保障-管理体制-研究-中国
Ⅳ.①D632.1

中国版本图书馆 CIP 数据核字(2020)第 130762 号

社会保障管理体制研究

SHEHUI BAOZHANG GUANLI TIZHI YANJIU

孙永勇　郑秉文　等　著

人民出版社 出版发行
(100706　北京市东城区隆福寺街 99 号)

环球东方(北京)印务有限公司印刷　新华书店经销

2020 年 9 月第 1 版　2020 年 9 月北京第 1 次印刷
开本:710 毫米×1000 毫米 1/16　印张:22
字数:326 千字

ISBN 978-7-01-022350-6　定价:68.00 元

邮购地址 100706　北京市东城区隆福寺街 99 号
人民东方图书销售中心　电话 (010)65250042　65289539